Stephan Harbort/Andreas Fischer

Ein unfassbares Verbrechen

Stephan Harbort/Andreas Fischer

Ein unfassbares Verbrechen

Der Fall Monika F.

Droste Verlag

Bibliografische Informationen der Deutschen Nationalbibliothek

Die Deutsche Nationalbibliothek verzeichnet diese Publikation
in der Deutschen Nationalbibliografie; detaillierte bibliografische Daten
sind im Internet über http://dnb.ddb.de abrufbar.

© 2007, Droste Verlag GmbH, Düsseldorf
Gesamtgestaltung/Satz: Droste Verlag
Coverfoto: Reuters/© Arnd Wiegmann
Lektorat: Mendlewitsch + Meiser, Düsseldorf
Druck und Bindung: Clausen & Bosse, Leck
ISBN 978-3-7700-1281-7

www.drosteverlag.de

Für Moni – unsere Sonnenblume

Inhalt

Vorwort 9

Prolog 13

Teil I 31

Der Tag, der alles verändert 33

»Mami ist tot.« 54

Seelenfinsternis 64

Abschied und Anfang 75

Ein gezielter Anschlag? 84

Monika! 95

Auf der Flucht 103

Sonnenblume, jäh geknickt 106

Nussschale im Ozean der Gefühle 117

Ist Gott jetzt wütend? 123

Leben in Zeitlupe 128

Der perfekte Mann 135

Du fehlst! 138

»Wie hat der die Mutti genau getötet?« 142

Ein bisschen Laufen üben 149

Claudia, *Monika*, Claudia, *Monika* 155

Öffentlich lachen? 158

»Ich will sterben!« 162

Der Auftragsmord 173

»Endlich mal saugut!« 183

Das hört nie auf 186

Teil II   193

Ist der Mensch berechenbar?   195

Die gefühlte Bedrohung   201

Vom Wesen der Kriminalprognose   206

Menschen können nicht in die Zukunft sehen   208

Manche tun es wieder   212

Intimus und Inquisitor   218

Schwarzer Peter   223

Du sollst nicht töten!   227

Blutleere Hinrichtungen   238

Epilog   241

Literatur   249

Vorwort

Alles begann mit einem Anruf. Es muss Mitte Februar 2007 gewesen sein, als sich mir eine Frau als Kollegin aus Frankfurt am Main vorstellte und ausführlich einen Kriminalfall beschrieb. Es ging um einen Sexualmord, verübt Anfang Oktober 2006 in Bayreuth. Ich erinnerte mich sofort an dieses Verbrechen, weil es eine tragische Besonderheit gab, die ich, als ich zum ersten Mal davon erfuhr, einfach nicht hatte glauben wollen: Der Täter sollte ausgerechnet die Ehefrau des Gefängniswärters vergewaltigt und umgebracht haben, der ihn jahrelang auch therapeutisch betreut hatte – angeblich waren sich Täter und Opfer zufällig begegnet. Marina W., die Anruferin, sagte, sie sei die Nichte des Ehemanns der Getöteten. Andreas Fischer habe sich zu den Ereignissen bisher öffentlich nicht geäußert, trage sich aber mit dem Gedanken, dies bald zu tun. Ob ich dabei behilflich sein wolle, fragte sie nach. Ich stellte ihr sofort zwei Fragen zurück: Warum ich? Was kann ich tun? Marina W. erzählte, dass Sie während des Studiums von mir gehört habe und mir ein Ruf als anerkannter Kriminalexperte vorauseile. Ich solle, so die Vorstellung von Andreas Fischer, ihn auf seine öffentlichen Auftritte vorbereiten und dabei begleiten, wenn es darum gehe, Missstände und Versäumnisse bei der Therapie von Sexualstraftätern in Deutschland aufzuzeigen. Ich bat um Bedenkzeit.

Im Internet fand ich eine Vielzahl von Zeitungsberichten zum »Fall Monika F.«; es war bundesweit und ausführlich darüber berichtet worden – ein besonders grauenhaftes Verbrechen an einer zweifachen Mutter. Ich zögerte. War ich überhaupt der richtige Mann für so ein Projekt? Und war es der geeignete Weg?

Ich dachte lange über diesen Fall nach, das Schicksal der Familie Fischer berührte mich sehr: Ein Mann verliert seine Frau, zwei Kinder im Alter von fünf und zehn Jahren verlieren die Mutter. Eine große Tragödie. Spontan entschloss ich mich, Andreas Fischer behilflich zu sein. Nach all dem, was ich über ihn und seine Familie erfahren hatte, konnte ich schon gar nicht mehr anders. Ich schrieb ihm eine E-Mail, er antwortete, später telefonierten wir. In all den folgenden Gesprächen lernte ich einen überaus sympathischen und tapferen Mann kennen, der nicht nur bereit war, sein schweres Schicksal anzunehmen, sondern das Beste daraus zu machen. Und er wollte uneigennützig dazu beitragen, ähnliche Dramen vermeiden zu helfen. Bemerkenswert.

Zunächst hielt ich eine Pressekonferenz kurz vor Beginn der Gerichtsverhandlung für den richtigen Zeitpunkt, um an die Öffentlichkeit heranzutreten. Andreas Fischer war einverstanden. Er sollte als persönlich Betroffener berichten, ich dagegen über die Frage der Kriminalprognose diskutieren. Schnell hatte mich Andreas Fischer überzeugt: Eigentlich scheute er die Öffentlichkeit. Deshalb hatte er bis dahin auch noch kein Interview gegeben, obwohl ihm einige lukrative Angebote gemacht worden waren. Er versicherte mir glaubhaft, es gehe ihm nicht darum, öffentlich als Opfer wahrgenommen zu werden, vielmehr wolle er sein persönliches Schicksal schonungslos offenbaren, um anderen Menschen in vergleichbarer Situation Mut zu machen – vor allem aber wolle er den Fokus auf Irrungen und Wirrungen bei der Therapie von Sexualstraftätern lenken.

Die Idee, lediglich eine Pressekonferenz zu veranstalten, überzeugte mich jetzt nicht mehr. Ich überlegte, wie man dem Anliegen von Andreas Fischer gerecht werden würde, wie seine leidvollen Erfahrungen wirklich wahrgenommen werden könnten. Ein Buch? Ein Buch! Ich schrieb ihm. Er antwortete, meldete Bedenken an, er wolle sich beraten und mit Familienangehörigen und Freunden darüber diskutieren. Eine Woche später kam die Antwort: Ja. Ich bat ihn, mir zunächst einen Teil seiner Tagebuchaufzeichnungen zu schicken. Ich wollte mir einen ersten Eindruck verschaffen. Einige Tage später antwortete ich ihm: »(...) Ich habe Ihre Aufzeichnungen gelesen. Es war schwer. Ich musste schlucken. Ich bekam feuchte Augen. Ich musste weinen. Und ich habe mich gefragt, woher Sie all die Kraft nehmen, wenn mich schon allein der Gedanke an ein solches Schicksal verzweifeln lässt. Ich bewundere Ihren Mut, Ihren Lebenswillen, Ihr Verantwortungsbewusstsein. Eigentlich wollte ich Sie gleich anrufen. Aber die Eindrücke waren so nachhaltig, dass ich es in diesem Moment nicht konnte. Ich wollte eine Nacht darüber schlafen. Habe ich die Ruhe und die Kraft, dieses Buch mit Ihnen zu schreiben? Mit Ihnen diese Tragödie zu durchschreiten und zu durchleiden? Ich hätte nicht gedacht, dass sie mich so angreift.«

Andreas Fischer erzählt nicht nur von jenem verhängnisvollen Tag, an dem seine Frau ermordet wurde, vom Leid seiner Familie und dem langen und ausgesprochen beschwerlichen Weg zurück in ein Leben, das sich grundlegend verändert hat. Er berichtet auch darüber, wie es ist, Opfer zu werden, zu sein, urplötzlich, vor allem aber ungewollt und unverschuldet. Er überdenkt (selbst-)kritisch das eigene Verhalten und fremde Erwartungen. Er spricht über seine berufliche Situation, eine sich anbahnende Existenzbedrohung und Zukunftsängste. Und er sagt, was er über jenen Mann denkt, der seine Frau getötet haben soll. Andreas Fischer bleibt bei all dem vorurteilsfrei, authentisch und ehrlich.

Meinen allergrößten Respekt, Andreas!

Stephan Harbort
Düsseldorf, im Mai 2007

Prolog

»Mit dem Tod beginnt eine ganz andere Existenz.
Auch in das Erdenleben sind wir mit Tränen
und Schmerzen eingegangen,
auch bei diesem Neubeginn mussten wir den Schleier
des Geheimnisses ablegen, der uns vorher die Zukunft
verhüllte.«
Michel Eyquem de Montaigne in »Die Essais«

Harbort: »Andreas, Du hast einen furchtbaren Verlust erlitten. Deine Frau ist beraubt, vergewaltigt und anschließend ermordet worden. Wann und warum hast Du Dich dazu entschlossen, über Dein Schicksal öffentlich zu reden?«

Fischer: *»Schon etwa eine Woche nach der Tat habe ich ein paar von den Gedanken aufgeschrieben, die mir durch den Kopf gingen. Mit meinem Tagebuch habe ich exakt einen Monat nach dem Mord begonnen. Die Vorgänge am Tattag zu rekonstruieren, das war für mich ein sehr schwieriges Unterfangen. Ich wurde dabei regelrecht von den Erinnerungen durchgeschüttelt. Erst Anfang März 2007 kam dann die Anfrage an mich, das Tagebuch zu veröffentlichen. Es folgten Abwägen und Zaudern. Mitte des Monats habe ich mich dann schließlich doch dazu durchgerungen.*

Es gibt eine ganze Reihe von Gründen, warum ich mich an die Öffentlichkeit wende. Ich möchte mein Schicksal nicht einfach nur hinnehmen, sondern meine Erfahrungen aus dieser Zeit anderen Menschen mitteilen. Ich möchte nicht nur als Opfer eines furchtbaren Verbrechens gesehen werden, sondern auch jenen Trost spenden, die in ähnliche Situationen geraten – der Verlust eines geliebten Menschen muss ja nicht unbedingt mit einer Straftat zusammenhängen. Und dieses Buch soll ein Beitrag und eine Hilfestellung sein, um Trauer zu bewältigen. Das Verbrechen an meiner Frau Monika ist in dieser Form sicher einzigartig, aber mir kommt es eben nicht in erster Linie darauf an, den Menschen zu zeigen, wie schlecht es mir geht, wie sehr ich leiden muss. Ich will kein Mitleid erregen. Leid gibt es überall auf der Welt, mein Schicksal und das meiner Kinder sind nur ein Teil davon. Das Leid anderer Menschen zählt genauso wie meins, egal ob es durch den Tod eines Kindes, eine schwere Krankheit oder den finanziellen Ruin verursacht wurde.

Mein Anliegen ist es deshalb, durch dieses Buch Unterstützungen zu leisten, damit die Leserinnen und Leser bestimmte Situationen, die ich erlebt habe, nachvollziehen können, sich darin unter Umständen wiederfinden. Es soll erkennbar werden, dass man nicht allein ist in der Not, in dieser Zeit größter Verzweiflung, das ist wichtig. Auch Parallelen zu anderen Schicksalen sollen sichtbar werden. Die Menschen müssen sich in den Phasen der Trauer, der Verzweiflung, der Wut, der heftigen Stimmungsschwankungen, aber auch der Hoffnung Rat holen können – direkt oder indirekt. Vielleicht werden einige auch sagen: ›Zum Glück ist mir das nicht so passsiert.‹ Es wäre doch wunderbar, wenn es jemandem durch dieses Buch gelänge, sein eigenes Schicksal besser annehmen zu können.

Daneben ist es mir wichtig, meine fachlichen Überlegungen öffentlich zu machen. Ich möchte Veränderungen anstoßen, Impulse geben. Ich erfinde das Rad nicht neu, wenn ich sage, dass sich bei der Therapie und Begutachtung von Sexualstraftätern etwas ändern muss. Aber je mehr Menschen sich diesem Thema annehmen, desto größer wird die Chance, dass tatsächlich einmal etwas geschieht. Deshalb offenbare ich mich, spreche über die schmerzvolle Zeit nach der Ermordung meiner Frau. Wenn ein Täter rückfällig wird – mit tödlichen Folgen –, dann steht immer der Täter im Blickpunkt des Interesses. Doch kaum jemand berichtet von dem Leid all jener, die dem Opfer nahe gestanden haben. Das muss sich ändern, damit eine größere Sensibilität für diese Problematik entsteht. Auch dazu möchte ich mit meinem Buch beitragen. Vielleicht bekommt die etwas kühle und formal anmutende Kriminalpolitik so auch ein wenig Seele. Allerdings bin ich mir bewusst, dass meinem Einfluss enge Grenzen gesetzt sind. Ich will also ein Beispiel geben, dem hoffentlich weitere folgen werden.«

Harbort: »Hat Dir die Arbeit an dem Buch geholfen, Deine Lebenskrise zu meistern?«

Fischer: *»Eigentlich nicht. Diese Lebenskrise verläuft in so unberechenbaren Bahnen, dass ich mir keine Illusionen mache, sie jemals meistern zu können. Sie wird immer ein Teil von mir sein, mich auch immer wieder nach unten ziehen. Erfahrungsgemäß gerade nach den Momenten, wenn ich meine, mir geht es wieder besser. Die Erfahrungen der letzten Monate haben mich das gelehrt. Aber die Arbeit hat mir geholfen, einiges zu verarbeiten. Sie hat mich dazu animiert, mich mit meinem Schicksal auseinanderzusetzen und es anzunehmen.«*

Harbort: »Welche Reaktionen erhoffst Du Dir auf dieses Buch?«

Fischer: *»Ich wünsche mir, dass die Leserinnen und Leser verstehen, warum ich diesen Weg so gegangen bin. Wenn ich mit diesem Buch Menschen helfen kann, und nur einer sagt: ›Ja, es spendet mir Trost, es gibt mir Halt, es inspiriert mich‹, dann freue ich mich, dann hat sich die Arbeit gelohnt. Ich erhoffe mir aber auch eine neu aufflammende Diskussion, insbesondere um das Sexualstrafrecht und die Grenzen von Therapien.«*

Harbort: »Das Buch erscheint kurz vor Beginn der Hauptverhandlung am Landgericht Bayreuth. Was sagst Du jenen Menschen, die Dir nun vorhalten, Du würdest mit dem Tod Deiner Frau Geld verdienen wollen?«

Fischer: *»Ja, davor hatte ich anfangs tatsächlich Angst. Diese Angst ließ erst nach, als ich über die Verdienstmöglichkeiten aufgeklärt wurde. Für einen Co-Autor liegen die Einkünfte etwa in der Höhe einer Summe, die man für einen großzügigen Familienurlaub aufbringen muss. Wir haben aber nicht vor, einen solchen Urlaub zu machen, vielmehr werden wir das Geld als Rücklage verwenden, denn meine berufliche Zukunft ist ungewiss.*

Der Termin der Veröffentlichung erschien mir zunächst selbst ein wenig verfrüht. Aber es ist letztlich genau der Zeitpunkt, an dem ich die meisten Menschen ansprechen kann. Nach der Gerichtsverhandlung gerät das Verbrechen an meiner Frau doch genauso schnell in Vergessenheit, wie alle anderen ähnlich gelagerten Taten auch. Dann erreiche ich kaum noch jemand, über die Medien schon gar nicht. Noch eins: Dieser Termin ist auch deshalb gut gewählt, weil ich mich zeitnah gegen all die üblen Gerüchte wehren will, die mir zu Ohren gekommen sind. Ich möchte erzählen, wie es wirklich gewesen ist. Außerdem habe ich mit diesem Buch die Möglichkeit, meine Meinung zu sagen, ohne Gefahr zu laufen, von Journalisten falsch verstanden oder falsch zitiert zu werden. Ich will, dass in der Öffentlichkeit eben ein authentisches Bild entsteht.«

Harbort: »Du warst eine Zeit lang unsicher, ob Du dieses Buch wirklich herausbringen willst. Warum?«

Fischer: *»Der vereinbarte Erscheinungstermin ließ mich zweifeln. Eigentlich ist so eine Geschichte doch erst nach dem Prozess komplett. Es waren daher so viele Kompromisse notwendig. Und aus dem Grund, dass ich vielleicht deshalb kritisiert werden würde, begann ich zu zögern. Ich stellte mir selbst immer wieder unangenehme Fragen. Ich hinterfragte meine Motive, überlegte, ob es überhaupt Sinn hat, so vorzugehen und ob meine Kinder Schaden nehmen könnten. Es war so ein ständiges Hin und Her. Ich glaube, viel Freude habe ich dem Verlag im Vorfeld mit meiner Wankelmütigkeit nicht gemacht. Das Projekt stand eine Zeit lang echt auf der Kippe, einmal bin ich sogar offiziell vom Vertrag zurückgetreten. Doch nach Abwägen aller Aspekte ist die Entscheidung nun doch für das Buch gefallen. Und insgesamt bin ich auch froh darüber.«*

Harbort: »Du gewährst in diesem Buch tiefe und ungeschönte Einblicke in Dein Seelenleben, scheust auch nicht davor zurück, Dich selbst zu kritisieren. Woher nimmst Du die Kraft und den Mut dazu?«

Fischer: »*Es ist einfach meine Bewältigungsstrategie. Einer singt, ein anderer schreit, der nächste wütet. Ich schreibe mir alles von der Seele. Ich will wirklich ehrlich sein – nicht der Belehrende, der Coole, der Besserwisser. Um ernst genommen zu werden – besonders wegen meiner fachlichen Denkanstöße –, ist es mir wichtig, auch ehrlich mit mir selbst umzugehen. Ich will mich nicht überschätzen, denn ich kenne meine Grenzen, weiß deshalb auch, dass ich allein verloren wäre.*

Vielleicht habe ich gar nicht so viel Kraft oder Mut, aber ich war schon immer ein offener Mensch, das hat sicher auch dazu beigetragen, dass alles so ist wie es ist. Außerdem: Was habe ich zu verlieren? Meine Frau ist tot. Schlimmer kann es nicht mehr kommen. Vielmehr kann ich aber einiges richtigstellen. Die Gerüchte in den letzten Monaten waren schon sehr geschmacklos und verletzend.«

Harbort: »Menschen, die Ähnliches wie Du ertragen mussten, berichten, sie hätten in der ersten Zeit nicht darüber sprechen können. Wie war das bei Dir?«

Fischer: »*Genauso. Zuerst habe ich doch einiges ausgeblendet. Erst nach und nach konnte beziehungsweise musste ich die Fakten akzeptieren. Manches muss man eben erst annehmen und wenigstens ein Stück weit verarbeiten, bevor man darüber sprechen kann. Es fällt mir aber immer noch sehr schwer, mir diese Tat vor Augen zu führen.*«

Harbort: »Du hast auf die Beschreibung bestimmter Aspekte und Personen verzichtet. Welche sind das und warum hast Du Dich so entschieden?«

Fischer: »*Hauptsächlich musste ich meine Tätigkeit bei der Sozialtherapie in der Justizvollzugsanstalt Bayreuth aussparen. Das hat dienstrechtliche Gründe. Aspekte der Sozialtherapie habe ich deswegen nur allgemein angesprochen.*

*Meine Partnerin, von der im Buch die Rede sein wird,
wollte ich aus persönlichen Gründen nicht detailliert beschreiben und meine Privatsphäre schützen. Aber gerade,
was unsere Beziehung angeht, habe ich sonst nichts weg-
gelassen, weil dies sicher Diskussionen hervorrufen wird,
und deshalb war es mir sehr wichtig zu beschreiben und
zu erklären, wie es zu allem gekommen ist.*

*Manche Ärgernisse gab es natürlich auch, die hier uner-
wähnt bleiben. Die gibt es immer. Doch es wäre nicht fair,
würde ich diese kleinen Unstimmigkeiten in meinem
Buch zum Thema machen. Es sind auch Dinge, die für
die Öffentlichkeit weniger von Bedeutung sind.«*

Harbort: »Du bist ein religiöser Mensch. Hat Dir der Glaube in
Deiner schwersten Stunde geholfen oder siehst Du die
Kirche jetzt mit anderen Augen?«

Fischer: *»Mit der Frage, warum lässt Gott das zu, komme ich
nicht weiter. Es gibt Dinge, die können wir nicht verstehen. Gottes Wege sind mit unseren Augen nicht zu erkennen. Außerdem gibt es neben dem Guten und Göttlichen
auch das Böse und Teuflische. Wer sagt denn, dass es Gottes Wille war? Ich glaube weiterhin an Gott und ich bete,
dass er uns durch unser Leben führt, dass unser Leben
wieder lebenswert wird.«*

Harbort: »Der Tod Deiner Frau ist nicht nur für Dich ein
schlimmer Schicksalsschlag, sondern auch für Deine
Kinder. Was würdest Du Menschen raten, die in eine
vergleichbare Situation kommen, damit auch sie diesen Verlust ertragen und verarbeiten können?«

Fischer: *»Spontan würde ich sagen: Sie sollen mich anrufen. Ich
werde ihnen zuhören, mit ihnen sprechen, versuchen, ihnen zu helfen. Das ist mein Wunsch. Momentan muss ich
mich aber in erster Linie um meine Kinder und um mich
selbst kümmern. Ganz sicher würde ich anderen dazu raten, sich in der ersten Zeit von den Medien fernzuhalten.*

Sie bräuchten sonst nämlich Profis mit großer Medienerfahrung an ihrer Seite, die das Ganze steuern. Die Polizei hilft in solchen Angelegenheiten auch.

Ich würde außerdem dazu raten, Bücher zu lesen, die von ähnlichen Schicksalen handeln. Betroffene sollten die Ereignisse dokumentieren, sofern es ihnen liegt, alles – ihre Wut, ihre Angst, ihre Verzweiflung – niederlegen. Sie sollen sich auf diese Art davon befreien. Wenn im Freundeskreis niemand kompetent genug ist zu helfen, würde ich als Kontaktperson einen Pfarrer empfehlen. Man muss deswegen nicht gläubig sein. Menschen in solcher Not sollten sich auch umgehend an die Opferhilfeorganisation Weißer Ring wenden. Dort arbeiten sehr kompetente und verantwortungsbewusste Leute wie ich sie zum Beispiel in Brigitte W. gefunden habe. Man sollte jedenfalls niemals versuchen, ein solches Trauma allein zu bewältigen. Das geht meist nicht gut.

Allerdings muss ich auch sagen, dass jeder Mensch bei Schicksalsschlägen individuell reagiert, eben immer ein bisschen anders. Es gibt leider keinen Königsweg, kein Patentrezept.«

Harbort: »Welche Erfahrungen hast Du im Umgang mit Polizei und Staatsanwaltschaft gemacht?«

Fischer: *»Die Polizisten, die mir zur Seite standen, waren spitze. Sie haben einen brutalen Job. Ich bin froh, dass ich so einfühlsame und verständige Polizisten um mich hatte. Ich möchte hier besonders Andi S. und Alexander K. nennen. Ich hätte auch auf ganz andere Beamte treffen können … Mit der Staatsanwaltschaft hatte ich persönlich noch nichts zu tun. Aber Post von dort bereitete mir immer ein sehr flaues Gefühl in der Magengrube. Die Behördensprache ist sachlich, aber in diesem Fall wirkt jede Sachlichkeit, jedes Detail wie der brutale Schlag mit einer Keule. Es geht um Obduktionsergebnisse, den genauen Tatab-*

lauf, alle Einzelheiten eines schrecklichen Verbrechens. Die findet man einfach so im Briefkasten. Da steht kein Seelsorger neben Dir und sagt: ›Komm, den machen wir mal zusammen auf und sprechen darüber.‹ Und alles, was da beschrieben wird, hat nicht irgendjemand erdulden müssen. Das ist eben keine fiktive Geschichte, sondern die meiner eigenen Frau! Ich sehe bei allem ihr Gesicht vor mir und spüre ihre Schmerzen. Ob das weh tut? Es ist das Schlimmste überhaupt. Es droht Dich zu zerreißen.«

Harbort: »Viele Angehörige von Mordopfern berichten von rüden Umgangsformen der Medien. Welche Erfahrungen hast Du gemacht?«

Fischer: *»Ich habe mich mit anderen Hinterbliebenen von Opfern in vergleichbarer Situation darüber ausgetauscht. Es ist wohl immer dasselbe Spiel: Für eine gute Story oder Schlagzeile wird übertrieben, falsch zitiert; manchmal werden Dinge auch einfach erfunden. Dagegen kann man sich kaum wehren, man ist ziemlich machtlos, man fühlt sich schutzlos, ausgeliefert. Ich möchte ein Beispiel geben: Eine Reporterin tat mir besonders weh. Sie fühlte sich so überlegen, versuchte, mich mit gemeiner Rhetorik in die Enge zu treiben und Antworten aus mir herauszupressen. So wurde ich von ihr gefragt: ›Sie stehen doch jetzt in der Pflicht, etwas zu sagen und Sie wollen doch auch, dass so etwas nicht wieder passiert?‹*
Trotzdem. Ich sehe auch deren Position. Ich fand die Entschuldigung des Reporters einer Boulevardzeitung besser als gar keine. Es ist halt ihr Job. Wenn sich diese Reporter aber genau bewusst machen würden, was sie mit diesen Berichten auslösen, könnte ich mir vorstellen, dass ihre Arbeit und Umgangsformen anders ausfielen. Vielleicht würden sie dann etwas sensibler vorgehen.
Ich habe aber auch sehr nette Reporter kennengelernt. Sie weinten mit mir, legten Blumen vor die Haustür. Dem ei-

nen oder anderen schrieb ich E-Mails. *Nur zur Sache äußerte ich mich dabei nie. Nachdem einige Kamerateams unser Haus schon zwei Tage lang gefilmt hatten, klingelte irgendwann mal ein Reporter und fragte tatsächlich, ob er das Haus wohl ablichten dürfe. Klar, er durfte. Wieso sollte ich es genau dem, der so höflich war und fragte, untersagen?«*

Harbort: »Welche Organisation oder Institution hat Dir wirkliche Hilfestellung geben können und wie sah sie aus?«

Fischer: *»Zugegeben, Frau W. vom Weißen Ring kannte ich schon vorher. Ich hatte bereits in vielen Fällen mit ihr zusammengearbeitet. Sie war mir nach dem Tod meiner Frau immer eine große Hilfe. Schon das Gefühl, das sie mir vermittelte, mich immer und mit allem an sie wenden zu dürfen, gab und gibt mir viel Sicherheit. Besonders erwähnenswert ist auch das Einfühlungsvermögen eines leitenden Beamten vom Versorgungsamt. Nicht zuletzt habe ich in meinem Anwalt, Herrn Beermann, einen wunderbaren Menschen und Partner gefunden. Er konnte mich immer wieder beruhigen, mir fachlich und persönlich beistehen. Ich bin dankbar, dass mir diese Menschen das Gefühl gegeben haben, nicht allein zu sein.«*

Harbort: »Viele Menschen in ganz Deutschland haben von Deinem Schicksal erfahren und Anteil genommen. Hast Du auch Berührungsängste gespürt, Menschen getroffen und erlebt, die Dir nicht zu nahe kommen wollten, die sprachlos geblieben sind?«

Fischer: *»Ja. Doch schon. In meiner Danksagung in der Tageszeitung habe ich auch diesen Menschen Aufmerksamkeit geschenkt und ihnen vermitteln wollen, dass ich diejenigen, die sprachlos geblieben sind, auch verstehe. Manche konnten mir einfach nicht in die Augen schauen, wenn ich zum Beispiel mit den Kindern einkaufen war. Diese Berührungsängste hätte ich genauso. Ich durfte aber auch Men-*

schen kennenlernen, die von dieser Tragödie so berührt wa-
ren, dass sie Briefe schrieben, mich anriefen und einige we-
nige trauten sich sogar, uns zu besuchen, mit mir zu spre-
chen – obwohl ich für sie ein Fremder war. Sie baten mich
auch, am Grab meiner Frau Blumen ablegen zu dürfen.
Ich finde das rührend. Es zeigt mir, dass es auch noch Men-
schen mit Mitgefühl und Liebe im Herzen gibt.«

Harbort: »Wenn spektakuläre Verbrechen passieren, wird in erster Linie über den Täter berichtet, selten über die Opfer, noch seltener über die Angehörigen und Freunde
der Opfer. Hast Du ähnliche Erfahrungen gemacht?«

Fischer: *»Ich finde das eigentlich ganz gut so. Ich darf mich doch*
nicht einerseits beschweren, dass die Medien über uns
herfallen, und andererseits sagen, über uns wird zu we-
nig berichtet. Trotzdem bin ich der Meinung, dass den
Opfern und deren Angehörigen kaum ein Forum bleibt,
um auf ihre besondere Situation und die damit verbun-
denen Probleme hinweisen zu können. Es kommt aller-
dings in erster Linie darauf an, wie berichtet wird. Ich
glaube, das ist ein Punkt, über den noch viel gesprochen
werden muss.«

Harbort: »Deine Frau ist mutmaßlich das Opfer eines Täters geworden, der gerade fünf Wochen vor der Tat, vorzeitig
aus der Haft entlassen und dem eine sehr günstige Legalprognose gestellt worden war. Als Betreuungsbeamter
hast Du einige Jahre mit Sexualstraftätern gearbeitet.
Dass die Gefährlichkeit solcher Täter verkannt wird, passiert leider immer wieder. Was sind aus Deiner Sicht die
typischen Fehlerquellen bei der Prognosebegutachtung?«

Fischer: *»Die Gutachter sehen diese Menschen doch nur kurz. In*
dieser Zeit werden auch Befragungen mithilfe eines Com-
putertests vorgenommen. Darin werden Fragen gestellt,
die Aufschluss über die Gefährlichkeit der Gefangenen ge-
ben sollen. Doch dieser Fragenkatalog ist den Gefangenen

bestens bekannt. Natürlich tauschen die sich darüber aus. Natürlich wird da manipuliert. Meiner Ansicht nach ist diese Methode kein geeignetes Mittel. Immer wieder konnten wir beobachten, wie Gefangene versuchten, systematisch die richtigen Aussagen zu treffen. Manchmal fiel schon auf, dass sie so opportun waren, dass dem Gefangenen schon aus diesem Grund nicht geglaubt werden konnte. Die gaben das teilweise auch zu.

Zu meiner Zeit durfte der Gutachter die Gruppenprotokolle – die Therapieakte – nicht einsehen, damit er unabhängig urteilen kann. So wurde es jedenfalls mir gegenüber begründet. Ich denke aber, diese Aufzeichnungen wären es schon wert gewesen, zumindest überflogen zu werden. So hätte der Gutachter auf manche Dinge stoßen können, die bei einer Exploration dann hätten thematisiert werden müssen. Ich halte das Alltagsverhalten der Täter in der Haft für einen sehr wichtigen Bereich, aus dem elementare Schlüsse gezogen werden können. In einer Gruppensitzung ist der Klient ein Anpassungsmeister. Im Alltag zeigt sich dann schon eher das wahre Gesicht. Da die Justizvollzugsanstalt aber wiederum ein geschützter, besonderer Raum ist, verstellt sich der Klient natürlich gerade in diesem künstlichen Umfeld. Die Gefahr, dass man an seinen Kern nicht herankommt, ist unweigerlich groß. Erst draußen in der Freiheit zeigt der Mensch nach einer bestimmten Eingewöhnungszeit dann wieder sein wahres Gesicht.

Eine große Gefahr birgt auch das Verhältnis Therapeut zu Klient. Genauso wie das von Vollzugsbeamtem zu Gefangenem. Durch den täglichen Umgang kommen sich die Beteiligten näher, werden vertrauter miteinander und die Objektivität geht verloren. Der Therapeut wünscht sich Erfolg beim Klienten und belügt sich mitunter selbst, gaukelt sich vermeintliche Fortschritte vor. Ein Gutachter vergleicht den Klienten darüber hinaus mit

anderen Gefangenen. Daraufhin erkennt er womöglich
bei manchem eine relative Besserung, eine relativ geringe
Rückfallgefahr. Dass diese aber tatsächlich immer noch
immens hoch ist, kann somit in den Hintergrund geraten.«

Harbort: »Viele Menschen werden vielleicht einwenden: Du
kannst bei der Bewertung des Prognosesystems gar
nicht objektiv sein – weil Du selbst Opfer geworden
bist. Was kannst Du dem entgegenhalten?«

Fischer: *»Das stimmt. Ich kann vielleicht gar nichts objektiv be-*
urteilen und urteile genauso, wie derjenige, der das System
vertritt, nur aus einer anderen Sicht. Der wird alles tun,
um es zu verteidigen. Auch diese Leute sind nicht objek-
tiv. Mir ist es deshalb wichtig, das System von allen Seiten
zu beleuchten, damit Fehlerquellen erkannt und einge-
dämmt werden können. Das sollte auch im Interesse der
Fürsprecher des Systems sein. Immer nur stehen bleiben
bringt nichts, wenn sich die Anzeichen verdichten, dass et-
was nicht stimmt. Es darf nicht darum gehen, Gewinner
oder Verlierer zu ermitteln. Es muss darum gehen, ein
höchstmögliches Maß an Sicherheit für die Allgemeinheit
zu garantieren. Um meine Befangenheit zu relativieren,
will ich ja nicht allein für Reformen kämpfen. Doch ich lie-
ge mit meinen Beobachtungen und Ansichten wohl nicht
ganz so falsch. Das bekomme ich immer wieder bestätigt.
Nur vor der Tat hätte mich wohl kaum jemand ernst ge-
nommen oder mir Gehör geschenkt. Nun habe ich die Auf-
merksamkeit, nun will ich dazu Stellung nehmen.«

Harbort: »Politiker bemühen sich seit Jahrzehnten um eine
spürbare Verbesserung bei der Therapie und Progno-
sesicherheit von Sexualstraftätern. Das Ergebnis ist
immer noch unbefriedigend. Was sollte aus der Sicht
des Praktikers künftig besser gemacht werden?«

Fischer: *»Die verantwortlichen Fachdienste, Pädagogen und*
Psychologen sollten sich regelmäßig in denselben Räum-

lichkeiten wie die Gefangenen aufhalten. Nur so entgehen sie dem Blendwerk der Therapiestunden. Nur so sind sie auch Herr des Geschehens.

Es darf nicht schlichtweg als schlechtes Arbeitsergebnis, als erfolglose Therapie, als persönliche Fehlleistung gewertet werden, wenn bei 20 zu behandelnden Gefangenen in genau 20 Fällen keine Besserung eintritt. Es liegt doch vielmehr an den begrenzten Möglichkeiten, therapeutisch überhaupt erfolgreich arbeiten zu können. So wird aber zwangsläufig jede noch so geringe Besserung im Verhältnis zum Status quo der anderen überbewertet. Das darf nicht sein. Hier muss man erkennen, dass es enge Grenzen der Therapierbarkeit gibt.

Es darf auch nicht außer Acht gelassen werden, dass die Therapie auch Gefahren birgt. So findet sich zum Beispiel der Kindesmissbraucher in der Masse von anderen Tätern, die Kinder missbrauchen, wieder. Er wird dabei von seinem Gegenüber mit derselben Neigung akzeptiert. In solchen Grüppchen legitimieren die Straftäter ihre Taten, vor allem auch sich selbst gegenüber.

Ich halte es für bedenklich, dass beispielsweise Gefangene mit sadistischen Neigungen in der Sozialtherapie einen regen Gedankenaustausch haben können. Durch den Austausch besteht die Gefahr, dass die perversen Fantasien neue Nahrung erhalten und der eine oder andere Gefangene einem Rückfall näher ist als einer Besserung.

Das Ködern mit vorzeitiger Entlassung ist überdenkenswert. Ermuntert zum Aktivwerden wird der Klient schon dadurch, dass er erfährt, dass er ohne Therapie gar keine vorzeitige Entlassung bekommen kann. Er durchläuft damit praktisch eine Zwangstherapie. Er lernt schnell, was er sagen muss, was ihn weiter bringt, welche Tricks er anwenden muss. Die Lösung, auch mit Therapie den ursprünglichen Entlassungstermin einzuhalten, finde ich richtig. Die Therapie muss freiwillig erfolgen und sollte nicht an Vergünstigungen geknüpft werden.

Wenn der Gefangene beim Entlassungstermin noch eine Gefahr darstellt – ob mit oder ohne Therapie –, dann sollte die Möglichkeit der nachträglichen Sicherungsverwahrung in Betracht gezogen werden. Die Hürden dazu erscheinen mir aber bei der derzeitigen Rechtslage zu hoch. Wenn nach Ablauf der Haftzeit noch ein Risiko besteht, dann müssen die Verantwortlichen alles neu überdenken und abwägen, ob die getroffenen Maßnahmen ausreichend sind. Nach meiner bisherigen Erfahrung bezweifle ich, dass das geschieht. Und: Das Strafmaß wird allgemein zu niedrig angesetzt, zum Beispiel bei Tätern, die Kinder missbrauchen. Jede Zeit der Verwahrung bedeutet letztendlich auch einen Schutz für die Allgemeinheit. Kinder müssen Sperma schlucken, den Onkel oder Stiefvater befriedigen und sind fürs Leben gezeichnet. Sie werden manipuliert und mit Schuldgefühlen beladen. Das ganze Leben wird von so einer Tat geprägt sein. Die begrenzten Freiheitsstrafen empfinde ich in dem bisherigen Umfang als nicht angemessen. Die Opfer werden wohl ähnlich denken. Hier sollten Politiker zusammenarbeiten und bessere Lösungen anstreben. Sie sollten sich der Verantwortung besser bewusst werden.«

Harbort: »Eine Frage, die gestellt werden muss, die aber auch unbeantwortet bleiben darf. Der mutmaßliche Mörder Deiner Frau war einer derjenigen Gefangenen, die Du im Rahmen einer Sozialtherapie begleitet hast. Wie denkst Du jetzt über diesen Menschen?«

Fischer: *»Ich habe keine Rachegedanken, keine Hassgefühle. Ich habe gar keine Empfindungen, was den mutmaßlichen Täter betrifft. Er hat so gehandelt, wie es verwerflicher nicht sein kann. Er muss dafür selbst Verantwortung übernehmen. Nur er alleine war es. Der Gutachter war es nicht. Der Psychologe war es nicht. Seine Mutter oder sein*

Vater waren es auch nicht. Ich möchte mich an dieser Stelle mit persönlicher Kritik zurückhalten und den Gang der Hauptverhandlung abwarten. Dort soll Recht gesprochen werden und der Täter eine gerechte Strafe erhalten, wenn ihm seine Schuld nachgewiesen worden ist.«

Harbort: »Was würdest Du Menschen raten, die in vergleichbare Situationen kommen und keinen Ausweg sehen?«

Fischer: *»Ich würde ihnen gerne helfen wollen. Da ich diesen Alptraum schon durchlebt habe, könnte ich ihnen vielleicht schon durch verständnisvolles Zuhören eine Stütze sein. In mir würden sie vielleicht einen Ansprechpartner finden, von dem sie überzeugt sein können, dass er weiß, wie und was sie fühlen. Aber das ist nur die Theorie. Ich muss dazu selbst erst wieder stabil genug sein und ich habe keine Ahnung, wie sehr mich eine solche Aufgabe selbst wieder runterziehen könnte.«*

Harbort: »Was wünschst Du Dir für die Zukunft?«

Fischer: *»Neben einem sorgfältigen Umgang mit diesem Buch gerade in unserem näheren Umfeld, einen gewissenhaften und sensiblen Umgang mit jedem einzelnen Familienmitglied. Ich wünsche mir, dass dieses Buch auf offene Ohren in der Politik stößt. Ich selbst möchte mich möglichst bald aus der Öffentlichkeit zurückziehen. Ich habe mir dieses Schicksal nicht ausgesucht. Ich wurde zu einer für die Medien interessanten Figur. Darum muss ich nun in diesem Spiel mitmachen. Ein Spiel, dass ich nie wollte, dessen Spielregeln ich nicht kannte, über dessen Ausgang ich mir bis heute nie sicher sein kann.*

Ich wünsche meinen Kindern, der gesamten Familie und mir ein lebenswertes Leben. Jeder kann dazu beitragen, indem er uns nicht wider besseren Wissens angreift, Gerüchte schürt und uns bei jeder Gelegenheit mit unserem Schicksal konfrontiert. Wunden müssen heilen dürfen. Für dieses Verständnis bedanke ich mich.«

»Drei Dinge überleben den Tod.
Es sind Mut, Erinnerung und Liebe.«

Anne Morrow Lindbergh in »Verschlossene Räume, offene Türen«

Diese Geschichte ist wahr. Sie basiert auf Tatsachen und schildert das subjektive Erleben von Andreas Fischer. Die Namen verschiedener Personen sind verändert worden und bei erstmaliger Nennung mit * gekennzeichnet. Diese Verfahrensweise ist dem Schutz der Persönlichkeitsrechte geschuldet.

Monika Fischer (†), Foto: Dezember 2005

Teil I

»Die Gewalt besitzt nicht halb so viel Macht wie die Milde.«
Samuel Smiles in »Charakter«

Der Tag, der alles verändert

»Da war eine Frau, gesichtslos. Und da waren einige Männer, auch gesichtslos. Keiner wollte sich mit der Frau abgeben. Ich fand sie sympathisch, reizend. Gerne hätte ich mit ihr geflirtet. Doch irgendwie konnte ich sie nicht erreichen.«

Es ist der 7. Oktober 2006, ein Samstag, gegen 6.10 Uhr. Andreas schreckt aus dem Traum hoch. Es braucht einige Zeit, bis er versteht. Jetzt hört er das Schellen. Schlaftrunken schleppt sich der 38-Jährige eine Etage tiefer ins Wohnzimmer. Er beeilt sich. Das muss Monika sein, sie hat bestimmt etwas vergessen, vermutet er. Sie sollte eigentlich schon im Krankenhaus sein. Seine Frau arbeitet im Klinikum Bayreuth, Station 35, Gefäßchirurgie, fünf bis sieben Tage Schichtdienst im Monat. Damit man über die Runden kommt. Für Monika ist es aber auch eine willkommene Abwechslung – mal raus aus dem Familienalltag.

Dann hat er den Hörer in der Hand. Es ist die Stationsschwester. Monika sei noch nicht da, sagt sie. Ob sie wohl verschlafen habe?

Andreas läuft mit dem Hörer in der Hand wieder hoch, vorbei an den Zimmern der Kinder. Lea* und Nico* schlafen noch. Beim Hasten zum Telefon hat er nicht darauf geachtet, ob Monika vielleicht noch neben ihm liegt. Vielleicht hat sie verschlafen. Vielleicht hat der Wecker nicht geschellt. Vielleicht! Er braucht Gewissheit.

Das Bett ist ordentlich zurückgeschlagen. Er legt seine linke Hand aufs Bett, tastend, prüfend. *»Nicht mehr warm«,* denkt er. Monika muss schon eine Weile weg sein. Das sagt er ihrer Kollegin. Die sorgt sich. Monika sei doch sonst so zuverlässig. Andreas weiß das. Gerade er.

»Moni plante für den Weg zur Arbeit stets ein Übermaß an Zeit ein, sodass sie schon vor Dienstbeginn die Arbeitsstelle erreichte. Sie war auch sonst sehr verlässlich, genoss bei anderen großes Vertrauen. Jeden Termin hielt sie peinlich genau ein.«

Er sagt noch, dass er versuchen wolle, sie über Handy zu erreichen. Dann legt er auf und wählt Monikas Nummer. Die Verbindung baut sich auf, es klingelt, fünfmal, zehnmal. Er ist ungeduldig und unterbricht die Verbindung, prüft die eingetippte Zahlenreihe, wählt neu. Doch wieder hebt niemand ab. Ein unangenehmes Gefühl versucht von ihm Besitz zu ergreifen: Angst. Er legt sich ins Bett, denkt nach.

»Wo bist du? Was machst du? Warum bist du nicht in der Klinik? Warum gehst du nicht ans Telefon? Moni, was ist los?«

Andreas wehrt sich gegen dieses unangenehme Kribbeln im Bauch. Dass Monika sich mal verspätet hat oder nicht zu erreichen gewesen war, das ist ja schon mal vorgekommen. Einerseits. Andererseits ist so etwas erst drei Mal passiert, in all den Jahren.

»Das war bei Shoppingausflügen mit Freundinnen. Anschließend gab es ein spontanes Kaffeetrinken oder sie ging mit den Frauen etwas essen. Einmal war sie mit den Kindern unterwegs. Da hat es einfach etwas länger gedauert. Als sie dann damals später kam und ich ihr erzählte, dass ich mir große Sorgen um sie gemacht habe, sagte sie nur: ›Was soll denn schon passiert sein?‹ Genau: Was soll denn schon passiert sein? Jetzt nur nicht nervös werden, dachte ich mir. Was soll schon passiert sein …«

Gerade, als er glaubt, sich wieder freigeschwommen zu haben, schlägt ein Gedanke wie eine Welle über ihm zusammen: *»Moni ist doch nie zu spät zur Arbeit gekommen. Noch nie!«* Andreas wählt abermals ihre Handynummer. Wieder meldet sie sich nicht. Jetzt wird es ihm zu viel. Er will Gewissheit. Wo ist Monika?

Er ruft die Polizei an, erzählt, dass seine Frau überfällig sei, sie habe über die A 9 fahren müssen. Er erkundigt sich, ob denn ein Unfall passiert sei oder man etwas von einem Stau wisse. Der Beamte verneint. *»Und im Stadtgebiet, hat es vielleicht da einen Unfall gegeben?«*, fragt Andreas nach. Er wird an die Stadtpolizei in Bayreuth verwiesen. Die können aber auch nicht weiterhelfen. Andreas teilt Monikas Autokennzeichen und seine Telefonnummer mit. Vorsichtshalber, für alle Fälle.

Jetzt schält sich aus den ihn heimsuchenden Gedanken und Befürchtungen eine Überlegung heraus, die von Minute zu Minute realistischer und somit auch wahrscheinlicher wird: *»Es muss etwas passiert sein.«* Er schaut auf die Uhr. 6.30 Uhr. *»Jetzt wird sie doch wohl endlich in der Klinik angekommen sein. Sie muss!«* Hoffnung keimt auf. Er ruft an. *»Jetzt doch. Geh ran.«* Wieder nur die Stationsschwester. Wieder dieselbe Auskunft. Beunruhigend. Niederschmetternd.

»Ein Gefühl der Hilflosigkeit überkam mich, so eine Wut, eine Situation nicht bestimmen oder wenigstens beeinflussen zu können.«

Andreas hält es nicht mehr aus. Er will Monika hinterherfahren, nach ihrem Auto suchen, sie finden. Er will etwas unternehmen, er muss. In der Küche findet er ein Stück Papier und schreibt: *»Bin kurz weg, komme gleich wieder. Papi.«* Die Kinder sollen sich keine Sorgen machen. Wenigstens sie nicht.

Er hat noch die besorgte Stimme der Stationsschwester im Kopf: *»Das ist doch noch nie vorgekommen. Sie war doch immer pünktlich. Wir machen uns große Sorgen.«* Er wählt den Notruf, will Monika als vermisst melden. Der Polizist erklärt, dass so etwas häufiger vorkomme und dass sich alles bald aufklären werde, wahrscheinlich sogar sehr schnell. Das sei eben nicht wie bei einem vermissten Kind, man habe bei Erwachsenen andere Vorgaben und Richtlinien. Man wolle aber einen Streifenwagen zur Klinik schicken, der die Gegend abfahre. Wenigstens das. Andreas hat Verständnis. Doch er versteht immer noch nicht. *»Was geht da vor sich? Ist Monika in Gefahr? Oder noch schlimmer?«* Er verweigert sich diesem Gedanken.

Wenig später verlässt er das Haus und fährt los: durch die Wohnsiedlung und das direkt angrenzende Gewerbegebiet bis zur Autobahnauffahrt Himmelkron, Richtung Bayreuth, von dort etwa zehn Kilometer weiter bis zur Ausfahrt Bayreuth-Nord. Nach etwa einem Kilometer erreicht er die Nordtangente, eine Umgehungsstraße. Noch ein paar Straßen, dann ist er am

Klinikum. Dort ist ein großer Parkplatz, er fährt alle Straßen ab. Sein Blick wandert von links nach rechts, von rechts nach links. In Gedanken sieht er Monikas grauen Ford Focus. Doch er kann ihn nicht finden. Er ist ratlos. Er kann sich nicht einmal vorstellen, was passiert sein könnte. Noch nicht.

Andreas fährt den Parkplatz ein zweites Mal ab. Wieder nichts, Monikas Wagen ist wie vom Erdboden verschluckt. *»Es muss etwas passiert sein«*, durchzuckt es ihn.

»›Ihr muss etwas passiert sein!‹ Ich blickte von dem hochgelegenen Parkplatz des Klinikums über ganz Bayreuth. Ich dachte, ›Irgendwo da unten muss sie sein.‹ ›Mein Gott, Monika ist Krankenschwester!‹ durchfuhr es mich. Da kam mir ein furchtbarer Verdacht. Ich erinnerte mich an einen Gefangenen aus meiner Abteilung, der war fünf Wochen vorher entlassen worden. Er hatte sieben Jahre zuvor eine Frau in deren Auto entführt, beraubt und vergewaltigt – eine Krankenschwesterschülerin, vor dem Klinikum Bamberg. Er hatte das Opfer mit einer Pistole bedroht, die junge Frau gezwungen, bei einem Bankautomaten Geld abzuheben. Anschließend war er über die Frau auf einem Waldweg hergefallen.«

Er kennt den Mann persönlich. Jochen S. ist Gefangener der Justizvollzugsanstalt Bayreuth gewesen und Andreas hatte ihn betreut, mit ihm sogar über einen längeren Zeitraum hinweg eine Sozialtherapie gemacht. *»Der? Der und Monika? Der soll Monika …«* Er wehrt sich gegen diese absurde Überlegung, vergräbt sie unter anderen Gedanken. Andreas hat gute Gründe.

»Ihm habe ich eine solche Wiederholungstat wirklich nicht zugetraut, zumal die Entlassungssituation prima war: Er hatte eine Arbeitsstelle, Kontakt zu der geschiedenen Frau und dem gemeinsamen Kind. Ich hatte nicht das Gefühl, dass der dazu fähig sein könnte. Er machte im Vergleich zu den vielen anderen Verbrechern, die ich kannte, mit denen ich arbeiten musste, einen relativ vernünftigen Eindruck.«

Es ist jetzt 6.50 Uhr. Andreas fährt zu einer Telefonzelle. Er besitzt kein eigenes Handy. Monika hat eins, das genügt. Er ruft im Klinikum an, ob sie inzwischen angekommen sei. Nein. Die Antwort trifft ihn genauso hart wie ein dumpfer Schlag in die Magengrube. Er bittet die Schwester, vom Klinikum aus die Polizei anzurufen.

»Ich dachte, wenn Anrufe verschiedener Leute bei der Polizei eingehen, nehmen sie die Angelegenheit ernster.«

Andreas fährt zurück, im Klinikum kann er nichts ausrichten, und es hat für ihn auch keinen Sinn, blindlings und planlos durch Bayreuth zu kurven. Und die Kinder warten vielleicht schon.

Mittlerweile sind 70 Minuten seit diesem Anruf vergangen, den er lieber nicht bekommen hätte. Andreas lässt nicht locker. Denn er weiß es besser als die Polizei, er kennt doch Monika, seine Monika. Jetzt ruft er bei der Polizei in Stadtsteinach an, wenig später in Bayreuth. Ob denn etwas Besonderes vorgefallen sei, wollen die Beamten wissen.

»›Jetzt mal ganz unter uns‹, meinte der Beamte aus Bayreuth, ›hatten Sie in der letzten Zeit Stress, wollte sie vielleicht ausziehen? Hat sie vielleicht einen Freund?‹ Ich antwortete: ›Nein, wir haben gerade in letzter Zeit eine gute Ehe geführt. Und sie ist auch nicht der Typ, der fremdgeht. Glauben Sie mir, ich wäre froh, wenn sie jetzt fremdgehen würde und ich dafür Gewissheit hätte, ihr wäre nichts passiert.‹«

Andreas beschreibt seine Frau als zuverlässig und pflichtbewusst, es sei eine harmonische Ehe mit Höhen und Tiefen, wie sie immer mal vorkämen.

»Manchmal stritten wir über meine Unordnung und Schludrigkeit, wenn ich mal wieder die Küche nicht aufgeräumt hatte oder Klamotten herumlagen. Verstimmungen gab es auch, wenn ich so eine ganz spontane Idee hatte. Das ist halt so meine Art. Wenn ich zum Beispiel einen Ausflug machen wollte, dann konnte Moni sich nicht so schnell darauf einlassen. Sie wollte alles lieber von langer Hand planen.«

Wieder lässt er die bohrenden und unangenehmen Fragen bereitwillig passieren, antwortet, stets um Haltung bemüht, obwohl ihm ganz anders zumute ist. All das kostet so viel Zeit, so viel Kraft. Er ist unruhig, alle berechtigten Hoffnungen haben sich aufgelöst wie ein Schwarm Sardinen, der nach und nach von Raubfischen gefressen wird.

»Meine Zuversicht war ja, dass Moni doch irgendwann in der Klinik auftauchen würde und sie einen plausiblen Grund für ihr Nichterscheinen hätte, auf den ich einfach nicht gekommen war. Dann stieg in mir mehr und mehr die Wut auf, weil ich einfach nichts machen konnte. Ich war so unglaublich hilflos.«

Die Kinder schlafen noch. Minuten später bremst ein Wagen vor dem Haus, zwei Männer steigen aus und schellen. Es sind Kriminalbeamte. Freundlich fragen sie, ob sie sich ein wenig umsehen dürften, denn in den meisten Fällen würde man Vermisste genau dort finden, wo man sie am wenigsten vermutet: zu Hause. Sie dürfen. Nachdem auch der Schuppen vor dem Haus, der Keller und der Dachboden durchsucht worden sind, fragen die Beamten nach einem Foto von Monika. Andreas gibt den Beamten ein Bild.

Als die Ermittler das Haus verlassen, ruft Andreas seinen Nachbarn Andi an. Der ist Polizist. Vielleicht hat der eine Idee. Als sich eine männliche Stimme meldet, bricht es aus Andreas heraus. Tränen laufen ihm über die Wangen. Er schluchzt. Es ist zu viel. Er kann nicht mehr.

»Erst da spürte ich, was sich in der Zwischenzeit alles angestaut hatte. Die ganze Angst in mir suchte sich einen Weg nach draußen. Ich war selbst überrascht, wie ich reagierte. Es war mir auch peinlich, so unkontrolliert loszuweinen. Ich schämte mich irgendwie, überreagiert zu haben. Ich war mir nicht sicher, ob das angemessen war. War ich vielleicht überängstlich?«

Aber es ist nicht Andi, den er erreicht, sondern seinen Sohn. Andi schläft noch. Er soll aber zurückrufen, sobald er wach ist. Zehn Minuten später ist Andi da. Der groß gewachsene und sportlich wirkende Familienvater ist mit Leib und Seele Polizist: vorbildlich und engagiert, ruhig und sachlich. Der 44-Jährige findet sofort die richtigen Worte. Wieder Tränen, eine herzliche Umarmung, tröstende Worte: Dann geht es wieder.

Die Kinder sind jetzt wach. Andreas versucht, seinem 10-Jährigen Sohn Nico zu erklären, was nicht zu erklären ist. Die Mutter sei nicht zur Arbeit erschienen, niemand wisse, warum. Nico reagiert, wie Kinder in diesem Alter eben reagieren: »Das kann ja mal passieren,« sagt er.

Andi schlägt vor, nach Monika zu suchen. Also muss sich jemand um die Kinder kümmern. Andreas ruft Gitti an, Monikas Schwester. Die 41-Jährige hat selbst drei Kinder und verspricht, sofort zu kommen und bei den Kindern im Haus zu bleiben. Nico und Lea freuen sich. Als Gitti wenig später da ist, wird diskutiert. Wo ist Monika? Was könnte ihr zugestoßen sein?

»Wir überlegten, welchen Weg sie genommen haben könnte. Meine Annahme, sie sei über die Autobahn gefahren, wurde bezweifelt. Vielleicht über die Landstraße, da gab es verschiedene Routen. Sie könnte auch einen Wildunfall gehabt haben, in einen Graben geraten und dabei verletzt worden sein, abseits der Straße in ihrem Auto liegen.«

Plötzlich sind alle einer Meinung. Des Rätsels Lösung ist ein Morbus Menier: ein plötzlich auftretender Drehschwindel mit Übelkeit bis zum Erbrechen ohne erkennbaren Anlass, der zu jeder Tageszeit auftreten kann. Solche Anfälle dauern Minuten bis Stunden und können sich in unterschiedlich großen Abständen wiederholen. Das Schwindelgefühl kann so stark ausgeprägt sein, dass der Betroffene sich nicht mehr auf den Beinen halten kann und schnell in eine hilflose Lage gerät.

»Drei Jahre war das her, da erwischte es Moni zu Hause ohne Vorwarnung so schwer, dass sie ohne Hilfe nicht einmal mehr zur Toilette gehen konnte.«

Andreas lässt sich von dieser eigentümlichen Euphorie gerne anstecken. Doch je intensiver er sich mit dieser Möglichkeit vertraut macht, desto unrealistischer wird sie in seinen Augen.

»Wenn sie diesen Drehschwindel wieder bekommen hätte, dann wäre doch immer noch ein Telefonat mit dem Handy möglich gewesen.«

Anfangs ist dieses Gefühl nur unangenehm, eher lästig, irgendwie unbequem. Monika hat sich nicht zum ersten Mal verspätet, gewiss. Doch jetzt ist es anders. Andreas spürt das. Er hat zwar keinen Anhaltspunkt, auch keine Orientierung, aber soviel steht fest: Monika hat ihr unmittelbares Lebensumfeld offenkundig verlassen – vielleicht sogar verlassen müssen? Daran zweifelt er nicht mehr. Für ihn gibt es keine Alternative. Seine Frau muss sich demnach an einem Ort aufhalten, den sie unter normalen Umständen gar nicht aufsuchen würde. Allein die theoretische Möglichkeit, dass diese ungewöhnlichen Umstände tatsächlich eingetreten sind, beflügelt seine Fantasie. Diese unsäglich schmerzvolle Vorstellung, die sich nicht mehr nur wie eine böse Vorahnung anfühlt, wird für ihn urplötzlich zur Gewissheit. Andreas glaubt zu wissen, dass nicht etwas, sondern es passiert ist.

»Ich meine, alle erdenklichen Möglichkeiten, die ein schweres Verbrechen ausschlossen, durchdacht zu haben. Und wenn sie nach einem Verbrechen noch leben würde, dann würde sie sich doch melden. Ich glaubte deshalb nicht nur, dass sie tot ist, ich hoffte erstmals, dass sie nicht mehr leiden muss.«

Andreas spricht aus, was andere nicht einmal zu denken wagen. Doch man macht ihm Mut, meint, dass er durch seine Arbeit als Justizvollzugsbeamter wahrscheinlich vorbelastet sei und allzu negativ denke. Wer jeden Tag mit abnormen Verbrechen zu tun habe, müsse wohl so empfinden. Andreas nickt artig, seine Befürchtungen lassen sich aber nicht wie eine lästig gewordene Stubenfliege vertreiben.

Andi, der Polizist, drängt. Er hat erfahren, dass mittlerweile in Bayreuth nach Monika gefahndet wird. Die Polizei versucht, das Handy der Vermissten zu orten. Gesucht wird vornehmlich im Gebiet zwischen dem Volksfestplatz und dem Stadtteil Neue

Heimat. Dort wohnen insbesondere Russlanddeutsche und sozial Gestrandete.

Die Kripo sieht im Verschwinden von Monika keinen Routinefall, der gelegentlich vorkommt und mit dem baldigen Auftauchen des Vermissten zu den Akten gelegt werden kann. Für diese Annahme gibt es einen triftigen Grund: Zwei Tage zuvor hatte ein mysteriöser Überfall für Aufsehen gesorgt, mitten in Bayreuth. Ein Mann sprang gegen 6.30 Uhr in das Auto einer Rechtsanwältin, die vor einer roten Ampel halten musste. Der Täter hielt dem Opfer ein Messer an den Hals und raubte Bargeld und Kreditkarten. Unübersehbare Parallelen sind erkennbar.

»Ist Monika genau diesem Verbrecher begegnet?«

Die Polizei sucht sie mit allen verfügbaren Beamten. Aus Bamberg werden Bereitschaftspolizisten angefordert. Auch die Feuerwehr und das Technische Hilfswerk sind im Einsatz. Über Bayreuth kreisen mehrere Polizeihubschrauber, die zwischendurch landen, um Filme aus Wärmebildkameras zur schnellen Auswertung zu überbringen.

Andreas und sein Freund Andi fahren los. In Bayreuth angekommen, hat Andi eine Idee: das Konto. Vielleicht ist Geld abgehoben worden. Andreas lässt einen aktuellen Kontoauszug ausdrucken. Keine Auffälligkeiten. Schließlich fragt er noch den Kontostand ab. Als er die Zahlen abliest, verschlägt es ihm die Sprache. Kein Zweifel: Es sind 1.500 Euro abgehoben worden. Eine Uhrzeit ist nicht ersichtlich, aber der Tag: heute! Wer hat das Geld abgehoben? Monika? Ungewiss. Aber ganz bestimmt ist ihre EC-Karte benutzt worden.

»Es war wieder ein Stück Gewissheit, dass Moni einem Verbrechen zum Opfer gefallen sein musste. Ich spürte eine innere Lähmung, denn ich wusste, sie war tot oder in größter Gefahr. Und ich war so weit weg, so unendlich weit weg. Zum Abwarten verdammt, auf neue Hinweise und Erkenntnisse der Polizei angewiesen, machtlos, ihr beizustehen. Es schmerzte und betäubte mich, ich

konnte gar keine Gefühle zeigen. Als ich wieder ins Auto stieg, erzählte ich Andi ziemlich ruhig, dass Geld abgehoben worden war.«

Den tröstend gemeinten Einwand seines Freundes, Monika könne das Geld doch durchaus selbst abgehoben haben, will er nicht gelten lassen. Er weiß es besser.

»Ich hatte einige Tage zuvor 500 Euro von meinem Konto abgehoben und Moni davon 250 Euro gegeben. Sie hatte aber etwa zeitgleich 300 Euro abgehoben, weil sie kein Bargeld mehr gehabt hatte. Ich wusste, dass sie danach etwa 200 Euro ausgegeben hatte. Aus diesem Grund musste sie noch ungefähr 350 Euro gehabt haben. Deshalb hielt ich es für unmöglich, dass sie das Geld aus freien Stücken geholt hatte. Moni benötigte kein Geld, außerdem war das letztmalige Abheben von ihrem Konto schon eine große Ausnahme gewesen. Wir lebten nämlich von meinem Konto, denn ihr Verdienst als Vierteltagskraft war wesentlich geringer als meiner. Ihr Gehalt ging für Altersvorsorge, Versicherungen, Überweisungen, kleinere Anschaffungen und Sparverträge fast gänzlich weg.«

Andi sagt, man müsse wegen der Vermisstenanzeige jetzt unbedingt zur Kripo. Andi weicht ab jetzt nicht mehr von Andreas' Seite. Er ist sein Freund, auf ihn kann er sich verlassen. Das tut gut. Das hilft.

Auf der Wache wird Andreas zum Alter und Aussehen seiner Frau befragt: 39 Jahre alt, 1,59 Meter groß, blonde, schulterlange wellige Haare, eine feminine Figur. Auch Andi soll dazu etwas sagen. Er überlegt. Nein, keine besonderen Merkmale. Beiden fällt es schwer, Monika exakt zu beschreiben; einen Menschen, den man gestern noch gesehen hat, den man sehr genau kennt, über den man alles weiß. Wieder wird nach Streitigkeiten gefragt, nach Personen, denen sich Monika anvertrauen würde, zu denen sie hätte fahren können, wenn es Probleme gab. Andreas fällt nur Gitti ein, ihre Schwester. Er sagt, dass Monika nicht der Typ sei, der über intime Dinge mit anderen Menschen reden würde. Überhaupt gebe es keinen Grund, warum sie unauffindbar sei. Beziehungsprobleme schließt er aus.

»Moni und ich merkten in letzter Zeit, dass sich unsere Ziele und Hobbys unterschiedlich entwickelten. Während sie mit den Kindern als Mutter voll aufging, begann ich zu joggen und mir Gedanken um meine Figur zu machen. Ich hatte Ideen von Alpenüberquerungen, Gleitschirmfliegen, Bergtouren und vielem mehr. Wir waren beide so offen und gut zueinander, dass wir das erkannten. Wir redeten über alles, wir blieben nicht stehen in unserer Beziehung. Es war keine Freundschaft, die sich überlebt hatte, keine Liebe, der es an Substanz fehlte. Um besser einen gemeinsamen Nenner zu finden, spielten wir auch mit dem Gedanken, zu Campern zu werden, einen Wohnwagen zu kaufen, um wieder mehr Gemeinsamkeiten zu haben. Wir suchten bereits nach einem PS-stärkeren Auto und sahen uns Wohnwagen an. Wir träumten von gemeinsamen Touren und Kurztrips, wollten uns da aber nicht unbedingt festlegen. Aber auch abgesehen davon machten wir uns immer wieder bewusst, wie gut es uns doch eigentlich ging, wie zufrieden wir mit unserem Leben sein konnten.«

Jetzt bei der Kripo unterschreibt Andreas das Protokoll und gibt Monikas persönliche Daten für die Fahndung frei. Andi fragt, ob er einen Verdacht habe. Ob er sich vorstellen könne, dass jemand …? Andreas begreift, grübelt.

»›Jochen S.!‹

›Jochen S.?‹

›Jochen S.! Die Sache in Bamberg. Auch eine Krankenschwester. Auch eine Entführung. Auch eine Erpressung der EC-Karte. Auch Abheben eines Betrags. Und eine Vergewaltigung!‹«

Obwohl noch gar nicht feststeht, dass Monika etwas zugestoßen ist, glaubt Andreas, den Namen des mutmaßlichen Täters schon zu kennen.

»Auch wenn ich das ausschloss, blieb aus meiner Sicht überhaupt kein Spielraum für andere Verdächtige.«

Andreas spricht den Verdacht aus. Allerdings wird er schnell wankelmütig, er weiß nicht, was er von all dem halten soll.

» *Wenig später hatten die Beamten die Akte von Jochen S. mit sei-*
nem Bild. Es war das Bild, das mir so bekannt und so vertraut war.
Ich dachte noch, ›Nein, der ist es bestimmt nicht.‹ Ich hinterfragte
mich sogar, ob es nicht total daneben sei, diesen Mann, den ich
kannte, als Verdächtigen zu benennen. Denn es wäre doch wohl eher
zu erwarten gewesen, dass jemand, der erst so kurze Zeit in Freiheit
war, diese nicht gleich wieder aufs Spiel setzte. Doch schon nach kur-
zer Zeit hörte ich die Polizisten diskutieren, wie weit sie gehen dürf-
ten, welche Befugnisse ihnen zustanden. Sie forderten klare Anwei-
sungen. Ich sagte in meiner Vernehmung abschließend noch, dass ich
den Mann im Haus der Hilfsorganisation ›Kontakt‹ vermutete, ei-
nem Verein, der Straftäter nach der Entlassung unterstützt.«

Andreas' dunkle Gedanken und Befürchtungen wüten in
ihm. Er fragt nach einer Zigarette. Er braucht jetzt etwas, an dem
er sich festhalten kann.

» *Wegen meiner sportlichen Ambitionen der letzten Monate*
konnte ich gut auf Zigaretten verzichten. Nun sog ich den Qualm
in mich hinein und spürte ein Gefühl der Erleichterung. Aber es
hielt nur für ein paar Sekunden. Ich ging vor dem Präsidium auf
und ab, bis die Zigarette aufgeraucht war. Ich dachte unentwegt an
Moni, wollte endlich, dass die Suche vorbei war, dass eine Nachricht
kam, ein Ermittlungsergebnis, ein Anruf.«

Andi macht den Vorschlag, die Suche wieder aufzunehmen.
Sie fahren in das Gebiet, in dem auch die Polizei verstärkt fahn-
det. Andi wird immer wieder angerufen, seine Kollegen haben
Fragen, er antwortet. Dann kommt eine Nachricht, die alles verändert: Monikas Auto ist gefunden worden! Wie vermutet, im
Stadtteil Neue Heimat. Andreas fragt nach Blutspuren. Andi
nickt nur kurz. Er kann und will nicht darüber reden, nicht
jetzt. Aber sein Gesicht erzählt eine grausige Geschichte. Andreas fragt nicht weiter nach.

» *Ich wusste, dass in diesem Moment panisches Schreien sinnlos*
war. Ich wusste, dass ich ungeheure Kraft brauchte, dass der Hor-
rorfilm gerade erst anfing. Ich wusste, dass noch viel mehr auf mich

zukommen würde. Ich versuchte, mich selbst zu schützen, wollte nicht meinen Emotionen freien Lauf lassen. Wie hätte ich den Rest des Tages sonst ertragen sollen?«

Während der Fahrt zum Fundort wird nicht gesprochen. Plötzlich sehen sie, wie ein Polizeihubschrauber landet, ganz in der Nähe auf einem Feld. Sie fahren dorthin, weil sie noch nicht wissen, wo Monikas Auto steht. Vorbei an Menschen, die er anhand ihrer Kleidung als Russlanddeutsche zu erkennen glaubt. Vielleicht war es einer von denen, mutmaßt er. Auf dem Feldweg stehen zwischen dem Hubschrauber und dem angrenzenden Wohngebiet Polizisten. Andi fragt nach dem Standort des Autos. Andreas ist atemlos. Der Wagen sei im Wohngebiet in der Schwabenstraße gefunden worden, heißt es. Wenig später haben sie die Stelle. Es ist ein unscheinbarer Parkplatz vor einem mehrstöckigen Altbau. Andreas sieht eine Menschenmenge: Kriminalbeamte, Schutzpolizisten, Schaulustige – durcheinanderlaufend, gestikulierend, sich lautstark unterhaltend. Andreas erkennt den Wagen seiner Frau. »Endlich!« Die Stelle ist mit Flatterband markiert. Der Kofferraum ist aufgeschlossen, der Deckel aber ist zu. Monika ist nicht im Auto.

»Ein geschäftig gestikulierender Mann fiel mir ins Auge. Andi machte ihn durch ein Handzeichen auf uns aufmerksam. Er stellte mich ihm vor, sagte, ich sei der Ehemann der Vermissten. Es war der Staatsanwalt. Er lächelte mich freundlich an und schüttelte mir die Hand.«

Dann erfährt Andreas Dinge, die seinen schlimmsten Befürchtungen neue Nahrung geben.

»Ich schnappte ein paar Gesprächsfetzen auf: große Blutmengen, irgendetwas von Schleifspuren, so etwas wie Kofferraum. Eine Beamtin in Zivil gab diese Informationen an Andi weiter. Ich stand zwar etwas abseits, bekam es aber mit. Erst später schien sie wahrzunehmen, dass ich der Ehemann von Moni war. Sie kam in meine Nähe, war freundlich. Ich sagte Andi, ich bräuchte jetzt dringend eine Zigarette. Ich war wie gelähmt, wie versteinert. Um mich

herum passierte so viel. Ich fühlte mich total überfordert, in irgend-
einer Weise zu reagieren. Ich blieb still und rauchte, dachte einfach
an nichts. Da war eine Leere in mir, eine unendlich tiefe Leere.«

Er ist wie paralysiert. Aus Gesprächen zwischen Polizisten
meint er herauszuhören, dass Blut auch an einer Vordertür gefunden worden sei, dass es bis auf die Felgen getropft habe. Man
diskutiert Schleifspuren. Vor Andreas tut sich ein Abgrund auf.
Etwas zerrt an ihm. Es gibt wohl keine Hoffnung mehr.

»Die Gesprächsfetzen, dass es so große Blutmengen waren, das
gab mir die Gewissheit, dass Moni tot war. Ich hoffte sogar für sie,
keine Schmerzen und kein Leid mehr ertragen zu müssen. Ich dach-
te immer nur: ›Oh Gott, lass sie tot sein, lass sie nicht länger leiden!‹«

Andreas tut etwas, dass niemand von ihm erwartet, das wohl
auch sonst von niemandem in vergleichbarer Situation zu erwarten gewesen wäre: Er bleibt einfach stehen, wie angewurzelt.
Er rennt nicht zum Wagen seiner Frau. Er will nicht. Er kann
nicht hinsehen.

»Ich hätte schnell die wenigen Schritte zum Auto laufen können.
Das hätte ich ja ohne weiteres machen können. Das Flatterband, das
die Stelle absperrte, war ja kein Hindernis. Es hätte mir auch nichts
ausgemacht, dass das nicht erlaubt gewesen wäre. In diesem Moment
dachte ich vielmehr, es wäre ein Fehler, ich könnte diese Bilder nie-
mals verarbeiten. Gut, dass ich einen klaren Kopf behielt.«

Es ist jetzt 14.30 Uhr. Von Monika keine Spur – bis auf das
Blut in ihrem Auto. Sie fahren zurück zur Kripo. Andreas muss
abermals vernommen werden, diesmal offiziell. Als sie im Präsidium ankommen, wird er gebeten, noch einige Minuten zu warten. Unverständlich. Vielleicht sogar unzumutbar. Was kann es
Wichtigeres geben?

»Vor der Zeugenvernehmung wankte ich den Flur auf und ab.
Alles war so unwirklich. Das war schlichtweg eine geistige Überfor-
derung, überhaupt klare Gedanken zu fassen, einzuordnen, was da
passiert war, was gerade geschah. Das Auf- und Abgehen auf dem
Flur war mir selber unheimlich. Ich starrte dabei mal an die Wand,

mal auf den Boden. Ein Polizist beobachtete mich mit einem Prin-
ce-Charming-Lächeln, er fixierte mein verzweifeltes Gesicht. Groß
erklärte er, er garantiere mir, dass meine Frau noch heute lebend ge-
funden würde. Denn es gebe Neuigkeiten, von denen wir noch
nichts wüssten. Andi schaute auf. Ich sah den Beamten müde an.
Dann verkündete er seine Neuigkeit: ›Wir haben das Auto gefun-
den!‹ Ich sagte ihm nicht, dass wir bereits beim Auto gewesen wa-
ren. Ich lächelte nur gequält. Und dann setzte der noch eins drauf:
›Glauben Sie mir!‹ Ich war ihm nicht böse.«

Eine Kriminalpolizistin spricht mit Andreas, stellt ihm genau
die Fragen, die er bereits so oft beantwortet hat.

»Sie wirkte erfahren, überlegt und vertrauenswürdig. Sie fragte
auch danach, wo dieser Jochen S. wohne. Ich hatte ja schon bei der
ersten Vernehmung angegeben, er könne sich in dieser Übergangs-
wohngemeinschaft aufhalten. Da ich jetzt noch mal danach gefragt
wurde, vermutete ich, dass man ihn dort nicht angetroffen hatte.
Nun meinte ich mich erinnern zu können, dass der Mann auch mal
im Stadtteil Neue Heimat gewohnt hatte. Er hatte mir wohl wäh-
rend seiner Haftzeit davon erzählt.«

Ein Krisenstab wird eingerichtet. Andreas will nicht teilnehmen. Er will gar nicht wissen, was geplant, was passiert ist und
was passieren könnte.

»Ich wollte mich nicht mit Details herumquälen müssen, die ich
auch nur hinnehmen musste, ohne die Chance zu haben, tatsäch-
lich das Geschehen beeinflussen zu können.«

Andreas ist nur noch an Fakten interessiert. Der Leiter des
Gefängnisses wird informiert und in die Ermittlungen einbezogen. Andreas telefoniert mit einem Psychologen, dem Leiter der
Sexualtherapie. Ob er sich vorstellen könne, dass Jochen S. etwas mit dem Verschwinden von Monika zu tun haben könnte.

»›Ach Gott, Andreas, wie schaut es denn aus?‹ fragte er mich. Ich
sagte nur knapp: ›Es schaut sehr schlecht aus.‹ Ich dachte dabei an
das viele Blut im Auto. Dann wiederholte er, was er wohl vorher
schon der Polizistin gesagt hatte: ›Also, der Jochen S. wollte zuerst

in die Neue Heimat ziehen. Das war ihm aber zu teuer. Er wohnt jetzt in dem Übergangswohnheim der Stadt. Aber der Jochen S. war das nicht. Das halte ich für ausgeschlossen.‹«

Andreas wird nach der Blutgruppe seiner Frau gefragt. Er kennt sie nicht. Der Hausarzt kennt sie ebenfalls nicht. Andreas nennt der Beamtin seine Telefonnummer. Monikas Schwester ist noch mit den Kindern in seinem Haus. Die könnte sie kennen.

»Die Polizistin fragte Gitti: ›Wir müssen alles genau abchecken, was die vermisste Person angeht. Da ist dem Ehemann, der gerade bei mir sitzt, eingefallen, dass Sie es vielleicht wüssten.‹ Aber Gitti wusste es auch nicht genau. Ich bekam sie an den Hörer. Ihr fiel der Mutterpass ein, in dem die Blutgruppe stehen müsste. Ich dirigierte sie fernmündlich durch die Wohnung zu dem Schrank und der Schublade, wo der Pass liegen konnte. Sie fand den Pass und nannte mir die Blutgruppe. Ich besprach mit ihr noch, dass sie ihre und meine Kinder zu sich nach Hause nehmen solle.«

Es folgen abermals Fragen. Auch solche, deren Sinn sich Andreas nicht sofort erschließen. Er will weg, einfach nur weg.

»Ich war so untätig, hilflos, wollte nach Hause. Ich hatte doch schon alles gesagt, mehrfach. Es war so unerträglich!«

Aber sie lassen ihn nicht gehen, sie dürfen ihn nicht gehen lassen. Die Prozedur erscheint ihm endlos. Immer wieder geht die Tür auf, ein Polizist kommt herein, stellt Fragen, geht wieder. Das Krisenteam muss mit den notwendigen Informationen versorgt werden. Es geht nicht anders. Manchmal sitzt er ganz allein da.

»Das Telefon klingelte des Öfteren, die Frau unterbrach uns, ging die Treppen hinauf und ich war wieder allein. Meistens war aber Andi oder ein anderer Polizist bei mir. Ich hörte das Rattern der Hubschrauber, die nach Moni suchten. Die Beamten erklärten mir, dass sie auch eine Leiche aufgrund der Restwärme orten könnten. Dann ging die Fragerei dem Ende entgegen.«

Ein Kriminalbeamter erkundigt sich nach dem Hausschlüssel. Das Telefon soll angezapft werden. Vielleicht ist Monika entführt worden und jemand fordert Lösegeld. Andreas ist einverstanden, auch wenn er nicht daran glaubt. Die Polizei glaubt es selbst auch nicht. Aber man will nichts unversucht lassen.

Andreas telefoniert mit seiner Mutter. Er sagt ihr, dass Monika wohl tot sei, jedenfalls sei das sehr wahrscheinlich. Nein, entgegnet sie, er solle die Hoffnung nicht aufgeben, es werde sich alles aufklären. Andreas will keine andere Meinung gelten lassen. Seine Mutter ist schockiert. Sie will nicht annehmen, dass Monika tot ist. Ermordet. Sie versteht nicht, warum ihr Sohn so stur sein kann, so ganz ohne Hoffnung. Mittlerweile läuft die Fahndung öffentlich, im Rundfunk wird berichtet. Freunde und Bekannte der Familie sind schockiert, als sie hören, dass Monika Fischer aus Lanzendorf vermisst wird. Ausgerechnet Monika! Noch so jung. Die Kinder. Die Familie. Was ist? Was soll werden? Man telefoniert miteinander. Man vereinbart Treffen, es bilden sich Gruppen. Die Menschen weinen miteinander, hoffen und beten. Monika möge gefunden werden: lebend.

16.30 Uhr, es regnet heftig, der Wind peitscht das Wasser durch die Straßen. Als Andreas das Präsidium verlässt, überfallen ihn dunkle Vorahnungen.

»Ich sah sie im Wald liegen, hatte ein ähnliches Bild aus einer Ermittlungsakte im Kopf. Ich assoziierte dieses Foto mit Moni. Hilflos lag sie da, tot, in der Kälte. Der Regen lief ihr über den Kopf. Ich sagte zum wiederholten Male: ›Sie ist tot. Herr, mach, dass sie jetzt nicht noch leiden muss.‹ Ich sagte das aber nicht mehr so offen und laut, sondern still als Gebet für mich.«

Andreas fährt zurück. Zu Hause steht das Telefon nicht still: Freunde und Nachbarn melden sich, verheult, panisch, wollen alles Mögliche und Unmögliche wissen. Andreas antwortet nur kurz, emotionslos.

»An einen Anruf kann ich mich noch besonders gut erinnern. Ein Kollege rief mich an: ›Andy, und … ?‹ Ich sagte: ›Schlecht.‹ Er: ›Wieso, wievielter?‹ Ich verstand nicht, was er meinte, fragte zurück:

›Was meinst du denn?‹ ›Na, stell dich doch nicht so dumm, wie war der Lauf heute Nachmittag, wie habt ihr abgeschnitten?‹ Ich sagte nur: ›Ich bin nicht gelaufen … meine Frau … Hörst du denn keine Nachrichten?‹ Es erwischte ihn kalt: ›Oh Gott, ist das deine Frau, die vermisst wird?!‹ Ich bejahte und mein Kollege war total entsetzt. Dieses taube, hilflose Gefühl hatte mich immer noch im Griff. Diese innerliche Starre verhinderte wohl, dass ich um mich schlagen und verzweifelt heulen würde. Ich wusste ja, dass ich jetzt funktionieren musste, es war ja noch nicht vorbei.«

Unter den Anrufern ist auch Robert, ein Psychologe aus der Anstalt; er ist engagiert und gewissenhaft. Andreas ist mit ihm befreundet. Nach kurzer Zeit ist er da und tröstet. Dann arbeitet da noch Alexander, ein Jugendkontaktbeamter der Polizei. Der zwei Meter große Beamte verschafft sich schon mit seiner Körperpräsenz Respekt. Andreas vertraut ihm.

»Er redete so ruhig und voller Verständnis mit mir. Es ist kaum zu beschreiben, wie viel Geborgenheit der Mann vermittelte. Jeder Satz von ihm ein Treffer. Er schaffte es in wenigen Sekunden, vertrauensvoller Beschützer und Freund zu sein.«

Sie hocken zusammen in der Küche. Andreas spricht davon, dass Monika bald gefunden werden würde, heute noch, gleich, jetzt! Er muss immer wieder ans Telefon, Nachbarn kommen vorbei und bieten ihre Hilfe an. So vergeht die Zeit.

»Die Nachbarn standen vor der Tür, tränenüberströmt und zitternd, nach Worten ringend. Teilweise musste ich sogar die Besucher trösten. Ich drückte und umarmte sie, musste sie aber bald schon wieder abwimmeln.«

Mittlerweile ist Elke* eingetroffen. Sie arbeitet auch als Psychologin in der Anstalt.

»Mit ihr erörterte ich auch den Verdacht gegen Jochen S. Die Psychologin erzählte, sie habe einen ehemaligen Gefangenen in der Stadt getroffen, der habe gesagt, er sei gegen 16 Uhr mit Jochen S. im Café Wundertüte gewesen. ›Der hat damit nichts zu tun‹, sagte sie. Für mich war jetzt auch klar, dass Jochen S. als Verdächtiger aus-

*schied. Sonst hätte er ja nicht zu dieser Zeit in einem Café gesessen,
nahm ich an. Außerdem hatte die Polizei ihn ja schon am Vormittag in Verdacht gehabt und ihn bestimmt überprüft.«*

Der Anstaltsarzt schaut kurz vorbei, geht bald wieder, lässt aber Beruhigungsmittel da. Alexander, ein Polizist, der Andreas seit den frühen Morgenstunden begleitet, telefoniert unentwegt oder wird angerufen. Es ist 21.15 Uhr, als er nach einem Telefonat in die Küche kommt, einmal tief durchatmet und sich vor Andreas hinkniet.

»Irgendwie spürte ich, jetzt kommt der Hammer. Ich beobachtete genau seine Gesichtszüge und merkte, dass er mir die Todesbotschaft überbringen musste.«

Die Anwesenden können nicht wissen, was nun folgt, aber sie ahnen es. Dann sagt Alexander tonlos: »Sie haben Deine Frau tot gefunden. Es tut mir so leid.«

»Ich war wie vor den Kopf geschlagen. Ich dachte aber auch sofort: ›Das kann doch nicht wahr sein! Das ist doch Wahnsinn! Das ist alles nicht echt!‹«

Alle Anwesenden sind schockiert. Lähmendes Entsetzen. Benommenheit. Sprachlosigkeit. Stille. Leises Weinen. Wortfetzen. Lautes Schluchzen. Fassungslosigkeit. Hilflosigkeit. Es ist erbärmlich. Das Grauen ist unabwendbar geworden. Es überwältigt. Es trifft jeden. Es schmerzt – wie ein Keulenschlag, der aus dem Nichts kommt. Irgendwann sagt Alexander in das kollektive Schweigen hinein, dass der mutmaßliche Täter bereits festgenommen worden sei. Um 16.22 Uhr ist der Tatverdächtige in einer Wohngemeinschaft für ehemalige Strafgefangene direkt in der Bayreuther Innenstadt aufgestöbert worden. Alexander schaut Andreas fragend an. Ob er einen Verdacht habe, ob er sich vorstellen könne, wer das getan haben könnte. Andreas nennt nur eine bestimmte Bevölkerungsgruppe. Er hat niemanden ernsthaft in Verdacht. Eigentlich auch Jochen S. nicht.

»Es könnte einer von den Russlanddeutschen gewesen sein. Denn im benachbarten Speichersdorf waren durch Angehörige die-

ser Bevölkerungsgruppe zwei Morde verübt worden. Täglich wurden von ihnen Jugendliche ohne Grund brutal zusammengeschlagen. Und in der Zeitung stand längst nicht alles, weil viele Übergriffe gar nicht gemeldet worden waren.«

Alexander schüttelt den Kopf. *»Jochen S.?«*, fragt Andreas leise. Alexander nickt. Andreas überlegt kurz, schließlich fragt er zögerlich: *»Dann war es ein Sexualdelikt?«* Alexander ist unfähig zu antworten. Er nickt wieder nur kurz.

»Ich versuchte, mich mit einem Gedanken zu beruhigen: Sie hätte auch über Wochen vermisst, gefangengehalten, gefoltert werden können. Es hätte noch schlimmer kommen können. Ich hatte nur diese einzige Chance, so zu denken, um noch einen Rest von diesem Ausgang für mich wahrzunehmen, mit dem ich mich trösten konnte. Ich traute mich nicht einmal ansatzweise, den Tatablauf zu überlegen oder Fragen danach zu stellen.«

Andreas reagiert reflexartig, stellt die Taufkerze seiner Tochter auf den Tisch, verziert mit einer Friedenstaube. Dazu legt er den Blumenstrauß, den er Monika vor ein paar Tagen geschenkt hat. Dann betet er laut, Gott möge sie aufnehmen. Er wähnt sich in einem dunklen Tunnel. Alles um ihn herum verschwimmt. Er weint hemmungslos. Es muss heraus. Und doch verspürt er eine gewisse Erleichterung.

»Es war doch für mich auch eine Erlösung nach stundenlangem Warten und Hoffen und Bangen, nach dieser Anspannung, wie ich sie noch nie erlebt hatte. Ich bekam endlich eine Auflösung. Auch wenn sie nichts erklärte, aber sie war da, die Auflösung, die Gewissheit, dass Moni tot war und nicht mehr leiden musste.«

Andreas telefoniert mit Gitti. Sie bringt gerade die Kinder ins Bett. Monikas Schwester wehrt sich, will es nicht wahrhaben, wendet ein, möglicherweise sei es gar nicht Monika, die gefunden worden sei, vielleicht doch eine andere Frau, die ihr nur ähnlich sieht. Andreas lässt nichts anderes gelten. Das fällt ihm unendlich schwer. Er schämt sich fast. Er weiß aber auch, dass er keine Wahl hat. Es geht jetzt nicht mehr darum, was er tun will, sondern tun muss. Man beschließt, den Kindern vorerst nichts zu sagen. Andreas will diese Aufgabe selber übernehmen. Dann ruft er seinen Bruder an. Er soll zur Mutter fahren und es ihr persönlich beibringen. Monikas Mutter ist im Urlaub und nicht zu erreichen. Minuten später ruft Monikas Vater Peter an. Ein kurzes Gespräch. Tränen. Der groß gewachsene, korpulente Mann trifft bald ein. Ein Gespräch will nicht in Gang kommen. Es fehlen die Worte. Andreas holt ihm ein Bier. Peter erzählt später von der Suche im Wald, dass man ihn aber nicht zu seiner Tochter vorgelassen habe, auch nach mehrmaligem Bitten nicht. Man habe ihm gesagt: »Das können wir Ihnen nicht zumuten.« Er kann es immer noch nicht begreifen.

Es wird spät. Das verlorene Häuflein Menschen, mit dem erlittenen Schicksal verzweifelt ringend wie Ertrinkende, die wissen, dass es keine Rettung gibt, wird kleiner. Umarmungen. Wohlgemeinte Worte. Abschied. Robert, der Psychologe, will bleiben. Keine Diskussion. Andreas legt ihm eine Matratze ins Wohnzimmer. Er selbst meidet das Ehebett, legt sich auf das Sofa.

»Wieder spürte ich dieses taube Gefühl in mir, der Situation hilflos ausgesetzt zu sein. Ich war gedanklich erstarrt.«

Er stöhnt immer wieder laut auf, schaut auf die Uhr. Stunde um Stunde geht das so. Er schläft nicht. Wie sollte er. Irgendwann beginnt es zu dämmern. Ein neuer Lebensabschnitt liegt vor ihm: eine ungewisse Zukunft. Ein Leben, das er so nicht leben will, vielleicht gar nicht leben kann. Aber er muss. Er ist nicht allein. Er fühlt sich verpflichtet. Lea und Nico brauchen ihn, gerade jetzt. Es muss weitergehen. Irgendwie.

Familienangehörige, Freunde und Bekannte kommen, versuchen zu trösten. Kein Gespräch endet ohne Tränen. Niemand schämt sich dafür. Die Verzweiflung hängt bleischwer in der Luft. Immer wieder Umarmungen. Angefangene Sätze, die nicht zu Ende gesprochen, sondern von Tränen erstickt werden. Das Telefon steht nicht still.

»Ich erinnere mich noch an eine Familie, die wir gemeinsam auf einem Campingplatz kennenlernen durften. Wir hatten sie erst vor wenigen Wochen besucht, waren mit ihnen und ihrem Sohn im Legoland bei Günzburg gewesen. Der Mann sagte auf die Nachricht nur: ›Sag, dass das nicht wahr ist.‹ Ich erwiderte: ›Doch, das ist die Wahrheit.‹ – ›Oh Gott. Wir sind bei Dir, wir helfen Dir, wo immer es geht.‹ So etwas sagten auch viele andere Freunde. Ich musste dann immer nur antworten: ›Danke, das ist ganz lieb von Euch. Momentan kann aber keiner helfen.‹ Ich fasste mich am Telefon kurz und sagte immer wieder, ich müsse bald Schluss machen, weil die Kinder mich brauchten. Oft klingelte es noch an der Tür, ich war mehr als beschäftigt. Vielleicht war das auch ganz gut so.«

Dann kommen Reporter von Zeitungen, Fernsehsendern und Rundfunkanstalten. Der Fall erregt bundesweit Aufsehen, ein solches Verbrechen hat es in der deutschen Kriminalgeschichte noch nicht gegeben. Alle wollen zu Andreas. Belagerungszustand. Manche sind penetrant, andere verständnisvoll, mit Tränen in den Augen. Andreas sagt nichts oder nur Belangloses. Er wird von der Polizei abgeschirmt, so gut es geht.

»Ich bat die Leute um Verständnis und manchen sagte ich: ›Ich werde mich gewiss äußern, aber erst dann, wenn mich jemand ernst nimmt. Jetzt wollen alle doch nur mein Leid sehen.‹«

Mitten hinein in dieses Durcheinander kündigt sich eine weitere Tragödie an. Gitti bringt Andreas' Kinder, die immer noch ahnungslos sind. Auch Elke*, die Anstaltspsychologin, ist mittlerweile eingetroffen. Andreas bittet seine Kinder, ins Wohnzimmer zu gehen. Dann sagt er, es sei etwas Schreckliches passiert: »*Mami ist tot.*« Lea lehnt sich über den Hocker und weint bitterlich. Nicos Augen füllen sich mit Tränen, er rennt in sein Zimmer, wirft sich aufs Bett, weint und zappelt. Andreas ist schnell bei ihm, streichelt ihn. Andreas weiß nicht, wie es ist, wenn man stirbt. Aber jetzt merkt er, wie es sich anfühlen muss.

»*Es ist das Gefühl, nicht einmal trösten zu können. Ich konnte doch nicht sagen: ›Na komm, Kopf hoch, es gibt Schlimmeres.‹ Ich konnte keine Worte finden. Ich sagte dann: ›Nico, ich bin für Dich da, jetzt ganz besonders. Wir schaffen das. Glaub mir!‹ Dabei sah ich ihm fest in die Augen. Er erwiderte meinen Blick und nickte. Währenddessen kümmerten sich Elke* und meine Mutter um Lea.*«

Ein »Krisenteam«, aus zwei jungen Männern bestehend, wird vom Roten Kreuz geschickt. Sie machen mit den Kindern Spiele bis in den Nachmittag hinein. Abgelöst werden sie von Manuela, einer gemeinsamen Freundin. Für Andreas ist sie »die gute Seele«. Auch Elke* hilft, lernt mit Nico Latein. Alle sind verzweifelt bemüht, Normalität zu schaffen, die es nicht geben kann. Nicht hier, nicht jetzt. Andreas flüchtet sich in Galgenhumor.

»*Da rief mich ein Kollege und Laufpartner an; ich ließ ihn kaum zu Wort kommen und fragte ihn, wie er am Samstag beim Waldlauf abgeschnitten hätte. ›Das ist doch jetzt so was von egal‹, sagte er. Ich erwiderte gespielt streng: ›Von wegen egal, da geht es um Ruhm und Ehre, also, wievielter bist du geworden?‹ Er, ein absoluter Spitzenläufer, sagte: ›Dritter.‹ Ich antwortete: ›Du Lappen, schämen sollst du dich. Hast wohl falsch trainiert!‹ Ich stand unter Schock, Schock und nochmals Schock.*«

Andi und Alexander, die beiden Polizisten, warten vor dem Haus von Monikas Mutter. Andreas hätte es ihr sagen sollen. Aber die Kraft reicht nicht aus. Nicht noch so ein entsetzliches Drama. Nicht noch einmal einem anderen wehtun müssen. Die Befürchtung, wieder handlungsunfähig und hilflos dem Leid eines geliebten Menschen ausgesetzt zu sein, lähmt ihn.

Dann ruft jemand von der Justizvollzugsanstalt an, in der Andreas arbeitet. Ob er damit einverstanden sei, wenn die Justizministerin zu Besuch käme, bald.

»Sie kam dann mit einem großen Auto, ein Kollege von der Abteilung ›Sicherheit‹ der Anstalt begleitete sie hinein. Sie wirkte tief betroffen. Da war garantiert nichts gespielt. Ich kannte sie bereits, sie hatte mal die sozialtherapeutische Abteilung der JVA besucht. Ich wusste ihr Mitgefühl zu schätzen, sicher war sie in dieser Situation auch überfordert. Ich hatte nichts gegen sie. Das Gespräch fand an unserem Küchenplatz statt und dauerte keine zehn Minuten. Meine Mutter stand daneben. Ich fragte die Justizministerin gleich: ›Wie soll ich denn jetzt wieder auf die Arbeit?‹ Sie sagte: ›Bleiben Sie daheim, und wenn es fünf Monate dauert.‹ So belanglos die Frage mit der Arbeit erscheinen mag, mich hat das sehr beschäftigt. Ich hatte Angst vor der Zukunft. Angst, ohne Bezüge weiterkommen zu müssen. Denn, wie wollte ich jetzt arbeiten? Insofern beruhigte mich diese Aussage doch sehr. Ich sprach sie auf einen anderen Fall an: Gutachten schlecht, Prognose schlecht, Täter wird bald entlassen. Der Mann hatte als Jugendlicher die Höchststrafe bekommen: zehn Jahre. Es ging mir um die nachträgliche Sicherungsverwahrung. Das Gesetz hätte doch bis zum Sommer gemacht werden sollen. Sie sagte, es würde am Koalitionspartner liegen. Die Ministerin sagte auch: ›Ich habe mir alle Akten angesehen, es sind keine Fehler gemacht worden.‹ Ich war einfach zu schwach für eine Diskussion.«

Es ist nichts falsch gemacht worden? Ein Exhäftling begeht mutmaßlich zwei schwerste Verbrechen, entführt junge Frauen, beraubt sie, vergewaltigt ein Opfer und tötet es – genau fünf Wochen, nachdem man ihn mit einer positiven Prognose entlassen hat: »Von dem Gefangenen Jochen S. sind mit an Sicherheit grenzender Wahrscheinlichkeit künftig keine Straftaten zu erwarten.« Wer will da behaupten, es sei nichts falsch gemacht worden! Monika ist tot, kaltblütig ermordet, mutmaßlich von einem Bewährungsversager. Schlimmer kann es wohl nicht kommen. Es müssen Fehler gemacht worden sein. Doch die Justizministerin will davon partout nichts wissen. Sie stellt sich vor ihre Beamten. Es sei vorbildlich gearbeitet worden. Vorbildlich?

Die zweite Nacht ohne Moni.

»Nachdem die Kinder nach vielen tränenreichen Abendstunden endlich eingeschlafen waren, wollte ich auch irgendwann ins Bett. Die Bettdecke auf Monis Seite war noch immer ordentlich zurückgeschlagen. Ihr Nachthemd lag auf dem Kopfkissen. Ich roch daran, erkannte Moni, spürte sie. Sie war doch in der Annahme gegangen, wiederzukommen. Was mochten ihre letzten Gedanken gewesen sein? Ich wollte es gar nicht wissen, ertrug es nicht. Ich erinnerte mich an einen Film, in dem Judenkinder von ihren Eltern getrennt wurden. Ich sah die Bilder der panisch weinenden Mütter mit ihren Kindern vor mir. Nur ein Film, und doch war es einst so geschehen. Ich meinte, in diesen Bildern auch Moni zu erkennen. Den Schmerz, von ihren Kindern, von der Welt unfreiwillig getrennt zu werden. Mehr Gedanken waren mir nicht möglich. Ich kuschelte mich in Monis Bett, versuchte zur Ruhe zu kommen. Nico lag neben mir auf meiner Bettseite. Er schlief. Lea war in ihrem Zimmer. Es war bedrückend, beklemmend. Hier fehlte die Hauptperson. Alles erschien so sinnlos und leer.«

Kurze Zeit später ruft Andreas in der Schule an. Das Sprechen fällt ihm schwer, er bekommt Weinkrämpfe, kann sich nicht kontrollieren. Man weiß natürlich Bescheid. Nico soll zu Hause bleiben.

Andreas besorgt sich Zeitungen. Er liest nur die Schlagzeilen:

»Sexualstraftäter ermordet Krankenschwester. Er war gerade erst vorzeitig aus der Haft entlassen worden!«

»Sexualstraftäter gesteht Mord an Krankenschwester«

»Krankenschwester entführt und ermordet«

»Bluttat ruft Entsetzen hervor«

»Sexualmord an Krankenschwester. Einschlägig Vorbestrafter erst kürzlich vorzeitig aus Gefängnis entlassen«

»Bayreuther suchte Mordopfer zufällig aus«

»Sex-Verbrecher ersticht Frau seines Knast-Wärters«

»Sexualtäter schlägt nach Haftentlassung zu. 35-Jähriger gesteht Mord an Krankenschwester in Bayreuth. Wenige Tage zuvor Vohenstraußerin überfallen«

»Ich las die Meldungen nur oberflächlich, ohne dabei viele Gefühle aufkommen zu lassen. Als wenn ich ein nüchterner, wenig interessierter Leser wäre, der von der Sache gar nicht betroffen war. Nur so schaffte ich es. Ich machte praktisch meine Seele zu.«

Die Kinder fragen: »Was ist mit Mami passiert?« Andreas erklärt, Monika sei tapfer gewesen, ein böser Mann habe ihr Geld gewollt, sie habe es ihm aber nicht gleich gegeben: *»Da hat er sie einfach tot gemacht.«*

Jochen S. wurde am 31. Juli 2001 vom Landgericht Bamberg wegen erpresserischen Menschenraubs, Vergewaltigung und schwerer räuberischer Erpressung verurteilt. Übersetzt heißt das: Der damals 30-Jährige entführte eine Frau auf offener Straße, raubte ihr Geld und ihre Kreditkarte und missbrauchte das Opfer. Bereits im Jahr seiner Verurteilung arbeitete der Gefangene auf eine vorzeitige Haftentlassung hin. Um dieses Ziel zu erreichen, begann er eine Sozialtherapie.

Die Sozialtherapie ist ein Verfahren, bei dem mehrere psychologisch-therapeutische Maßnahmen kombiniert werden, die auf eine Nachreifung, Symptombeseitigung und Verhaltensänderung des Gefangenen abzielen. Um zu verhindern, dass Verurteilte nach Verbüßung der Haft rückfällig werden, sollen sie dazu qualifiziert werden, alltägliche Konflikte zu bewältigen, und zwar gewaltlos. Allerdings kann und soll nicht jeder Gefangene an einer solchen Maßnahme teilnehmen. Der Verurteilte darf nicht psychisch krank sein. Er soll aber Störungen in der Persönlichkeitsentwicklung und im Sozialverhalten aufweisen, überdies therapiewillig und therapiefähig sein.

Andreas kennt das Verfahren der Sozialtherapie genau, fünf Jahre lang hat er insbesondere Sexualstraftäter betreut.

»Auf einer sozialtherapeutischen Abteilung sind etwa 20 Gefangene gemeinsam in einer Abteilung untergebracht. Diese Gefangenen leben von anderen Insassen weitgehend getrennt. Nach dem

Aufschließen der Zellen und dem Frühstück – entweder in der Zelle oder gemeinsam im Aufenthaltsraum – gehen die Gefangenen in die Arbeitsbetriebe. In vielen Justizvollzugsanstalten gibt es eine Wäscherei, eine Küche, eine Bäckerei, oftmals auch eine Gärtnerei, auch Arbeitsbetriebe wie eine Kfz-Werkstatt oder auch Unternehmen, zum Beispiel Autozulieferer, die bestimmte Autoteile in der JVA von Gefangenen fertigen lassen. Gegen Mittag kehren sie von der Arbeit zurück. Dann erfolgt in der Abteilung die Kostausgabe. In manchen Anstalten essen die Gefangenen auch in den kleineren Speisesälen der Betriebe. Prinzipiell ist jeder Gefangene zur Arbeit verpflichtet. Oft gibt es aber nicht genug Stellen. Dann heißt es für die Gefangenen: in der Zelle ausharren, ohne Arbeit – die Gefangenen bleiben also den gesamten Vormittag eingesperrt. In der Sozialtherapie wird versucht, allen Insassen Arbeit zu verschaffen. Gefangene, die dann trotzdem keine haben, können am Vormittag entweder in der Zelle bleiben oder freiwillig und ohne Bezahlung als Putzhilfe arbeiten.

Es wird verstärkt versucht, auch am Vormittag alle Gefangenen sinnvoll zu beschäftigten. Gibt es dennoch Insassen, die beschäftigungslos bleiben, werden sie in Gruppen zusammengefasst. Die Bediensteten des allgemeinen Vollzugsdiensts, also die uniformierten JVA-Mitarbeiter, betreuen diese Gruppen. Es gibt z. B. Bastelgruppen, allgemeine Gesprächsgruppen oder Mediengruppen. Bei Letzteren werden Zeitungsausschnitte ausgewertet und diskutiert. Dort wird auch auf den Bereich ›Sexualstraftaten‹ eingegangen.

Am Nachmittag kehren die Gefangenen wieder zur Arbeit zurück. Meistens beginnen nach dem Mittagessen die therapeutischen Gruppensitzungen. Die Gruppen werden von Psychologen oder Sozialpädagogen betreut, teilweise auch von Justizvollzugsbeamten. Manchmal unterstützen Justizvollzugsbedienstete mit Zusatzausbildung die Fachkräfte als Co-Moderatoren. Angeboten werden beispielsweise Ärgerbewältigungs- und Rückfallpräventionsprogramme, Antigewalt- oder Opferempathietrainings. Daneben wird soziale Kompetenz trainiert. Es gibt aber auch Sport- und Freizeit-

gruppen, um möglichst günstige Rahmenbedingungen für die Ent-
wicklung der Insassen zu schaffen.

Nach dem Abendessen werden wieder Freizeitgruppen angebo-
ten, und zwar für Sport, kirchliche Dinge oder Weiterbildung. Zu
all diesen Maßnahmen werden von den Sozialpädagogen und
Psychologen mit den Gefangenen Einzelgespräche geführt.«

Alle Voraussetzungen für eine erfolgreiche Therapie treffen auf
Jochen S. zu. Der Vater einer Tochter durchläuft sämtliche Etappen mit größtem Erfolg, gilt als »Musterproband«. Seit September 2004 wird er konsequent auf seine Rückkehr in die Sozialgemeinschaft vorbereitet. Der Bayreuther Gefangenenhilfeverein
»Kontakt« begleitet ihn seit Mitte 2005 bei Tätigkeiten, die das
Verlassen der Anstalt erforderlich machen: »Außenarbeiten«, Frei-
gang, Urlaub. Als im Juni 2006 von Jochen S. eine vorzeitige Entlassung beantragt wird, kann nicht zeitnah darüber entschieden
werden. Es gibt noch kein Prognosegutachten. Daraufhin beauftragt die zuständige Strafvollstreckungskammer am Bayreuther
Landgericht einen Gutachter. Der soll die Streitfrage nach der Gefährlichkeit dieses Mannes klären. Das Gutachten fällt überaus positiv aus. Der Weg zurück in die Freiheit ist vorgezeichnet. Am 28.
August setzt das Gericht den Rest der Strafe zur Bewährung aus.

Der jetzt 35-Jährige hat beste Aussichten und Zeugnisse. Er
gilt allgemein als »feiner Kerl« und soll in der Gruppe der Ex-
sträflinge ein Vorbild gewesen sein. Eine Rückfälligkeit scheint
ausgeschlossen. »Nie und nimmer«, heißt es, »der doch nicht.«
Zunächst läuft auch alles nach Plan, wie erwartet. Jochen S. findet eine Arbeitsstelle und eine Unterkunft. Er bekommt auch
Kontakt zu seiner Tochter. Dann aber müssen Dinge geschehen
sein, die ihn aus der Bahn werfen. Oder hatte der vermeintliche
Musterknabe Wärter, Therapeuten, Gutachter, Richter und Be-
währungshelfer einfach nur getäuscht?

Die bayerische Justizministerin Beate Merk kommentiert die
mutmaßlichen Verbrechen des Jochen S. während einer Pressekonferenz so: »In diesem Fall hat es sich auf ganz fürchterliche

Weise bestätigt, dass es einen Blick in die Seele eines Menschen nicht geben kann. In der ganzen Justiz in Bayreuth herrschen Erschütterung, Fassungslosigkeit und Entsetzen.« Das ist nicht mehr als eine simple Zustandsbeschreibung, die Ursachen, Versäumnisse und offenkundiges Versagen, individuell und systemisch, ausspart. Wohlweislich. Vielleicht ist es dafür auch noch zu früh.

»Irgendwie war das noch nicht mein Thema. Nachbarn und Freunde waren über diese Aussage der Ministerin verbittert und schockiert. Ich blendete das aus, hatte mit den Kindern, dem Haus und den Trauervorbereitungen genug zu tun. Der Mensch kann nicht tausend Dinge gleichzeitig bedenken.«

Die Berichterstattung in den Medien fokussiert die Taten, den Täter, die Verantwortlichen und die Verantwortlichkeiten. Die Opfer indes werden zu Randfiguren geschrumpft. Der *Nordbayerische Kurier* beispielsweise, die Lokalzeitung für Bayreuth, widmet dem Fall opulente anderthalb Seiten. Während Täterbiografie, Täterpersönlichkeit, Tathergang und mögliche Tathintergründe ausführlich diskutiert und bebildert werden, erfahren die Leser über Monika und ihre Familie sehr wenig. Da ist nur eine kleine Meldung, man könnte sie ohne weiteres übersehen. »Zwei Kinder und der Ehemann bleiben zurück«, steht da. Und über Monika liest man genau einen Satz, zitiert aus einer Pressemitteilung des Klinikums: »Freundlich, zuvorkommend und hilfsbereit« sei sie gewesen, habe »großes Ansehen genossen«. Wird man so dem Opfer eines mörderischen Verbrechens gerecht? Und denjenigen, die als Familienangehörige und Freunde ebenfalls unmittelbar betroffen sind, leiden und mitleiden? Es ist beschämend. Und leider die Regel.

Andreas fährt zu seiner Schwägerin Gitti. Er versucht, ihre Mutter zu trösten. Er spricht wieder davon, dass Monika jetzt nicht mehr leiden müsse, dass es wohl auch viel länger hätte dauern können, Tage, Wochen, vielleicht Monate. Man müsse doch auch sehen, was ihr dadurch erspart geblieben sei. Andreas versucht, positiv zu denken, Monikas Mutter anzustecken, ihr Leiden zu verkürzen. Aber es geht nicht. Alles bleibt Stückwerk: zusammenhanglos, unvollendet, sinnentleert.

Aus dem »Vermisstenfall Fischer« ist jetzt der »Mordfall Fischer« geworden. Die Polizei sucht händeringend nach Zeugen: Wer den Ford Focus mit dem Kennzeichen KU-AF 40 im Stadtgebiet gesehen hat, soll sich sofort melden. Denn die Ermittler wissen immer noch nicht, wo Monika getötet worden ist, und es geht auch darum herauszufinden, ob sie möglicherweise noch gelebt hat, als mit ihrer Kreditkarte bei der Hypovereinsbank in St. Georgen und bei einer Bank in Aichig Geld abgehoben worden ist. Nur das Motiv erscheint eindeutig. Es wird ein sogenannter Verdeckungsmord angenommen. Jochen S. soll Monika getötet haben, um die Entführung, Erpressung und Vergewaltigung zu verschleiern.

Die Polizei muss sich auch kritische Fragen gefallen lassen. Die Lokalpresse titelt: »Hätte die Polizei Jochen S. schon vor dem Mord schnappen können?« Sie hätte. Jedenfalls dann, wenn der Raubüberfall vom Donnerstag mit Jochen S. in Zusammenhang gebracht worden wäre. Jochen S. war nämlich wegen eines Verbrechens verurteilt worden, dass dem Überfall auf die 46-jährige Oberpfälzerin stark ähnelte. Zudem lag jeweils ein eher selten zu beobachtender Tathergang vor. Jochen S. hätte einer der Verdächtigen sein müssen.

»Die Zeit zwischen dem Überfall vom Donnerstag und der Entführung und Ermordung von Frau F. am Samstag war zu kurz«, sagen alle hierzu befragten Ermittler. Auch der leitende Oberstaatsanwalt sieht kein Verschulden: »Die Ermittlungsansätze im ersten Fall waren zu dünn.« Das Opfer vom Donnerstag konnte nur eine vage Täterbeschreibung liefern, mit der man Jochen S. nicht hätte identifizieren können, jedenfalls nicht zweifelsfrei. Was aber wäre geschehen, wenn man ihr diesen Mann gegenübergestellt hätte? Allerdings war das Opfer nach einer Operation nicht mehr vernehmungsfähig, jedenfalls am Donnerstag. Und am Freitag?

Der Bayreuther Polizei muss man zugute halten, dass sie von der Vorstrafe des Jochen S. nichts gewusst hat. Jedoch bleibt unerörtert, warum sie davon nichts gewusst hat. Dieses Wissen wäre nämlich grundsätzlich verfügbar gewesen. Der Leiter der Polizeidirektion unterstreicht die Brisanz dieser Erkenntnis, indem er der Presse gegenüber erklärt: »Die Vorstrafenakte mit dem Überfall in Bamberg wäre sicher demnächst auf dem Tisch unserer Kripo gelandet und auch ein Kontakt zur JVA (Justizvollzugsanstalt, Anm. S. H.) hätte zur Routine gehört.« Aber auch keiner, der Jochen S. näher kannte, insbesondere jene nicht, die mit ihm im Gefängnis direkt zu tun hatten, haben der Polizei einen Hinweis gegeben. Und gerade dort hätte man hellhörig werden können. Hat also nur der Ehemann des Opfers, ausgerechnet er, den richtigen Schluss gezogen?

Der Mord an Monika reißt auch tiefe Krater in das Sozialgefüge von Himmelkron. 3.700 Menschen leben in der beschaulichen Gemeinde, direkt an der A 9 gelegen, wenige Autominuten von der Wagner-Stadt Bayreuth entfernt. Auf der Internetseite des Ortes heißt es: »Himmelkron, das Kleinzentrum mit Geborgenheit und Weite!«

Damit ist es jetzt erst einmal vorbei. Die Bewohner sind verunsichert, schockiert. Jeder weiß, was passiert ist. Jeder spricht darüber, ob offen, hinter vorgehaltener Hand oder lauthals. Es wird diskutiert und polemisiert. Hier und dort ist zu hören, wie man mit Jochen S., dem vermeintlichen Täter, und anderen »Triebtätern« umzugehen habe; wenn doch endlich einmal durchgegriffen werde. »Aufhängen sollte man den Kerl, der der Moni das angetan hat!« »Kastrieren sollte man den!« und »Gleich die Rübe ab!« so hört man. Empörung und Wut über das Unfassbare spielen Unvernunft und Unverständnis in die Hände. Was nur wenige sagen – meistens am Stammtisch, wo radikale Lösungen bei steigendem Alkoholpegel besondere Wertschätzung erfahren – denken viele. Kaum jemand weiß mit dieser Ausnahmesituation umzugehen. Wie auch? Nur so viel ist sicher: Himmelkron hat seine Unschuld verloren.

Seelenfinsternis

Monika ist jetzt zwei Tage tot. Andreas bringt Lea in den Kindergarten. Er weiß nicht, was ihn dort erwartet. Er hat keine Vorstellung, wie er sich verhalten soll, wie sich die Anderen verhalten werden. Es ist ein komisches Gefühl. Kurzentschlossen geht er mit seiner Tochter einfach hinein. Auf den kleinen Bänken unter den Kleiderhaken sitzen die Kindergärtnerinnen, einige Eltern und Kinder. Als sie Lea und Andreas bemerken, brechen plötzlich bis dahin kontrollierbare Emotionen aus allen heraus.

»Das war eine unglaubliche Szene, die ich nie vergessen werde. Immer wenn ich daran denke, drückt es mir die Tränen in die Augen. Diese Blickkontakte, das Verstehen ohne Worte. Die Augen aller wurden glasig, gleichzeitig wie auf Kommando. Der hoffungslose Versuch vieler, die Mundwinkel nicht zu verziehen. Das vereinzelt hörbare Schniefen. Es war ein kollektives Schluchzen.«

Es berührt ihn so stark, dass er gleichzeitig so etwas wie Freude empfinden kann, tief in seinem Herzen. Lea ist vollkommen überrascht. Sie schaut zu ihrem Vater hoch und lächelt. Er lächelt zurück und erklärt seiner Tochter, dass jetzt alle sehr traurig seien, weil Monika tot sei: *»Und da muss man natürlich weinen.«*

Sie sind wieder zu Hause: Andreas öffnet die Trauerkarten wie in Trance. Er überfliegt sie, legt die Schreiben in eine Pappschachtel. Er ist nicht bereit, sich damit zu beschäftigen. Er will der Dunkelheit entfliehen. Er will Abstand. Und doch holt ihn die Erinnerung wieder ein; er sieht vor sich wie alles begann.

»Ich sprach sie in einem Tanzlokal mit den plumpen Worten an: ›Hallo, darf ich Dich kennenlernen?‹ Sie lächelte so süß und sagte einfach nur: ›Ja.‹ Sie fiel mir auf, weil sie Ausstrahlung hatte, ein jugendliches, unverdorbenes Lachen. Ihre Haare hatte sie zu einem Knoten nach hinten gesteckt. Erst beim nächsten Treffen nahm ich die Pracht ihrer Haare richtig wahr. Sie trug sie nun offen. Lang, blond, bis zum letzten Wirbel. Ein Traum. Hätte ich sie gleich beim ersten Mal so gesehen, hätte ich mich wohl gar nicht getraut, sie an-

zusprechen. Ich empfand reine Liebe. Jedoch: Wir mussten uns am Anfang zusammenraufen, weil wir so verschieden waren. Ich, die Plaudertasche, nur Dummheiten im Kopf, kindisch und aufgedreht. Sie, die Vernünftige, die Überlegtheit ausstrahlte, war mir meilenweit voraus. Für mich war sie ein Glücksgriff, war ich doch in meiner Persönlichkeit nicht ausgereift. Sie führte mich mit viel Geduld zu einem verantwortungsvolleren, zu vernünftigerem Denken und Handeln. Es gelang ihr mit langer Anlaufzeit auch einigermaßen. Im Laufe der Zeit näherten wir uns immer mehr an. Sie konnte meine Art von Humor irgendwann liebevoll akzeptieren, wir konnten uns gemeinsam freuen, gemeinsam lachen. Wir lernten, uns zu verstehen. Wir passten uns einander an und hatten gemeinsame Ansichten.«

Der Tod prägt den Alltag. Anforderungen lenken ihn aber ein wenig ab: Rentenversicherung, Sparkasse, Unfallversicherung, Beerdigungsinstitut, Pfarrer, Blumenschmuck und so weiter. Alles will erledigt werden, mit allen muss er sprechen. Manuela und Silke, zwei gute Freundinnen, helfen.

Andreas stockt der Atem, als er in der bundesweiten Ausgabe einer großen Boulevardzeitung blättert und eine fett gedrukkte Schlagzeile liest: »Ermordete Krankenschwester. Jetzt spricht der Ehemann«. Tausende Male solle er dem Sexgangster in die Augen geschaut haben, so steht dort. Der Ehemann des Opfers habe das Beuteschema des Tatverdächtigen gekannt. »Und deshalb hat Jochen S. sich meine Moni geholt«, wird Andreas wörtlich zitiert. Andreas kann sich lediglich an die flüchtige Begegnung mit einem Reporter erinnern. Er hatte nur kurz mit ihm gesprochen. Zudem hatte er dem Journalisten mit auf den Weg gegeben, er solle keinen Schmarren schreiben, weil er schon so was ahnte.

Andreas ist schockiert, verärgert, wütend und regelrecht erschüttert. Er fühlt sich hintergangen und missbraucht. Erst Monate später wird sich der Reporter bei Andreas schriftlich wieder melden. »Ich hoffe, Sie hören nicht schon nach den ersten Worten auf zu lesen – denn ich habe die Befürchtung, dass Sie mir gram sind«, beginnt der Brief. Weiter heißt es, er, der Reporter, habe »nichts Böses gewollt«. Natürlich sei sein Brief eine »absolut mangelhafte Entschuldigung«, aber der »Duktus« seines Arbeitgebers sei »nun mal so«. Er beteuert, es habe ihm »ferngelegen, ihn zu verletzen«. Weil Andreas damals angekündigt habe »zu einem späteren Zeitpunkt über die Hintergründe der Tat und die Vorgeschichte sprechen zu wollen«, sei jetzt vielleicht der richtige Zeitpunkt. Man könne ihn »jederzeit« erreichen: »Alles Gute!«

* * * * *

Die Kripo ruft an. Monikas Leiche wurde freigegeben. Andreas muss eine Todesanzeige schreiben. Der einzige sinnvolle Satz, der ihm in den Sinn kommt: »Es fehlen die Worte.« Wichtig ist ihm das Bild seiner Frau. In den Zeitungen ist nur ein verschwommenes Foto abgedruckt worden: Monikas Bild blieb darauf unscharf, konturlos. Das hat sie nicht verdient. Er möchte der Öffentlichkeit zeigen, wer und wie Monika wirklich war.

Andreas überlegt mit Gitti, welcher Text für die Todesanzeige angemessen ist. Er soll kurz und prägnant sein, die Gefühle der Familie zutreffend beschreiben. Das Ergebnis entspricht ganz seinen Erwartungen: »Es fehlen die Worte. Danke für Deine Herzensgüte. In Liebe: Andreas mit Nico und Lea im Namen aller Familienangehörigen.«

Die Justizministerin lässt ausrichten, sie wolle an der Trauerfeier teilnehmen. Die Meinungen, ob das gut sei, gehen auseinander; die meisten Familienmitglieder aber sind dagegen.

»Es ist klar: Wo Menschen sind, werden Fehler gemacht. Und nach kürzester Zeit zu behaupten, es seien keine Fehler gemacht worden, war nicht in Ordnung. Denn wenn keine Fehler gemacht worden wären, wäre es nicht passiert. Der oder die Fehler mussten ja nicht von einer Person gemacht worden sein, es konnte auch am System liegen, dass etwas falsch gelaufen war. Somit deckte die Ju-

*stizministerin alle und gab ihnen aus Selbstschutz einen Freibrief,
auf dem so etwas stand wie: ›Macht weiter so, alles ist richtig gemacht worden, denkt erst gar nicht darüber nach, dass etwas falsch
gemacht worden sein könnte. Ich erteile hiermit die Absolution.‹ Ein
solcher Verdacht drängte sich damals wohl auch einigen aus meiner
Familie auf.«*

* * * * *

Medienvertreter aus ganz Deutschland versuchen den Namen
des Gutachters herauszubekommen, der Jochen S. als »unge-
fährlich« eingestuft hat. Die Volksseele kocht. Man braucht einen Sündenbock. Irgendjemand soll bei dieser Tragödie Schuld
haben – bei so einer Vorgeschichte! Viele fragen sich zu recht:
Wie geht ein Experte für die Abgründe der menschlichen Seele
wohl damit um, wenn seine zwar wohlmeinende, aber falsche
Prognose tödliche Folgen hat, wenn zwei Kinder ihre Mutter verlieren, sodass ein Mann seine Frau beerdigen muss?

Nicht der gesuchte Gutachter, sondern der Landgerichtspräsident meldet sich. Man könne »aus Gründen des Persönlich-
keitsschutzes« den Namen nicht öffentlich machen. Abermals
beharrt man darauf, es seien keine Fehler passiert. »Ich muss die
Richterin, die den Bewährungsbeschluss gefasst hat, in Schutz
nehmen«, ergreift Manfred W. Partei für seine Kollegin. »Wenn
ein positives Gutachten vorliegt, kann das zuständige Gericht
nicht sagen: Nein, er bleibt drin. Das wäre ein Gesetzesverstoß.«
Der Landgerichtspräsident räumt indes ein: »In dem Moment,
in dem eine Prognose gewagt wird, stoßen wir auf ein syste-
mimmanentes Problem – man kann nicht in einen Menschen
hineinschauen. Es gibt keinen Ausweg. Wenn man sagt, ein Ri-
sikotäter soll bis zum Ende sitzen, dann besteht das Risiko später. Und wahrscheinlich ist die Gefahr, die von ihm ausgeht
dann größer. Denn wer bis zum Ende sitzt, hat nicht die Motivation, an einer Therapie teilzunehmen.«

*****

Bei dem Drama, das Andreas und seiner Familie widerfährt, wird stets dasselbe Lied angestimmt: Erst will man die kraterähnliche Seelenlandschaft eines Menschen ausleuchten können: siehe Gutachten. Wenn es aber schief geht, dann gibt man grundsätzliche Probleme zu und macht Einschränkungen, die wiederum individuelles Fehlverhalten entschuldigen sollen. Man könnte fast meinen, es handele sich bei einem Fehlgutachten um eine Naturkatastrophe: unbeeinflussbar, unvorhersehbar, und vor allem unvermeidbar. Zu dumm nur, dass sich mit solch profanen Erklärungen niemand mehr zufrieden geben mag. Sie bedeuten nicht einmal Trost. Sie stehen nur für die Macht- und Hilflosigkeit eines Systems. Und für die Hinterbliebenen der Opfer sind derlei Auslegungen und Rechtfertigungen, die wohl eher einem Offenbarungseid des Staates gleichkommen, ein heftiger Schlag ins Gesicht; sicher nicht so gemeint, aber die Ausflüchte werden gewiss so von den Opfern empfunden.

Wenigstens die Polizei hat handfeste Informationen, sodass der Tatablauf weitgehend rekonstruiert werden konnte: Demzufolge brachte der Tatverdächtige Monika an der Autobahnausfahrt Bayreuth-Nord in seine Gewalt, bedrohte sie mit einem Messer. Er zwang sie, mit ihm zu zwei verschiedenen Banken zu fahren und insgesamt 1.500 Euro abzuheben, und zwar um 5.50 Uhr und um 6 Uhr. Auf dem Parkplatz der Eremitage soll er sein Opfer vergewaltigt, anschließend durch Schläge und Messerstiche getötet haben. Danach brachte er die Leiche in ein Waldstück am östlichen Stadtrand, nahe dem Ortsteil Seulbitz, und legte sie dort in einem Gebüsch ab. Das Motiv für die Tat sollen Geldprobleme gewesen sein. Jochen S. hatte bei seinem Arbeitgeber zuvor Geld unterschlagen, wahrscheinlich, um seine Spielsucht finanzieren zu können.

Monikas Vater geht spätnachmittags kreuz und quer durch das Waldgelände zwischen Seulbitz und Ützdorf. Er sucht nach jener

Stelle, die im Polizeijargon »Leichenfundort« heißt. Ihn quälen Fragen: »Wie konnte ein Gutachter Jochen S. freilassen? Es ist doch bekannt, dass Sexualtäter in der Therapie geschickt tricksen, bloß um gut dazustehen und eine Haftverkürzung zu erwirken. Wie kann die Ministerin behaupten, dass kein Fehler gemacht wurde?« Er findet keine Antworten. Irgendwann gibt er auf.

Andreas stellt sich ebenfalls immer wieder diese Frage:

»Wie konnte ein Gutachter ihn rauslassen? Er konnte, weil er die Macht dazu hatte und dazu befugt war. Seine Entscheidung war die ausschlaggebende. Die Voraussetzungen waren gegeben. Der Gutachter wurde entweder getäuscht oder er hatte nicht alle Informationen. Vielleicht wusste aber selbst Jochen S. nicht, welch bösartiges Potenzial in ihm schlummerte.

›Es ist doch bekannt, dass Sexualtäter in der Therapie herumtricksen, bloß um gut dazustehen‹, unterstreicht mein Schwiegervater wieder und wieder. Ich gebe ihm natürlich Recht. Um zu dieser Einsicht zu kommen, ist es gar nicht notwendig, wie ich Berufserfahrung im Bereich ›Sexualtherapie‹ zu haben. Denn gut dazustehen bedeutet, für eine vorzeitige Entlassung infrage zu kommen, beste Voraussetzungen dafür zu erarbeiten. Dieses Ziel hätte ich als Gefangener auch. Wenn man ein Vorstellungsgespräch hat, versucht man doch auch, seine beste Seite zu zeigen. Will man bei einer Frau landen, macht man sich attraktiv zurecht und vermeidet es, eine schlechte Seite zu offenbaren.«

* * * * *

Nico weint nicht. Nur Lea wird von Weinattacken heimgesucht. Hysterisch jammert oder schreit sie: »Mami! Mami! Mami!« Andreas' Akku ist schon lange leer. Er mobilisiert die letzten Reserven. Vor allem die Qualen seiner Tochter tun ihm weh. Abends wird es besonders schlimm.

»Angst stieg durch die Tränen meiner Tochter auf. Ich war davon so betroffen, so überfordert. Ich wusste und spürte, dass Lea Trost

brauchte, wenn sie weinen musste. Mir war natürlich bewusst, dass das auch irgendwie normal war. Aber ich ahnte auch, dass es keinen Trost gab, der den Verlust der geliebten Mutter erträglich machen konnte. Moni war so unbeschreiblich liebevoll zu den Kindern gewesen. Sie hinterließ eine Lücke, die ich niemals auch nur annähernd ausfüllen konnte. Ich selbst war mir deshalb zu dieser Zeit gar nicht mehr wichtig. Mir kam es nur darauf an, Leas Tränen auszuhalten, bis ich aufatmen konnte und sie eingeschlafen war.«

Andreas fällt es ungemein schwer, einen geregelten Tagesablauf einzuhalten, vor allem für seine Kinder.

»Da waren die vielen Telefonate, die dauernden Besuche, meine Versuche, den Kindern beizustehen. Vor den Kindern stark, aber auch schwach zu sein und zu weinen, ohne sie dabei zu verwirren, ihnen noch mehr Angst zu machen vor dem, was nun noch vor uns lag. Ich hängte einen Zettel an die Haustür: ›Nach 18 Uhr bitte nicht klingeln.‹ Ich musste mir doch Zeit nehmen, die Kinder am Abend zur Ruhe zu bringen. Das Telefon steckte ich aus. Dann hieß es für mich, die letzte Energie zu mobilisieren, um den letzten und anstrengendsten Teil des Tages zu absolvieren.«

Die Todesanzeigen sind in der Zeitung abgedruckt. Andreas liest sie.

»Es gibt viel Trauriges in der Welt und viel Schönes. Manchmal scheint das Traurige mehr Macht zu haben, als man ertragen kann, dann stärkt sich indessen leise das Schöne und berührt wieder unsere Seele. Erschüttert und erfüllt von tiefer Trauer nehmen wir Abschied von unserer Kollegin Monika. Zurück bleiben Trauer, Verzweiflung, Tränen und die Frage nach dem Warum.

Deine Kolleginnen und Kollegen sowie das Ärzteteam der Dermatologie und Gefäßchirurgie.«

»Unwichtig: Wolken, Blumen, Stunden des Glücks zählen zu wollen. Wolken ziehen weiter, Blumen verblühen, Stunden des Glücks vergehen. Wichtig aber: sie überhaupt zu sehen, zu erkennen, zu genießen, sie in den Gedanken zu bewahren. Moni.

Wir werden Dich im Herzen tragen. Es ist schwer, es tut so weh. In unendlichem Schmerz, Deine Freundinnen Uschi, Karin, Margit mit Familien.«

»Und immer sind irgendwo Spuren Deines Lebens, Gedanken und Augenblicke, die uns an Dich erinnern und Dich nie vergessen lassen. Plötzlich und für uns alle unfassbar, verloren wir unsere Moni.

Wir werden dich immer im Herzen tragen. In tiefer Trauer deine Freunde und Nachbarn.«

Der Schmerz überrennt ihn förmlich, Tränen schießen ihm in die Augen. Wenn es doch nur einen Weg gäbe, alles rückgängig zu machen, noch mal von vorn anzufangen – mit Monika.

Die Medien berichten weiter. Andreas vermeidet es aber, fernzusehen oder Radio zu hören.

»Ich hatte Angst, die Kinder bekämen etwas mit. Ich befürchtete, das nicht verkraften zu können. Ich war ja jetzt schon mit meinen Kräften am Ende.«

Ist es wirklich purer Zufall gewesen, dass Jochen S. ausgerechnet die Frau eines Mannes kidnappte, den er aus dem Gefängnis kannte? Die Kripo hat keine Zweifel. Der leitende Oberstaatsanwalt auch nicht. Er sagt: »Es gibt keine Anhaltspunkte, dass es etwas anderes als Zufall war.« Dem ist wohl auch so. Jochen S. kannte Monika nicht, dürfte nicht einmal gewusst haben, welches Auto sie benutzte, wie sie aussah, ob und wann und auf welchem Weg sie zur Arbeit fuhr. Zudem hatte die Polizei herausgefunden, dass Jochen S. es an diesem verhängnisvollen Samstagmorgen schon zweimal bei anderen Autofahrern probiert hatte, allerdings vergeblich, bevor er sich in Monikas Wagen zwängte. So gesehen besteht kein Zweifel: Monika war ein Zufallsopfer.

Monika war nicht das einzige Opfer dieses Mannes, doch nur sie ist von ihm getötet worden. In den übrigen Fällen hat er eine Ermordung nicht einmal versucht, wahrscheinlich auch gar nicht in Betracht gezogen. Warum nun Monika? Was macht diesen anfänglichen Entführungs- und Raubüberfall zu einem Mordfall?

Grundsätzlich musste Jochen S. bei allen von ihm verübten Verbrechen befürchten, später, irgendwann nach der Tat, von seinen Opfern identifiziert zu werden – die Frauen könnten ihn in der einschlägigen Verbrecherkartei wiedererkennen oder bei einer Gegenüberstellung oder vielleicht beim Einkaufen, wenn er ihnen zufällig begegnen würde. Dieses Risiko geht grundsätzlich jeder Täter ein, der seinen Opfern unmaskiert gegenübertritt. Jochen S. hat bei seinen Verbrechen keine Maske getragen, nicht einmal eine Mütze, die er sich tief ins Gesicht hätte ziehen können. Er vertraute offenbar darauf, dass er davonkommen würde. Allein aufgrund der Gefahr wiedererkannt zu werden, wird er Monika wohl nicht getötet haben.

Monika muss für diesen Mann vielmehr eine tatsächliche Bedrohung dargestellt haben, nicht nur eine theoretische. Und dieser Fall könnte eingetreten sein, als er mit der geraubten Kreditkarte Geld abhob, zweimal sogar. Spätestens jetzt dürfte Jochen S. erfahren haben, dass er es mit der Frau seines ehemaligen Bewachers im Gefängnis zu tun hatte. Vielleicht hat Monika es ihm auch gesagt. Für Jochen S. gab es jetzt eine direkte Verbindung zwischen ihm und Monika, die auch für die Polizei nachvollziehbar war und ihm sehr schnell zum Verhängnis werden konnte. Und um dieses erhebliche Risiko zu minimieren, könnte er von seiner üblichen Vorgehensweise abgewichen sein und die Mutter von zwei Kindern getötet haben. Insofern wird Monika doch kein Zufallsopfer gewesen sein.

Genau diese Streitfrage interessiert auch die Medienvertreter. Sie stellen Andreas immer dieselbe Frage, wenn sie ihn am Telefon erwischen oder wenn er mal das Haus verlässt: »Stimmt es, dass Sie den Mörder kannten?«

»Ich zuckte daraufhin nur mit den Schultern. Denn die nächste Frage wäre gewesen: ›War es ein geplantes Attentat?‹ Logisch. Doch das war sehr belastend für mich. Und, ehrlich gesagt, ich wusste es doch nicht.«

Der Mord an Monika erhitzt auch die Gemüter im Bayerischen Landtag. Selbst Parteifreunde geraten sich in die Haare. Joachim Herrmann, der CSU-Fraktionsvorsitzende, wirft der Justizministerin Beate Merk vor, sie sei im Kampf gegen Sexualmörder »zu wenig engagiert«. Die Justizministerin schießt zurück: »Plakative Forderungen« seien jetzt fehl am Platze. Überhaupt sei die Tat nicht zu verhindern gewesen. »Wir können nicht in Menschen hineinschauen.« Basta. Joachim Herrmann schlägt vor, eine Schwarze Liste zu führen, auf der künftig alle Fehlgutachten verzeichnet sein sollen. Und dann? Wer einmal neben das Tor schießt, darf nicht mehr mitspielen? Kein Psychologe irrt sich vorsätzlich. Es würde sehr schnell eine lange Liste geben. Und dann hätte man irgendwann keine Gutachter mehr.

* * * * *

Ilse, Monikas Mutter, leidet entsetzlich. Jeder Tag ist grau, jede Nacht schlaflos. Sie ist in Gedanken bei ihrer Tochter. Ilse schreibt auf, was sie bewegt.

»Ich habe meine beiden kleinen Mädchen im Alter von anderthalb Jahren und vier Jahren gezwungenermaßen allein aufziehen müssen und dabei keinerlei Hilfe oder Unterstützung bekommen. Und meine Situation war alles andere als rosig. Aber meine Mutterliebe hat mich stark gemacht. Ich habe auf alles verzichten müssen, damit es meinen Kindern einigermaßen gut ging. Gott sei Dank ist es mir gelungen, aus ihnen selbstbewusste, intelligente, vielseitig begabte, hilfsbereite und liebevolle Mädchen zu machen. Noch dazu sind es attraktive Frauen geworden. Sie selbst sind auch gute Ehefrauen und auch gute Mütter geworden. Mein Verzicht hat sich also gelohnt, und ich bin stolz und zufrieden.

Einmal hatte ich eine Gruppenreise ins Ausland gemacht. Dort rannten alle Frauen und auch Männer in die Geschäfte, weil der Goldschmuck dort viel günstiger war als in Deutschland. Meine Gruppe und ich waren natürlich auch dabei. Ich trug Modeschmuck. Eine Mitreisende musterte mich abschätzig und sagte leicht arrogant und hochnäsig, sie trage nur echten Schmuck. Meine Antwort darauf war: ›Daheim besitze ich zwei ganz große echte und wertvolle Perlen, mit denen ich mich schmücken kann: Das sind meine beiden wohlgeratenen Töchter.‹«

Neben dem Verlust von Monika quält sie noch etwas anderes.

»Viele Äußerungen zu dem brutalen Sexualmord an meiner Tochter Monika waren zynisch und überheblich; sie haben mich verhöhnt. Die Verantwortlichen haben angeblich keine Fehler gemacht, sich nur gerechtfertigt. Sind sie Gott? Nicht einmal Betroffenheit haben sie gezeigt – sie haben kein Wort des Mitgefühls oder Bedauerns an die Opfer, auch nicht an die Mutter gerichtet! Die ja auch noch da ist.

Ich fühle mich erniedrigt. Ich wurde gedemütigt und entwürdigt. Ich komme mir minderwertig vor. Täter sind wichtiger als Opfer! Den Todeskampf meiner Tochter werde ich immer wieder durchleiden müssen! Die Nächte, fast ohne Schlaf, sind furchtbar! Ich werde mein Leben lang darunter zu leiden haben und damit leben müssen.«

* * * * *

Nicht nur im Familien- und Bekanntenkreis von Andreas herrschen tiefe Bestürzung und blankes Entsetzen. Der Bürgermeister von Himmelkron sagt öffentlich »jede mögliche Hilfe« zu, weil er die Leidtragenden persönlich kennt: »Das sind so liebenswerte, junge Leute, immer hilfsbereit und nett. Ich kann es immer noch nicht fassen!« Andreas erreichen diese Mitleidsbekundungen nicht, jedenfalls nicht wirklich. Er nimmt sie lediglich zur Kenntnis. Die Probleme, mit denen er sich schlagartig konfrontiert sieht, lassen sich mit schönen Worten nicht aus der Welt befördern. Selbst beim Essen treten sie zutage.

»Wir saßen am Esstisch, es schmeckte hervorragend. Und ich freute mich, strich mir über den Bauch, schwärmte vom Essen. Ich schämte mich. Denn Moni konnte nicht mitessen, konnte den Ge-

schmack nicht erleben. Wir hatten doch beide immer so gern und gut gegessen.«

Trost kommt auch von Monikas Schwester. Sie sagt: »Gott will nicht, dass der Mensch immer traurig ist.« Sie spricht damit Andreas an. Der fühlt sich erstmals nicht nur bestärkt, sondern auch gestärkt.

»Ich bin schon immer gläubig gewesen. Nur das Festlegen auf eine bestimmte Religionsgemeinschaft fällt mir schwer. Alle wollen immer das Recht haben, Gott erklären können. Nicht nur die großen Weltreligionen, auch innerhalb der christlichen Lehren gibt es so viele Richtungen. Ich glaube an Gott, befasse mich aber nicht mit Einzelheiten oder Bibelauslegungen. Für mich ist Gott nicht erfassbar und im Bereich der absoluten Liebe anzusiedeln.«

Monika war seine Göttin. Sie ist es noch.

Abschied und Anfang

Donnerstag, 12. Oktober. Es wird ein besonders schwerer Tag: Andreas und seine Familie müssen Abschied nehmen, obwohl ihnen das so unsäglich schwer fällt. Monika soll beerdigt werden. Wer ist diese Frau, die von allen Menschen, die sie kannten, gemocht und geschätzt wurde?

»Moni wurde am 10. Januar 1967 geboren. Sie war ein Jahr alt, als der Vater die Familie verließ. Sie war ein quirliges, aufgeschlossenes Mädchen mit langen blonden Haaren. Sie war lebensfroh und selbstbewusst. Mit anderen fuhr sie leidenschaftlich gern Rollschuh. Sie besuchte nach der Grundschule das Gymnasium. Später dann eine Hauswirtschaftsschule, weil es zu dieser Zeit nicht genügend Lehrstellen gab. Sie war schon sehr früh reif, hatte über drei Jahre lang einen festen Freund. Ihre Ausbildung als Krankenschwester konnte sie von 1987 bis 1990 in Nürnberg absolvieren.

Danach arbeitete sie im Klinikum Bayreuth. Meistens in derselben Abteilung, nur das Aufgabengebiet wechselte schon mal. Sie war sehr beliebt bei ihren Kollegen und im Freundeskreis. Ihre Hilfsbereitschaft, ein liebevoller, warmer Umgangston und vor Liebe strahlende Augen machten sie zu einer Sympathieträgerin, die aber nie im Mittelpunkt stand und auch nie den Anspruch hatte, dass sich alles um sie dreht. Ihr Lachen war echt, sie versuchte erst gar nicht, sich zu verstellen. Sie polarisierte nicht, sondern blieb lieber im Hintergrund. Sie hatte niemals einen Führungsanspruch, sie vertraute auf eigene Werte, die ihr Leben bestimmten. Bescheidenheit, Anstand und Rücksichtnahme waren ihre Maximen. Sie war immer gutmütig, friedfertig, warmherzig und dachte an andere.«

Und wer ist Andreas?

»Ich bin oft ein Träumer, denke aber sicherheitsbewusst und neige zu spontanen Entscheidungen. Im Gegensatz zu Moni war ich ein Spätentwickler. Die Realschule erreichte ich zwar, brach sie aber in der 9. Klasse wegen Lernschwierigkeiten mit dem Hauptschulabschluss ab. Ich begann eine Lehre als Restaurantfachmann. Eigentlich habe ich absolut Hemmungen, auf Menschen zuzugehen. Erst durch diesen Beruf lernte ich, meine Scheu zu überwinden. Äußerlich wirkte ich lange Zeit wie ein Kind. Nach drei Jahren Ausbildung mit nicht zum Prahlen geeigneten Noten begann die Bundeswehrzeit. Kurz bevor sie zu Ende ging, lernte ich Moni kennen. Um nicht mehr dem Schichtbetrieb in der Gastronomie ausgesetzt zu sein, arbeitete ich bei Bofrost im Direktvertrieb, dann bei einem Möbelgeschäft, später bei UPS als Paketdienstfahrer. Kein Job machte mich glücklich. Auf Anraten von Moni und ihrem Vater und wegen meiner Frusterlebnisse bei meinen bisherigen Tätigkeiten, bemühte ich mich mit aller Kraft, das Feld zu wechseln. 1994 bekam ich ein befristetes Angestelltenverhältnis bei der JVA Bayreuth. Die Ausbildung dauerte von 1995 bis 1997. Danach folgten drei Jahre in der JVA Nürnberg, bis ich im Jahr 2000 zurück nach Bayreuth versetzt wurde. Im November 2001 startete hier die sozialtherapeutische Abteilung mit ihrem Programm. Ich sah darin für mich eine Chance, in

eine Nische vorzudringen, die von anderen Kollegen regelrecht gehasst wird. Da ich kein Karrieretyp bin, wusste ich, hier brauchte ich nicht um einen Posten zu kämpfen, hier fiel uns eine besondere Aufgabe zu und hier konnte ich mich besonders gut engagieren, ohne in Konkurrenz mit Kollegen zu geraten. Ich machte nun Gruppenleiterlehrgänge, wurde zu Seminaren zugelassen, beschäftigte mich intensiv mit der Thematik und hatte alsbald die feste Überzeugung, Gutes tun zu können. Ich wollte durch meine Arbeit mit den Tätern helfen, die Opferzahlen zu minimieren. Vom Typ her war ich stets ein Gerechtigkeitsfanatiker. Im Laufe meines Lebens habe ich aber die Erfahrung gemacht, dass es sich nicht immer lohnt, den Rebellen zu geben. Manchmal ist es besser, man hält sich zurück.«

* * * * *

Schon vor Beginn der Trauerfeier versammeln sich bei strahlendem Sonnenschein an der St.-Gallus-Kirche hunderte Gäste. Viele von ihnen weinen, halten eine Rose in Händen als letzten Gruß. Polizeibeamte in Uniform und Zivil schirmen die Feier ab, da Andreas und seine Familie nicht fotografiert oder gefilmt werden möchten. Das Medieninteresse ist gewaltig.

Zwei Kondolenzbücher liegen vor der Kirche auf Podesten aus. Die meisten Trauergäste schreiben nur ihren Namen hinein. Kaum jemand spricht. Wenn, dann hinter vorgehaltener Hand oder merklich gedämpft. Diese eigentümliche, unheilvolle Stille hat sich schon seit dem Bekanntwerden des Verbrechens über Himmelkron und Lanzendorf gelegt, als sei den Menschen das Wort abgeschnitten, als wären sie zur Sprachlosigkeit verdammt worden.

Andreas hat auf einer kurzen Feierlichkeit bestanden. Er will nicht, dass noch mehr Emotionen geschürt werden. Er geht auf Freunde und Bekannte zu, schüttelt Hände, erntet wortlose Umarmungen, lächelt, weint, redet, wird angesprochen, schweigt, fühlt sich mal stark, mal schwach und elend. Seine Stimmung schwankt minütlich.

Einem entfernten Verwandten gehen die Gefühle durch: »Der Mörder, den sollte man mal so richtig …« Andreas schneidet ihm das Wort ab, energisch: *»So was gehört hier bestimmt nicht hin!«* Der Verwandte entschuldigt sich. Andreas ebenfalls. Die Nerven liegen bei jedem blank.

Die Kinder reagieren unterschiedlich: Nico steht einfach nur da und schweigt, seinem Naturell entsprechend. Lea indes unterhält sich mit vielen Gästen. Sie redet gern, ihr gefällt es, mit vielen Menschen in Kontakt zu kommen und alle sind furchtbar nett zu ihr.

Die Ansprache beginnt der Pfarrer nun mit einem eher politischen Statement, das Andreas besonders wichtig ist: »Er (Andreas, Anm. S. H.) wünscht sich, dass wir in dieser Extremsituation nicht überlaufen zu jenen, die jetzt einfache Parolen verbreiten.« Vereinzeltes Kopfnicken. »Es fehlen die Worte und doch brauchen wir ein Wort Trost «, setzt der Geistliche seine Rede fort. »Wir haben alle die Erfahrung gemacht: Jedes noch so gute Wort klingt jetzt deplaziert.« Es wird daran erinnert, dass täglich Menschen in aller Welt einen gewaltsamen und frühen Tod sterben. Der Pfarrer nennt die Waffen des Bösen: Bomben, Folter, Landminen und Flammenwerfer. »Wir sehen das normalerweise nicht, und das ist vielleicht auch gut so. Aber heute erkennen wir, wie die helle Lebensgeschichte von Monika seit Samstag zu einer bitteren Leidensgeschichte geworden ist. Wir ahnen, dass wir das Schlechte in uns gerne beiseite schieben.«

»Das waren aber nicht die verabredeten Worte. Zumindest waren es nicht meine Worte. Auch wenn sie irgendwie Sinn ergaben. Ich hätte nämlich noch gesagt: Schuld ist nur der, der es getan hat. Bitte fallt nicht übereinander her. Kein Richter wollte das, kein Staatsanwalt und kein Gutachter, weder ein Psychologe noch ein Bediensteter, kein Mensch. Der Mensch aber neigt dazu, einen Blitzableiter zu suchen. Auch ich bin dagegen keineswegs gefeit. Auch ich kann überreagieren wie jeder andere Mensch auch. Manchmal passiert mir das. Viele Menschen erheben Vorwürfe gegen Menschen

ohne persönliche Schuld. Verantwortung haben eben viele, auch und besonders ich. Antwortet in Liebe zueinander, mit gegenseitigem Respekt und Anstand. Das ist es, was der Welt fehlt. Gebt lieber der Welt ein Stück Liebe zum guten Umgang miteinander.

Da ich wusste, wie sehr auch die Verantwortlichen leiden, hatte ich den Gedanken, diese eben nicht zu verteufeln. Ich konnte mir gut vorstellen, wie jeder leidet, der Verantwortung trägt. Auch ich trug Verantwortung, wenn auch nur als kleines Rad in der Sozialtherapie. Sollten denn jetzt alle Gutachter Mördergehilfen sein?«

Andreas will nicht noch mehr Hass und Unverständnis in diese Welt bringen, die vielen Menschen mehr und mehr fremd wird, und in der sich auch die Menschen selbst allmählich fremd werden. In der man sich voneinander entfernt, statt aufeinander zuzugehen, andere allzu schnell (vor)verurteilt, bevor man sich zusammengesetzt hat, und bevor auch nur ein einziges gemeinsames Wort gesprochen wurde. Nicht umsonst ist die Rede vom Kampf der Kulturen, Religionen oder Weltanschauungen. Andreas ist kein Visionär, kein Weltverbesserer, doch hat er im Umgang mit Menschen auch leidvolle Erfahrungen gemacht, die ihn geprägt haben. Und genau daraus speist sich sein Menschenbild.

»Ich möchte es so sagen: Antwortet mit gegenseitiger Liebe, mit gegenseitigem Respekt und mit Anstand. Das ist es, was der Welt fehlt. Schenkt der Welt ein Stück Liebe, durch einen fairen Umgang miteinander. Dieser Aufruf kommt unter anderem daher, weil Moni zuweilen traurig war, wenn sich mal keiner meldete, wenn wir bei Ausflügen von anderen nicht mit einbezogen wurden, wenn wir es immer waren, die eingeladen haben, zu feiern und es uns manchmal wie ein einseitiges Engagement vorkam, Freundschaften zu pflegen.«

Andreas will trauern. Doch es gelingt ihm nicht; jedenfalls nicht so, wie er es sich vorgestellt, wie er es von sich erwartet hat.

»Einerseits musste ich mein Augenmerk doch immer auf die Kinder richten. Ich war damit beschäftigt, sie zu beobachten, zu

spüren, wie es ihnen geht, wie sie sich fühlen. Andererseits versuch-
te ich, mich auf die Rede des Pfarrers zu konzentrieren.«

Die Kinder weinen nicht. Andreas erlebt die Trauerfeier wie
hinter einem Nebelschleier, den er nur hin und wieder durch-
dringt. Viele Menschen kommen auf ihn zu. Andere wiederum
meiden den direkten Kontakt. Sie wissen nicht, was sie sagen sollen; ob sie überhaupt etwas äußern sollen. Nach der Kirche sitzt
man im engsten Familienkreis in einem Lokal bei Kaffee und Ku-
chen zusammen.

»Auf dem kurzen Weg nach Hause machte ich das erste Mal das
Radio an. Nachrichten. Erste Meldung: ›In Lanzendorf fand die
Trauerfeier …‹ Ich stellte leise, schaltete dann aus. Nico fragte
mich: ›Das verstehe ich nicht, die Mami war doch gar nicht so be-
rühmt. Warum kommt das in den Nachrichten?‹ Ich sagte: ›Weil sie
noch so jung war und weil man sie einfach getötet hat.‹«

* * * * *

Der Mord an Monika ist längst ein Politikum und bewegt die
Gemüter. Das Verbrechen beschäftigt und irritiert die Menschen in Stadt und Land. Auch die Bürger der Region Bayreuth
machen ihrem Unmut Luft, eine wahre Flut von Leserbriefen erreicht den *Nordbayerischen Kurier.* Eine Leserin aus Heiners-
reuth empört sich und erklärt ihre Sicht der Dinge. Die Frau
spricht vielen Menschen aus der Seele, wenn sie akute Missstände, Gefahren und Lebensängste beim Namen nennt:

»Es war also kein Fehler gewesen, glaubt man der Justizministerin, dass diese Zeitbombe von mutmaßlichem Täter – auch
noch vorzeitig – aus der Haft entlassen wurde. Als ich diese Be-
merkung gelesen habe, stieg in mir die kalte Wut hoch. Es war
demnach kein Fehler gewesen, dass dieses entsetzliche Verbrechen eine Familie zerstört hatte, auf furchtbare Art und Weise.
Für die Betroffenen muss das wie Hohn klingen. Nur ja nie zu-
geben, dass – wieder einmal – eine folgenschwere Fehlentschei-

dung getroffen wurde. Typisch Politiker. Wann endlich verstehen die diversen Gutachter: So ein Gewaltverbrecher kann auch nett sein, man kann sich im Klinik- und Gefängnisalltag ganz normal mit ihnen unterhalten bzw. sieht und hört es ihm nicht an, dass er eine Fehlschaltung im Gehirn hat. Völlig normale Gespräche sind möglich. Doch man darf nie vergessen, dass in einem solchen Gehirn eine solche Fehlschaltung existiert: Ein winziges Areal, das zu irgendeinem Zeitpunkt alle anderen Steuerungen lahmlegen kann. Es ist wie ein Schalter, der plötzlich umgelegt wird, und in diesem Moment aus dem Menschen eine Bestie machen kann. Dieser Schalter kann auch nach jahrelangen Therapien noch einschaltbar sein. Da diese Menschen ihr Leben lang das Falsche wollen, so entwickeln sich viele zu begnadeten Schauspielern, die der Umwelt, ihren eigenen Familien, den Anwälten, Richtern, Gutachtern, Psychologen, sogar sich selbst jahrelang Besserung und Heilung überzeugend vorgaukeln. Das ist klar, denn sie verfolgen nur ein Ziel damit: baldmöglichst die Freiheit wiederzuerlangen. Dafür können sie sich Mühe geben und geduldig alle Therapien über sich ergehen lassen. Immer und immer wieder: die Wiederholungstäter.

Und die Leute, die darüber zu entscheiden haben, lassen immer wieder solche gefährlichen Individuen auf die Menschheit los. Jetzt nützen die Entsetzensbekundungen nichts mehr, denn sie kommen zu spät. Massive Änderungen in der Handhabung mit solchen Tätern sind die einzig wirkungsvolle Methode – Resozialisierungsversuche hin oder her. Ich für meine Person fühle mich von den zuständigen Institutionen im Stich gelassen. Da ich selbst im Rahmen meiner beruflichen Tätigkeit regelmäßig in Dunkelheit und in einsamen Gegenden unterwegs sein muss, bleiben mir wohl nur Maßnahmen zum Selbstschutz. Darauf, dass mein Leben durch Recht und Gesetz geschützt wird, will ich mich nicht verlassen.«

»Dieser Leserbrief brachte einiges auf den Punkt. In der Autorin stieg die kalte Wut hoch, weil die Justizministerin gesagt hatte,

die vorzeitige Entlassung sei kein Fehler gewesen. Vielleicht können sich auch noch andere Menschen vorstellen, wie es denen geht, die mit Moni eine Freundin, Tochter, Schwester oder Frau verloren haben. Diese Leserin ist nichts von alledem und doch hat sie mit ihrem Einfühlungsvermögen das einzig Richtige geschrieben. Natürlich ist es ein Hohn für die Angehörigen, wenn Fehler einen Tag nach dem Mord schon kategorisch ausgeschlossen werden. Wo wurde deshalb nachgefragt? Wer versicherte der Ministerin, dass keine Fehler passiert waren? Wie konnte das alles so schnell ermittelt werden? Wo waren die Beweise für diese Annahme? Jeder vernünftig denkende Mensch muss da doch misstrauisch werden und überlegen, wieviele Ermittlungen beispielsweise bei einem Verkehrsvergehen durchgeführt werden, wie lange das Verfahren dauert, bis Schuld oder Unschuld geklärt sind. Der Leserbrief spricht auch den Aspekt der Möglichkeit des Verstellens an. Die Autorin ist wohl keine Psychologin, keine JVA-Bedienstete, keine Fachfrau. Trotzdem weiß sie das. Es ist wohl ihr Gefühl und der gesunde Menschenverstand, die ihr das sagen. Viele Menschen sind Meister der Verstellung und der Anpassung. Genauso wie jeder Gefangener das sein kann. Wie Sie es sind, wie ich es bin.«

Das Meinungsspektrum der Leserschaft variiert, dominiert wird es jedoch von der Forderung nach Konsequenzen. »Wann endlich wachen unsere Politiker auf und stellen dieses leichtfertige Tun, das uns alle gefährdet, unter Strafe? Wann endlich kommt eine Qualitätskontrolle für die sogenannten Gutachter?«, fragt ein Mann aus Bayreuth. Ein anderer wendet sich »an die Verantwortlichen in unserem Staat« und fordert: »Wir brauchen die Zivilcourage jenes JVA-Mitarbeiters, der wahrscheinlich unbewusst zur Aufklärung eines schrecklichen Verbrechens beigetragen hat. Sein Schicksal und das seiner beiden Kinder ist es, was uns alle letztendlich zum Handeln aufruft, die Zustände zu verändern. Muss ich mit abgeschlossenen Autotüren durch Bayreuth fahren? Muss ich meine Kinder mit Elektroschocker und einer Nahkampfausbildung ausstatten? Oder muss erst wieder ein Mitglied einer Familie getötet werden, bevor unser angeblicher Rechtsstaat wieder mal nur reagiert?«

Auch den folgenden Leserbrief, geschrieben von einer Frau aus Bayreuth, liest Andreas: »Eine grausame Gewalttat ereignet sich in unser Stadt«, heißt es dort.

»Die Medien stürzen sich natürlich darauf. Biografie und Identität des Täters – mehr als dürftig. Der Gutachter – namenlos. Die Wahrung der Persönlichkeitsrechte müsste gewährleistet bleiben – so kann man es in der Presse lesen. Die Familie des Opfers ist den Institutionen ausgeliefert. Die Journalisten schrecken vor nichts zurück: Vor- und Zunamen des Ehemanns, familiäre Situation werden erwähnt – im regionalen Fernsehen kann man sogar Bilder vom Abtransport des Opfers sehen und das Wohnhaus betrachten.

In welcher Welt leben wir? Da passiert einer jungen Familie das Schlimmste, was man ihr antun kann, und diese Menschen müssen sich in ihrem Leid schutzlos in der Öffentlichkeit wiederfinden! Wo bleiben die Persönlichkeitsrechte, auf die sich der Täter und seine Gutachter selbstverständlich verlassen dürfen?«

»Zu diesem Zeitpunkt war ich schon so der Öffentlichkeit ausgeliefert, dass ich nur noch hinnehmen konnte, wie alles lief und wovon berichtet wurde.«

Ein gezielter Anschlag?

Petra, Andreas' Schwester, unterstützt ihn. Sie wird einige Tage bleiben. Die 52-Jährige kauft ein, spielt mit den Kindern, hält das Haus sauber. Erst jetzt merkt er, was ihm neben dem Menschen Monika noch geraubt worden ist – das Fundament seines bisherigen Lebens. Das, was sie im Alltag für die Familie erledigte, fehlt nun.

»Moni war es, die um 6 Uhr mit unserem Sohn aufwachte, um ihn für die Schule fertig zu machen. Er fuhr dann mit dem Bus nach Bayreuth zum Gymnasium. Meine Arbeitszeiten waren recht flexibel. Tendenziell aber in Früh- und Spätdienst aufgeteilt. Hatte ich also Spätdienst, wollte ich endlich mal ausschlafen. Hatte ich Frühdienst, war es eben auch Monis Job, den Morgen zu managen. Ich war ja nicht da. Einer von uns beiden brachte gegen 8.30 Uhr Lea zum Kindergarten. Moni arbeitete Teilzeit in ihrem Beruf als Krankenschwester. Das bedeutete effektiv etwa sechs Arbeitstage im Monat Schichtdienst für sie. Dann musste ich meine Schicht tauschen oder frei machen und erledigte die Sachen, die sonst Monis Aufgabe waren. Gegen Mittag kam Lea. Entweder kochte Moni oder ich. Manchmal kochten wir auch gemeinsam. Vormittags ging Moni manchmal Badminton spielen, und ich zum Joggen. Am späten Mittag kam Nico von der Schule. Die Hausaufgabenbetreuung gestaltete Moni liebevoll. Auch das Spielen mit Lea. Ich kuschelte gern mit den Kindern, bolzte mit Nico, hatte aber nie diese geduldige Liebe, die Moni den Kindern schenkte. Wir gingen gern zusammen einkaufen, dabei half ich ihr auch. Moni brachte meistens die Kinder ins Bett. Ich unterstützte sie zwar, aber nicht mit dieser Hingabe. Abends ist Erwachsenenzeit, so ist mein Motto. Moni verbrachte oft über eine Stunde mit dieser Zeremonie. Ich ärgerte mich dann manchmal darüber, dass wir diese Zeit nicht gemeinsam verbringen konnten. Wir stritten auch ab und an darüber. Die Abende im Sommer auf der Terrasse mit Nachbarn oder auch allein waren besonders schön. Wir kuschelten im Winter am Kaminfeuer vor dem Ofen oder auf dem Sofa. Es war zwar nicht spannend, aber

schön und entspannend. Unser Alltag war befriedigend bis schön. Wir brauchten keinen besonderen Kick, keine Abenteuer oder besondere Erlebnisse. Wir freuten uns auf die Urlaube, aufs Essengehen, auf das gemeinsame Einschlafen und Aufwachen.«

Andreas ist nachdenklich, das Zusammensein mit Monika, jene ausgefüllte Zeit, die nicht mehr zurückzuholen ist, zieht in Gedanken an ihm vorbei. Es ist eine ehrliche und schonungslose Rückbesinnung. Andreas will sich nichts vormachen.

»Natürlich gab es auch mal heftige Streitereien. Meistens fühlte ich mich nicht genug beachtet, versuchte, sie mit Andeutungen auch mal eifersüchtig zu machen. Da biss ich aber auf Granit. Sie wusste schon, was ich an ihr hatte. Ich hatte immer absolutes Vertrauen zu ihr. Sie war so verlässlich, so ehrlich, so gut, wie man sich eine Frau nur wünschen kann. Ich verlangte viel Bestätigung, flirtete manchmal ein bisschen zu viel.«

Immer wieder flüchtet Andreas in eine zweite Realität. Er stellt sich vor, Monika kommt lächelnd zur Tür herein, sagt: »Ach, Andy, ich bin doch da, so etwas passiert doch nicht!« Dann sieht er Dinge, schemenhaft und verlockend, die er aber weder fühlen, schmecken, riechen, hören noch ertasten kann.

»Ich konnte das alles immer noch nicht glauben. Wie oft hatte ich Angst um sie gehabt und jedes Mal war ich eines Besseren belehrt worden. Jedes Mal hatte sich herausgestellt, dass ich einfach zu ängstlich gewesen war. Vielleicht waren das auch Monis letzte Gedanken, dass jetzt meine Befürchtungen brutale Realität werden würden. Dass ich in diesem Fall wirklich Grund zur Sorge hätte.«

Monika ist jetzt genau eine Woche tot. Andreas' seelischer Schmerz verhält sich wie ein Bumerang: Sobald er glaubt, er habe ihn auch nur ein wenig auf Distanz gebracht, kehrt er zurück.

»Meine emotionale Verfassung spielte sich nur noch in Wellenlinien ab. Ich war aber mehr unten als oben. Lea weinte viel, Nico weniger. Ich weinte mich bei meinen Freunden aus. Schon die Frage: ›Wie geht's?‹ provozierte bei mir einen Weinkrampf. Ich umarmte Menschen und wurde umarmt.«

* * * * *

Die Polizei verkündet Neuigkeiten. Eine Zeugin sei ausfindig gemacht worden, auf die es Jochen S. abgesehen gehabt habe, kurz bevor er auf Monika getroffen sei. Die Frau habe frühmorgens an der ersten Ampel einer Kreuzungsanlage gestanden, »kleiner Kreisel« genannt, unter der dortigen Hochbrücke. Plötzlich habe ein Mann versucht, in ihr Auto einzusteigen. Die Ampel habe in diesem Moment aber auf Grün geschaltet, und die Frau sei losgefahren. Die 34-Jährige hat offenbar jenes Glück gehabt, das Monika versagt geblieben ist. Als sie an dieser Stelle von Jochen S. bedrängt wurde, blieb die Ampel auf Rot.

Vor allem der Umstand, dass der mutmaßliche Täter ausgerechnet Monika, die Frau seines ehemaligen Bewachers, der jahrelang für ihn zuständig war, entführt hat, lässt Gerüchte ins Kraut schießen und nährt Spekulationen, es könne ein gezielter Racheakt gewesen sein. Die Staatsanwaltschaft indes erklärt hierzu: »Es gab keinen Kontakt des Tatverdächtigen zu Familie Fischer, der über seine Beziehungen als Mitarbeiter der JVA hinausging.«

Die Kripo ist im Haus: Zeugenvernehmung. Durch Andi, den Polizisten, sind Informationen aufgetaucht, die den Fall in einem anderen Licht erscheinen lassen. Andreas muss Rede und Antwort stehen.

»Ich war psychisch am Ende, denn die Verwicklungen und die Beziehungen wurden nun offenbar. Ich gab an, dass Jochen S. tatsächlich schon mal in meinem Haus gewesen war. Er hatte in der Anstaltsschreinerei gearbeitet, Lockerungen bekommen und mit den Betriebsbeamten in Himmelkron etwas ausgeliefert. Mir war bei dieser Fahrt Brennholz gebracht worden. Ich hatte das Andi vorher schon erzählt, im Vertrauen. Er hatte mir aber sofort gesagt, dass er das nicht für sich behalten werde. Dafür hatte ich volles Verständnis.

Ich wurde auch nach Dienstplanaufzeichnungen meiner Frau gefragt, ob die in meinem Büro in der JVA gelegen hätten. Ich verneinte. Die Polizisten aber sagten, dass sie gefunden worden seien.

Ich bekam panische Angst, dass es vielleicht ein gezielter Anschlag gewesen war, und zwar wegen mir. Aus welchem Grund auch immer. In der Nacht wachte ich von meinem eigenen Schreien auf. Ich fühlte mich schuldig und ohne jede Hoffnung.«

* * * * *

Eine neue Hürde muss genommen werden: Nico soll in die Schule. Er hat eine Woche lang gefehlt. Andreas trifft sich mit dem Vertrauenslehrer seiner Schule.

»*Die Schule hatte eine super Einstellung. Der Lehrer sagte zu mir: ›Die Schulfamilie steht voll hinter Ihnen. Wir werden Sie unterstützen, wo immer es geht. Der Lehrplan ist für uns nicht das Wichtigste. Wir wissen um die besondere Verantwortung und tun alles, was zu tun ist und notwendig wird.‹ Das klang ehrlich; ich war mir sicher, dass das nicht nur eine Gefälligkeit für den Moment war, sondern der professionellen Einstellung der Schule entsprach.«*

Andreas weiß seinen Sohn in bewährt guten Händen. Das beruhigt. Allerdings drücken ihn schon wieder andere Sorgen. Behörden schicken Briefe, die sich langsam zu stapeln beginnen. Andreas fühlt sich nicht nur überfordert, er ist es. Silke, die Nachbarin, und Manuela, eine Freundin, helfen. Trotzdem hat er das Gefühl, das Unglück nimmt kein Ende, das Drama nimmt erst jetzt seinen Anfang.

Andreas bleibt gar nicht die Zeit, die er braucht, um sich zu besinnen und zu sortieren. Am Abend wird der Leiter des Versorgungsamts erwartet.

»*Ich durfte den Abendtermin wählen, die Zeit und den Ort bestimmen. So saßen wir im Wohnzimmer, die Kinder waren noch wach, aber spielten in ihren Zimmern im Obergeschoß. Er hatte eine warme, weiche, ruhige Stimme. Leise zwar, aber ausdrucksstark. Er stellte sich vor. Zuerst interessierten ihn die Kinder. Er fragte, wie es ihnen gehe, wie es mir gehe. Er nahm sich viel Zeit dafür, fragte nach, reagierte nie oberflächlich.*

Er erklärte mir einiges zum Opferentschädigungsgesetz. Als ich die Formulare sah und mich in meiner Not vorbeugend beschwerte, dass ich das nicht auch noch schaffen, geschweige denn kapieren würde, beruhigte er mich sofort: ›Wir können heute Abend schon was machen – oder wann immer Sie wollen. Wir haben keinen Zeitdruck, Sie werden nichts alleine machen müssen, wenn Sie es nicht wollen. Wir tun alles gemeinsam, ich will Ihnen da jede Belastung nehmen. Ich bin hier voll und ganz für Sie da.‹

Ich habe noch nie einen dermaßen einfühlsamen und gewissenhaften Beamten kennengelernt. Er hat es nicht nur geschafft, mich zu beruhigen. Er hat mich auch wirklich spüren lassen: Wenn ich ein Problem habe, ist er mein Ansprechpartner. Das war einfach toll.«

* * * * *

Das Nachrichtenmagazin *Focus* hat den Gutachter des mutmaßlichen Sexualmörders ausgemacht und lässt ihn zu Wort kommen. Der Mann sieht keine Fehler in seiner Arbeit, nach wie vor. Seit er von der Tötung erfahren habe, habe er die Unterlagen über Jochen S. »immer wieder durchgelesen und überlegt was ich übersehen haben könnte«. Er könne aber nichts finden. »Ich glaube immer noch, dass ich keinen Fehler gemacht habe«, betont er.

Der Gutachter erklärt auch, dass die Voraussetzungen für eine Entlassung ideal gewesen seien: »Er hatte an sich gearbeitet, aktiv und scheinbar erfolgreich an der Therapie für Sexualstraftäter teilgenommen.« Er habe einen Bekanntenkreis, eine Wohnung und eine Arbeitsstelle gehabt. »Sogar die Anbindung an die Therapeuten war da, beste Voraussetzungen also.« Inzwischen könne man aber »begründet den Verdacht haben«, dass dieser Mann janusköpfig sei – mit einem Gesicht, das alle kannten, und einem zweiten, das vorher nicht zu erkennen gewesen sei. Zugleich räumte auch der Psychologe ein, dass Irrtümer bei jeder gutachterlichen Tätigkeit unvermeidlich seien. Es werde versucht, »einerseits in die menschliche Seele und andererseits in die Zukunft zu blicken«. Seit der Tat frage er sich natürlich, was er »hätte tun können, tun müssen, um dieses Menschenleben zu retten«.

Während sich der Gutachter auf eine vermeintliche Unvermeidbarkeit beruft, fragen besorgte Bürger nach der Verantwortung des Psychologen. »Hätte der Mann seine Strafe abgesessen und wäre er nicht entlassen worden, würde Monika F. heute noch leben«, empört sich ein Leser des *Nordbayerischen Kuriers*. »Jeder ist für seine Arbeit verantwortlich. Fällt eine Mauer um, ergreift man den Polier und sogar den einfachen Maurer. Bricht eine Brücke zusammen, muss ein Bauingenieur und der Architekt dafür gerade stehen. Ja, ich weiß schon, Psychologie ist keine reine Naturwissenschaft und in einen Menschen kann niemand hineinschauen. Es kann aber doch nicht sein, dass Fachleute für ihr Handeln niemals zur Verantwortung gezogen werden. Der Brückenbauer gibt, bei einer vorgesehenen und später freigegebenen Belastung von xy-Tonnen von vornherein einen Zuschlag von soundsoviel Prozent in die Planung mit ein, um ganz sicher im grünen Bereich zu sein. Doch nicht nur, weil er Geld verdienen will und es ihm nichts ausmacht, dass das Ganze dadurch teurer wird. Nein, er will die Haftungsvorschriften erfüllen!

Wo ist der grüne Bereich bei den Psychologen? Würden sie zur Rechenschaft gezogen, etwa durch Entziehen der Zulassung, durch Haftstrafen (auch auf Bewährung) von einem halben Jahr bis zu drei Jahren – in besonders schweren Fällen wie diesem, müsste ihre Prognose zur Ungefährlichkeit von Tätern von ihnen selbst schon genauer unter die Lupe genommen werden. Und im Zweifelsfall würden sie eher gegen die Täter, für die potenziellen Opfer und für sich als Haftende entscheiden. Damit wäre allen gedient.«

Aber auch das Verhalten der Polizei wird kritisch hinterfragt. Eine Frau aus Bayreuth beklagt in ihrem Leserbrief: »Kein Informationsaustausch?« Die Leserin meint, das »eigentliche Problem« sei bisher gar nicht beachtet worden: »Im *Kurier* äußert sich der Leiter der Bayreuther Polizei unter anderem wie folgt: Die Vorstrafe des Täters sei in Bayreuth nicht bekannt gewesen, aber die Vorstrafenakte mit dem Überfall in Bamberg wäre sicher demnächst auf dem Tisch unserer Kripo gelandet. Gut möglich, dass ein Beamter in Bamberg diese Woche den Vorgang vom Überfall am Hohenzollernring auf den Tisch bekommen und sich an die Bamberger Tat erinnert hätte. Ja, wo leben wir denn, wenn die Polizei erst dann tätig wird, wenn sie etwas auf den Tisch bekommt. Das ist doch tiefstes Mittelalter. Der Täter ging doch immer wieder nach demselben Schema vor. Die Tatausführung mit dem sehr persönlichen Stempel im Bamberger Fall war doch seit langem gespeichert. Wenn ein Täter bestimmte Begehungsmuster zeigt, müssen diese doch abrufbar und auswertbar sein. Für diese Zwecke gibt es Datenbanksysteme. Außerdem liegt Bamberg doch nicht im Ausland. Gibt es da bei einem derartigen Kapitaldelikt, wie am Donnerstag in der Innenstadt geschehen, keinen internen Informationsaustausch? Es war doch die gleiche Masche: in ein Auto einsteigen, mit dem Messer bedrohen, Geld und Bankkarte rauben … Glücklicherweise wurde die Frau aus der Oberpfalz nicht getötet. Aber da hätten bei der Polizei doch sämtliche Alarmglocken läuten müssen. Es ist schon etwas billig, sich jetzt mit aller Gewalt auf den Gutachter zu werfen.«

Die Wahrnehmungen und Schlussfolgerungen der Bevölkerung sind facettenreich, Schuldige und Schuld werden auch im Versagen des sozialen Netzes gesehen, jenem Frühwarn- und Ortungssystem, das immer grobmaschiger wird. »Der mutmaßliche Täter S. hat eine zweite Chance erhalten, als er vorzeitig entlassen wurde«, legt ein Mann aus Bayreuth den Finger in die Wunde. »Diese hat er nicht, beziehungsweise doch wieder genutzt. Es war der Raubüberfall vom 5. Oktober 2006. Warum er eine dritte Chance hatte, haben wir uns alle wohl auch ein bisschen selbst zuzuschreiben. Obwohl ich die Zeitung immer nur kurz überfliege, habe ich vom ersten Überfall erfahren. Auch meine Frau hatte mich informiert. Da die Vorgehensweise dieses mutmaßlichen Täters besonders überraschend für das Opfer kam und in Bayreuth und Umgebung bisher einmalig war, habe ich die Meldung sofort als Warnung verstanden.

Gerne hätte ich eine fette Schlagzeile auf der Titelseite gesehen. Eigentlich hätte dieser einmalige Vorfall schon am Freitagmorgen Stadtgespräch sein müssen. Dann hätte die JVA wach werden müssen und der Ehemann des Opfers schon am selben Tag den entscheidenden Tipp geben können.«

Während die Diskussion kontrovers geführt wird, beklagen alle, die sich zu Wort melden, einem sehr unangenehmen und überaus hartnäckigen Wegbegleiter regelrecht ausgeliefert zu sein: der Hilflosigkeit. »Was diese Briefe so erschütternd macht wie die Tat selbst, ist die darin zum Ausdruck gebrachte Ohnmacht und Verzweiflung darüber, selbst einmal unschuldiges Opfer zu werden.«

So formuliert ein Leser aus der Region seine Befürchtung, die wohl viele mit ihm teilen. »Wenn man sieht, liest und hört, wie alle Verantwortlichen und ihre Zuarbeiter jede Schuld von sich weisen ... – man fühlt sich hilflos und alleingelassen von genau jenen, die einmal geschworen haben, für unser Wohl und Recht einzutreten. Vielleicht erleben wir noch, wie der Verteidiger eines Kindermörders Freispruch fordert mit der Begründung, zum Zeitpunkt der Tat hätte der Täter keine andere Möglichkeit gehabt, das Schreien seines Opfers zu beenden.«

* * * * *

Petra, Andreas' Schwester, reist ab. Jetzt fehlt jemand zum Reden. Jemand, der über Nacht bleibt, der einfach nur da ist. Schlagartig wird Andreas bewusst, wie sehr er noch auf den Zuspruch und das Zupacken anderer angewiesen ist. Dinge, die für ihn bisher alltäglich und nebensächlich gewesen sind, bauen sich nun vor ihm auf, turmhoch. Er ist jetzt auf sich allein gestellt, erstmals seit Monikas Tod. Das macht ihm Angst.

»Das Familiengebäude stand auf wackligen Füßen. Ich musste das erste Mal allein mit den Kindern im Haus übernachten. Das war so, als ob man das erste Mal allein für etwas ungewohntes verantwortlich ist. Die Botschaft war klar und hart: Du bist jetzt der Kapitän. Segle dieses Schiff. Mach, was du kannst, denk auch an deine Mannschaft. Du bist der Chef. Andere Verantwortliche gibt es nicht.«

* * * * *

Ein Kriminalbeamter ruft an: Er teilt mit, dass Jochen S. weder vor der Tat noch überhaupt bei Andreas gewesen sein könne, auch nicht, um Brennholz zu bringen. Das gehe aus den Unterlagen der JVA hervor. Es bestehe kein Zweifel. Andreas überlegt eine Zeit lang, bevor er antwortet. Er ist wie vor den Kopf geschlagen. *»Kann ich mich denn so geirrt haben? Habe ich mir das alles nur eingebildet? Werde ich langsam paranoid?«* Dann müsse er sich wohl geirrt haben, antwortet er kleinlaut. Als das Gespräch beendet ist, spürt er ein wenig Erleichterung.

»Da er nicht bei mir gewesen sein konnte, hatte ich nicht fahrlässig gehandelt. Arbeiten von Gefangenen der Häuser der JVA ausführen zu lassen, das war allerdings normal. Wahrscheinlich hatte ich daraus abgeleitet, Jochen S. müsste auch bei uns zu Hause gewesen sein. Keiner denkt bei so etwas daran, damit eine Straftat heraufzubeschwören. Aber wenn es trotzdem Absicht gewesen wäre, für diesen Mann hätte es kein Problem dargestellt, an meine Adresse zu kommen. Meine Nerven hatten mir offenbar einen Streich gespielt. Mittlerweile bin ich mir sicher: Er ist niemals bei mir gewesen. Die Aufzeichnungen im Dienstplan von Moni vom 7. Oktober 2006 erschienen mir jetzt in einem neuen Licht. Der Eintrag datierte nämlich aus einer Zeit, als Jochen S. schon längst entlassen worden war. Und der Schreibtisch in der JVA konnte auch nicht von anderen Ge-

fangenen eingesehen werden, wenngleich sie das Dienstzimmer auch schon mal betraten. Zudem war es ein Raum, der von vielen Kollegen genutzt wurde, und ich war nicht der Einzige, dessen Partnerin Monika hieß und Moni gerufen wurde.«

* * * * *

Einmal im Monat bringt das Bayerische Fernsehen das »Bürger-Forum live«. Diskutiert wird immer über ein brisantes Thema. Bürger, Fachleute und Politiker reden übereinander, gegeneinander, miteinander, streiten und ringen um Gehör und Überzeugungskraft. Die Oktober-Ausgabe wird vom Bayerischen Rundfunk aus Bayreuth gesendet, denn von dort kommen seit anderthalb Wochen Geschichten und Nachrichten, die nicht nur aufhorchen lassen, sondern erörtert werden wollen, müssen; natürlich öffentlich. Die Justizministerin ist auch eingeladen und bereits angekündigt worden. Doch sie ist nicht da.

Austragungsort ist das evangelische Gemeindehaus. Die Sendung hält, was sie verspricht. Es geht hoch her. Allerdings fordert niemand, man möge solchen Tätern doch besser den Kopf abschlagen oder sie aufknüpfen. Nur einmal spricht ein besorgter und erregter Bürger von »chemischer Kastration«; man wolle nicht länger dulden, dass für das liberale Rechtssystem Menschen die Freiheit anderer mit dem Tod bezahlen. Er spricht auf Monika an. Der CSU-Fraktionschef im Landtag, Joachim Herrmann, wiederholt seine bekannte Forderung nach zwei Gutachtern und einer intern geführten Expertenliste, die die Richter in den Stand versetzen soll, fähige von unfähigen Gutachtern zu unterscheiden. Wenn es doch nur so einfach wäre!

Ein Opfer ist auch eingeladen worden: Gabriele K. aus München. Sie verlor 1995 ihre Tochter, Opfer eines Rückfalltäters. Sie hat mühelos die Sympathien der Zuschauer auf ihrer Seite, als sie die Frage nach dem viel zitierten Restrisiko stellt, das über der Prognosebegutachtung pendelt wie ein rasiermesserscharfes Damoklesschwert. »Ich stelle mir fünf bis zehn Prozent vor, die wir hinnehmen müssen, wir akzeptieren aber 40 bis 50 Prozent«, macht sie ihrem Unmut Luft. »Wir brauchen mehr Geld für Opfer, weniger Geld für Resozialisierung.« Beifall brandet auf. Gabriele K. betreibt keine Demagogie, sie spricht nur aus, was viele Politiker ungeachtet ihrer Parteizugehörigkeit als sachlich richtig erkennen, aber einem simplen Opportunismus bereitwillig opfern. Die Frage, ob Sexualtäter überhaupt therapierbar seien, das habe man vor 30 Jahren noch verneint. Ob die Welt wirklich noch in Ordnung war, damals?

Die Bayreuther Rechtsanwältin Doris B.-R. nimmt die Gerichte aufs Korn: Zu lasche Strafen würden verhängt; immer wieder Bewährung gewährt, nur um Geständnisse zu bekommen, einen schnellen, sauberen und endgültigen Verfahrensabschluss. Wieder wird geklatscht. Die 45 Minuten Sendezeit sind schnell herum, dann folgt schon das Schlusswort.

Merkwürdig: Die Tat ist in der Sendung zum Thema gemacht worden, weil das Verbrechen »nicht nur die Region, sondern ganz Bayern erschüttert« habe, so geben die Journalisten ihre Begründung dafür ab, warum sie hier seien. Am nächsten Tag wird sich allerdings herausstellen, dass das Interesse der Zuschauer daran eher mau ausgefallen ist. Die Sendung, die im Schnitt zwischen 800.000 bis 1 Million Zuschauer verfolgen, erlebt an diesem Tag eine Quotendelle. Die zuständige Redaktionsleiterin wird am nächsten Tag verkünden: Nur 400.000 Zuschauer waren diesmal dabei.

Monika!

Brigitte W. kommt zu Besuch. Sie arbeitet für die Opferschutzorganisation Weißer Ring.

»Ich kannte sie schon persönlich von der Gruppenarbeit in der Sexualtherapie. Ich hatte auch die letzten Jahresversammlungen vom Weißen Ring besucht, um mich zu informieren. Meinen Kollegen und mir ging es darum, den Straftätern die Opferperspektive eindringlich klar zu machen. Wir wollten keine neuen Opfer. Wir wollten ein Opferempathieprogramm entwickeln und durchführen. Das haben wir schließlich auch geschafft, dieses Programm ist mittlerweile fester Bestandteil der Sozialtherapie.

Die Frau war zutiefst betroffen, mit Tränen in den Augen sagte sie: ›Es ist unfassbar, gerade Sie, der immer auf die Opferbelange aufmerksam machen wollte. Gerade Sie, den ich so engagiert erlebte habe.‹ Wir redeten über Möglichkeiten, mir zu helfen. Noch war ich aber nicht so weit, irgendetwas Konkretes anzunehmen. Hätte ich mich auf die vielen Vorschläge in diesen Tagen eingelassen, dann hätte ich zwei Psychologen, eine Sozialpädagogin im Haus gehabt und eine Familientherapie begonnen. Frau W. verstand, dass ich noch nicht soweit sein konnte, etwas zu entscheiden, denn ich wusste nicht, was wichtig für mich war. Aber das Gespräch tat mir gut.«

Andreas geht in seinen Gefühlen unter und er sieht kein Land. Ein Reporter der *Frankenpost* ruft an und will ihn zu einer Äußerung bringen. Ob er sich vorstellen könne, dass es doch ein geplanter Anschlag gewesen sei; denn er, der Reporter, habe von neuen Hinweisen gehört. Ob da etwas dran sein könne. Andreas antwortet nur, weil er ein höflicher Mensch ist: *»Ich möchte dazu kein Statement abgeben.«* Dann legt er auf. Obwohl gar nicht lange gesprochen wird, geht ihm der Anruf nahe. Er fühlt sich gehetzt und gejagt wie Freiwild. Jeder meint das Recht zu haben, ihn anzurufen, ihm Fragen zu stellen, in seine Intimsphäre eindringen zu dürfen, sein Leid zum Thema zu machen, ihn für eine Story oder Schlagzeile zu missbrauchen.

»*Offenbar reichte schon ein halber Satz von mir für eine Schlagzeile wie in der Bildzeitung: ›Jetzt spricht der Ehemann!‹ Ich war total fertig. Ich dachte: ›Nein, reicht es denn nicht, dass sie tot ist? Lasst mich doch in Ruhe, ich will nichts mehr davon hören. Ich kann nicht mehr, ich halte das nicht mehr aus. Ich halte das nicht mehr aus!‹*«

Andreas greift zu Mitteln, die ihn beruhigen, vielleicht auch benebeln sollen: Alkohol und Tabletten.

»*Zu diesem Zeitpunkt nahm ich das Medikament ›Atosil‹, einen Dämpfer für Emotionen, und zwar zum dritten Mal. Erstmals hatte ich es am Tag des Mordes geschluckt. Mein Alkoholkonsum stieg an. Ich fiel jeden Abend mit einer bestimmten Dosis Alkohol ins Bett. Aber ich schüttete ihn nicht unkontrolliert in mich hinein. Alkohol wirkt leider auch entspannend. Ich sah allerdings den Alkoholkonsum allmählich als eines meiner akuten Probleme, schämte mich aber nicht dafür.*«

Volkes Seele kocht immer noch, die Diktion der Leserbriefe wird zusehends schärfer. Die Hardliner behalten doch wieder die Oberhand, jedenfalls in der Zeitung. Andreas liest nur die Überschriften: »Kein Recht auf eine zweite Chance«, »Mitschuldig an künftigen derartigen Verbrechen«, »Unentschuldbare Fehlentscheidungen, die nach Konsequenzen verlangen«. Er ist zu erschöpft, um auf diesem Nebenkriegsschauplatz Stellung zu beziehen. Es ist immer noch dunkel um ihn herum.

Am nächsten Tag wird im *Nordbayerischen Kurier* ein Leserbrief abgedruckt, der Andreas' Erfahrungen und Empfindungen treffend beschreibt: »Ein Beitrag ist besonders erwähnenswert: die Wahrung der Persönlichkeitsrechte. Dem Beschuldigten wird eine Decke über den Kopf gezogen, um ihn vor Blicken zu schützen, die Bilder des Opfers und der Familie gingen mit Namen und Adresse, mit Bild ihres Hauses durch die Medien. Es ist an der Zeit, den Opfern endlich mal die Rechte und Nachsorge zu geben, die den Tätern schon lange eingeräumt werden.«

Andreas benötigt Hilfe. Er will sensibel und rücksichtsvoll

bleiben, seinen Kindern vor allem das Gefühl der Geborgenheit vermitteln, er will sie beschützen. Einerseits. Andererseits muss er ihnen Grenzen setzen – unter den gegebenen Umständen ein Ritt auf der Rasierklinge. Jedes falsch gewählte Wort kann missverstanden werden, sogar verletzen, neue Wunden schlagen. Die Mittel, die ihm zur Verfügung stehen, taugen nicht. Oder er dosiert sie falsch. Als besonders belastend empfindet er das Nichteinschlafen-wollen-Drama, wenn die Kinder ins Bett sollen, es aber nicht tun. Er sucht Rat bei der Schulpsychologin.

»Die Kinder bräuchten ihr Ritual, sagte sie mir, einen festen Ablauf. Und ich sollte konsequent bleiben, wenn sie nach dem Zubettbringen wieder runter wollten oder aufdrehten. Es gab ja schon die Gute-Nacht-Geschichte für Lea und das Rückenkraulen für Nico. Insofern war das jetzt nichts Neues. Aber weil dieser Punkt nochmals eindringlich verdeutlicht wurde, konnte ich manches bewusster und gezielter einsetzen, die Tage ohne Rituale reduzieren. Doch an den Abenden, wenn die Erinnerung an Moni ihren Tribut forderte, war jeder noch so gute Ratschlag eine leere Hülse. Ich versuchte ihnen geduldig beizustehen, war aber weiterhin am Limit.«

Ein geordneter Tagesablauf ist im Hause Fischer kaum durchführbar. Das Außergewöhnliche und das Unerwartete bleiben die Regel: unverhoffte Anrufe, unangemeldete Besuche, dringende und drängende Termine, zeitraubende Behördengänge. Und immer wieder quälen ihn die Gedanken an Monika, nagen an seinem Lebenswillen, zersetzen seine Zuversicht. Er lebt in der Vergangenheit, in der Erinnerung.

»Moni! Ihr Lächeln, die gemeinsamen Rituale, ihre Liebe. Wir waren zwar sehr verschieden, aber doch auf einer Linie. Ich sehnte mich nach ihrer Warmherzigkeit, ich dachte aber auch an ihre Traurigkeit, an Streitereien. Einen solch gemeinen Abgang hatte sie nicht verdient. Ich dachte: ›Ach, wäre es doch nur ein Verkehrsunfall gewesen.‹ Ich wusste zwar, dass ich auch dann gesagt hätte, es hätte nicht schlimmer kommen können. Aber alle, die einen solchen Tod erlebt haben, wissen: Es kann noch schlimmer sein. Noch belas-

tender, noch extremer so wie bei mir. Doch ich wusste auch selbst, es hätte mir noch schlimmer ergehen können – ohne Freunde, ohne Hilfe, allein, verloren. Ich aber war nicht verloren.«

Helfende Hände. Tröstende Worte. Wärmende Umarmungen. Andreas möchte all jenen danken, die ihm spontan, ungefragt und beharrlich in diesen schweren Stunden, Tagen und Wochen zur Seite gestanden haben. Die Anteilnahme und Hilfsbereitschaft dieser Menschen beeindrucken ihn. Er will und wird das nicht vergessen.

»Wenn ich an Gitti denke, wie stark sie war und welcher Belastung sie selbst ausgesetzt war. Mit welchen schier übermenschlichen Kräften sie am Tattag für mich da war und meine Kinder in ihre Obhut nahm. Ich dachte an Frau W. vom Weißen Ring. Mit welcher Sensibilität sie mir ihre Worte geschenkt hat. Die Postkarten, die ich in dieser Zeit von ihr bekam, waren voller Trost und stärkten mich. An Silke, die mir jetzt und auch in der Folgezeit die Wege zur Bank, zu Ämtern abnahm. Besonders Manuela, die ohne zu zögern, ohne mich überhaupt zu fragen: ›Kann ich Dich unterstützen?‹, stets für mich da war und ist. Ohne sie wäre ich im Papierkram versunken. Ich denke auch an meine Mutter, mit welcher wahnsinnigen Stärke sie mich umsorgte; an meine Schwester, die ohne zu zögern mit ihrem Mann John das nächste Flugzeug nahm, aus den USA zu mir flog, nur mit dem Wunsch, mich zu unterstützen, für meine Familie da zu sein. Sie kam gar nicht auf die Frage: ›Soll ich rüberfliegen?‹ Sie ließ nur ausrichten: ›Ich komme zu Andy, unterstütze ihn, wo immer es notwendig ist.‹ Und sie kündigte ihre Hilfe nicht nur an, sie leistete sie auch. Das sind nur einige der vielen Helfer und Unterstützer, die meinen Glauben an die Menschlichkeit aufrechterhielten.«

* * * * *

Montag, 23. Oktober. Wieder so ein Tag, der Andreas vor allem an seine psychischen Grenzen führt – und darüber hinaus. Urnenbeisetzung in der Friedhofskapelle, fernab der Öffentlichkeit, in aller Stille. Die Polizei ist auch anwesend und soll einschreiten, falls die Presse doch auftauchen sollte. Das ist aber nicht der Fall.

»›Moni in diesem Gefäß‹, stellte ich leer und traurig fest. Der so schwere Gang hinter der Urne her kam mir vor wie ein schlechter Traum. Es konnte doch nicht sein, was passiert war. Moni in der Urne, der Pfarrer voraus, der kleine Tross Familienangehöriger hinterher. Ich mittendrin. Ich dachte: Ich gehöre nicht dazu. Will nicht dazugehören. Es ist alles nicht wahr. Es kann doch nicht wahr sein, was da gerade passiert!

Dann das Herablassen der Urne. Das Vaterunser: ›… wie auch wir vergeben unseren Schuldigern.‹ Ich konnte das Gebet nicht mitsprechen. Ich wollte doch in Monis Namen oder im Namen ihrer Eltern und ihrer Schwester dem Täter keine Absolution erteilen. Den assoziierte ich natürlich mit dem Wort Schuldigern. Dazu hatte ich einfach kein Recht. Er sollte erst bereuen, vor Gott bereuen. Erst beim Jüngsten Gericht konnte es hier um die Vergebung von Schuld gehen. Und dann obliegt es Gott, was geschieht. Und nur er sieht, ob die Reue ehrlich gemeint ist. Es war aber noch nicht die Zeit zu vergeben.«

* * * * *

Die Nachbarin hat Geburtstag. Andreas ist auch eingeladen. Er fühlt sich verpflichtet hinzugehen. Ihm ist aber nicht wohl dabei, er gehört da nicht hin, er gehört nicht dazu – jetzt nicht. *Eine Feier widersprach einfach meiner Stimmung.«*

Er weiß nicht, wie er sich verhalten soll, wie man sich überhaupt verhält in einer solchen Situation und Rolle. Es vergeht eine Zeit, bis er sich einfügt.

»*Mit meiner Nachbarin Silke an der Seite ging es dann besser. Ich unterhielt mich mit ihr, weil ich ihr auch vertrauen konnte. Im Gespräch konnte ich langsam meine inneren Spannungen abbauen.«*

Mittendrin ruft seine Mutter an, sie hütet zu Hause die Kinder. Sie seien nicht zu beruhigen, er müsse kommen, bald, am besten sofort.

»Ich war wieder gefordert, aber diesmal überfordert. Ich schrie hysterisch, dass ich nicht mehr könne, dass ich fertig sei. Ich wollte doch nur mal nebenan so ein wenig Abstand finden. Ich merkte auch, wie viel Leid ich meiner so starken Mutter antat. Sie war 80 Jahre alt, mein Vorbild, was Weisheit und Liebe angeht.«

Eltern-und-Kind-Nachmittag im Kindergarten. Gute Vorsätze, Vorfreude. Andreas bastelt mit Lea, es soll eine Laterne werden. Er ist der einzige Mann. Früher hätte ihn das nicht weiter gestört, jetzt schon. Er hat keine weibliche Rückendeckung mehr. Er fühlt sich auch nicht zuständig.

»Ich dachte damals: ›Hier gehörst du doch nicht hin. Das ist Monis Job. Ich bin kein Laternenbastler und habe andere Probleme, als mit Kleber und Schere so ein Ding entstehen zu lassen.‹ Ich passte mich dieser Situation natürlich an, versuchte auch durchzuhalten. Aber alles hat seine Grenzen. In Gedanken war ich bei Moni.«

Alles muss raus, Andreas leistet förmlich einen Offenbarungseid, erzählt Freunden und Nachbarn endlich von seinen Problemen, für die er kein Patentrezept hat, keine Lösung. Er habe nicht mehr die Kraft, die Rolle des Vorzeigepapas zu spielen.

»Ich wollte den Kindern unbedingt gerecht werden. Ich lachte mit ihnen, spielte mit ihnen, lenkte sie ab. Aber das war alles nur Fassade, nicht wirklich ehrlich gemeint. Ich lachte nicht natürlich. Und weil ich nicht ehrlich lachte, nicht wirklich gerne mitspielte, war ich überfordert. Denn meine Gefühle wurden von tiefer Traurigkeit überdeckt.«

* * * * *

Sein Arbeitgeber lässt wieder mal ausrichten, er müsse seine Krankmeldung vorlegen. Als Lea im Kindergarten ist, fährt Andreas ins Bezirkskrankenhaus. Der leitende Arzt will ihn untersuchen. Ein erstes Gespräch, abtastend, man macht sich bekannt. Andreas berichtet mit brüchiger Stimme vom inneren und äußeren Chaos, in dem er unterzugehen droht, von kleinen Siegen und großen Niederlagen. Er wird bis auf Weiteres krankgeschrieben. Dieses Aus-dem-Verkehr-gezogen-Werden gibt ihm Sicherheit, mildert seine Zukunftsängste.

»Damit war meine Befürchtung, demnächst wieder arbeiten zu müssen, vom Tisch. Ich hatte unheimliche Angst, meine Kinder allein lassen zu müssen. Sie brauchten mich doch, klammerten sich verzweifelt an mich. Ich konnte doch nicht einfach in meinen Arbeitsalltag zurückkehren. Wie sollte ich unter diesen Voraussetzungen wieder tätig werden?«

Das Verbrechen an Monika hat die politisch Verantwortlichen aufhorchen lassen und soll nun auch gesetzgeberische Konsequenzen nach sich ziehen. Dazu strebe die Staatsregierung eine Bundesratsinitiative an, sagt Justizministerin Beate Merk im Verfassungsausschuss des Landtags. Überdies sollen künftig bei Freiheitsstrafen ab vier Jahren zwei Gutachter, statt bisher einem, die Aussetzung der Reststrafe prüfen. Auch die Standards für Prognosegutachten sollen verbessert werden. Ebenfalls sollen demnächst drei Berufsrichter über eine vorzeitige Haftentlassung befinden und nicht, wie bisher, nur einer. Dies habe aber nur für jene Fälle zu gelten, in denen mindestens eine vierjährige Freiheitsstrafe verhängt wird.

Der Freistaat Bayern schlägt vor, das Strafgesetzbuch und die Strafprozessordnung zu ändern. Demnach sollen vorzeitige Entlassungen aus der Haft in der Vollstreckungspraxis auf wenige Fälle beschränkt werden. Auch diese Regelung sei nur auf Täter mit einer Mindeststrafe von vier Jahren anzuwenden. Zudem sollen die Regelungen für Hafturlaub und -lockerung verschärft werden. Nur zwei externe Gutachter dürften hierüber entscheiden. Nach der Haftentlassung seien Betreuungslücken zu vermeiden. Man denke dabei in erster Linie an ehrenamtliche Helfer. Das Resümee: »Sextäter sollen härter angepackt werden.«

Andreas hat derweil andere Probleme. Wichtiger Besuch ist da: der Anstaltsleiter und sein Personalchef. Andreas sucht das offene Gespräch: Er will wissen, wo er steht, wie es weitergehen kann.

»Es ging um meine Gehaltsfortzahlung, um meine Angst, nicht mehr arbeiten zu können und finanziell zu kollabieren. Ich hatte Furcht, mich zerreißen zu müssen zwischen Kindererziehung mit Haushalt und meinem Beruf. Und dabei selbst vor die Hunde zu gehen, weil für mich kein Raum mehr blieb. Ich war heilfroh, dass man mir das Gefühl vermitteln konnte, für mich da zu sein.«

Andreas spricht auch über die ersten schweren Stunden nach der Tat. Einem Menschen fühlt er sich besonders verbunden.

»Vor allem Robert verhielt sich vorbildlich, der Psychologe. Er sagte damals am Tag des Mordes: ›Du kannst machen, was du willst, ich bleibe bei dir!‹ Dieser Satz hat sich bei mir förmlich eingebrannt. An diesem Versprechen muss sich erst mal jemand messen. Ich werde ihm das nie vergessen.«

Nachmittags werden Koffer gepackt. Ein Kurzurlaub in der Türkei soll Abstand und Zerstreuung bringen, vor allem für die Kinder. Abends ist Andreas mit den Kindern bei Nachbarn, jemand hat Geburtstag. Er lehnt jetzt grundsätzlich keine Einladung mehr ab.

»Mir tat jede Ablenkung gut und darin sah ich auch ein Stück Therapie. Ich hatte nicht vor, mich zu verkriechen, wollte an der Welt teilhaben, auch wenn es manch einem vielleicht unangebracht oder unpassend vorkam. Die Kinder spielten auf dem Fest mit anderen Kindern, ich tanzte mit meiner Tochter Lea und sah mir mit ihr die Bauchtänzerin an, die so liebliche Grübchen im Gesicht hatte.«

Doch die Decke der Zuversicht ist dünn.

»Ich bekam immer dann Weinkrämpfe, wenn ich Trubel und die allgemeine Heiterkeit sah. Ich musste an Moni denken, was sie erleiden musste. An ihr Lächeln, an ihre Nähe. Ich wollte sie ganz dicht bei mir haben, direkt an meiner Seite. Da gehörte sie hin. Aber sie war tot. Ich konnte in diesen Momenten nicht anders als loszuheulen. Es gab keine Alternative. Es musste raus. Immer wieder.

Mein engerer Nachbarschafts- und Freundeskreis war sehr aufmerksam und sensibel. Sie spürten meine Stimmung, mein instabiles Gebaren. Sie schirmten mich ab, schützten mich, gingen mit mir immer wieder aus dem aufgebauten Zelt heraus und redeten mit mir: ›Dass Du jetzt so fühlst, und was Du hier durchmachst, ist uns allen klar.‹ Sie rauchten mit mir eine Zigarette, drückten mich, schenkten mir ein Lächeln, ein gutes Wort.«

Auf der Flucht

Die Familie fliegt in die Türkei. Freunde haben die Reise organisiert. Andreas ist Himmelkron zu klein geworden, zu eng, zu intim.

»Sven und Nicole buchten ganz kurzfristig. Mit viel Energie und unter Erwähnung der besonderen Umstände gelang es ihnen mit Hilfe des Reisebüros, irgendwie noch Plätze im Flieger zu bekommen. Meine Freunde waren allein auf die Idee gekommen. Sie spürten, dass uns die Reise gut tun könnte. Ich versprach mir vor allem viel von einer räumlichen Trennung. Abstand zur Katastrophe, Abstand zu den vielen Briefen, zum Behördenkram. Veränderung für uns alle. Abwechslung, Sonnenschein, andere Gesichter und Entspannung – soweit es ging. Wir flogen ab Leipzig. In schönstem Dialekt entwickelten wir nach erfolgloser Mülleimersuche den Song: ›In Leipzsch am Flüghofn gibt's keine Mülleimer, keine Mülleimer, keine Mülleimer …‹ Als wir nach dem Einchecken doch welche fanden, sang ich mit den Kids: ›In Leipzsch am Flüghofn gibt's ganz viele Mülleimer, ganz viele Mülleimer, ganz viele Mülleimer …‹«

Die Sonnenstrahlen im Süden wärmen ein wenig die geschundene Seele. Andreas ist froh, diese Entscheidung getroffen zu haben. Lea tollt durch den Miniclub, Nico findet Anschluss im Fußballcamp, Andreas joggt am Strand. Die Sorgen des Alltags verblassen, Himmelkron ist weit weg. Nach zwei Tagen verändert sich die Wetterlage: Dauerregen, Gewitter, es stürmt. Die Familie gerät unversehens auch in seelische Turbulenzen.

»*Unsere Laune war nicht die beste. Wir hatten uns so auf die Sonne gefreut. Im Gegensatz dazu gab es ein Gewitter mit schwerem Wolkenbruch. Die Untergeschosse des Hotels wurden überschwemmt. Im Fernsehen sahen wir die Bilder von den schweren Unwettern in der gesamten Südtürkei. Sogar das deutsche Fernsehen berichtete davon. Und wir waren live dabei. Ein ewiges Donnergrollen, vermischt mit Blitzen und vom prasselnden Regen begleitet. So ging es vom frühen Morgen bis in die späte Nacht. Wir waren alle depressiv. Wussten irgendwann nichts mehr mit uns anzufangen. Selbst ein Ausflug zum Shoppen wurde ein eiskaltes und nasses Vergnügen. Wir schlurften von Hotelbar zu Hotelbar, von einem Essen zum nächsten.*

Ich wurde unfair zu den Kindern. Ich hatte wenig Geduld mit ihnen, schimpfte schon wegen Kleinigkeiten, zum Beispiel, als Nico einmal zu lange in einem Hotelshop stöberte oder weil Lea sich beim Essen nur Pommes frites holte. Bagatellen halt. Ich musste wieder zu den Beruhigungstabletten greifen.

In einer Nacht, als die Kinder schon schliefen, ging ich auf den Balkon. Von Dauerregen und Donnergrollen begleitet schüttelte ich nur den Kopf. Mein Gott, warum hast du mich verlassen, ging es mir durch den Kopf. Ich rauchte eine Zigarette und wünschte mich weg. Ich wünschte mir, das Leben sei vorbei und meine Kinder und ich müssten nicht mehr leiden.«

Am fünften Urlaubstag endlich wieder Sonne.

»*Es war toll. Wir holten uns Liegen am Strand. Versuchten, uns trotz roter Flagge von den Wellen im noch warmen Wasser wegtreiben zu lassen. Wir bauten Sandburgen und sammelten Muscheln und Steine. Es war ein guter Tag.*«

Am vorletzten Ferientag soll gefeiert werden: Lea wird sechs Jahre alt. Es gibt reichlich Geschenke.

»*Nicole hatte ein liebevolles Frühstücksarrangement organisiert. Luftballons lagen auf dem festlich gedeckten Tisch. Sogar eine Ge-*

burtstagstorte stand an Leas Platz. Wir hatten auch schon Urlaubs-
freunde: Lea nannte sie liebevoll die weißen Frauen. Drei Schwes-
tern, um die dreißig Jahre alt, zwei davon ein Zwillingspaar, alle
mit hellblonden, fast weißen Haaren. Sie wussten nichts von unse-
rem Los. Aber sie wussten, dass Lea heute Geburtstag hatte. Sie
schenkten Lea ein Badetuch und ein T-Shirt. Sie scherzten mit ihr
und waren superfreundlich. Von anderen Urlaubern, die zufällig
auch aus unserem Ort im selben Hotel landeten, bekam sie eine rosa
Kappe, die hatte sie sich so gewünscht. Wir feierten und alle ver-
suchten, es meiner Tochter schön zu machen.«

Doch Lea holt die dunkle Vergangenheit bald ein, auch fern
der Heimat. »Ohne Mama ist es nicht so schön«, sagt sie leise.
Andreas nimmt sie liebevoll zur Seite.

»Ich sagte ihr: ›Es gibt auch Kinder, die beide Elternteile verlo-
ren haben, also Mama und Papa. Die wohnen dann in einem
Heim. Da kümmern sich die Erzieherinnen um sie. Wie in einem
Kindergarten, nur dass die Kinder nie heimgehen, sondern dort
schlafen.‹ Lea meinte irgendwann später: ›Dann geht es uns am
zweitschlechtesten.‹ Ich fragte: ›Warum?‹ Sie erklärte es mir so: ›Am
allerschlechtesten geht es den Kindern, die Mama und Papa verlo-
ren haben. Am zweitschlechtesten geht es denen, die die Mama ver-
loren haben. Und am drittschlechtesten geht es denen, die den Papa
verloren haben. Weil der ja nicht so wichtig ist wie die Mama.‹«

Mit gemischten Gefühlen wird die Heimreise angetreten.
Das miese Wetter drückt wieder auf die Stimmung.

»Es war der erste Flug, bei dem ich nicht dafür betete, dass wir
unversehrt ankommen. Das Wetter war zwar nicht gut für unsere
Laune, aber der räumliche Abstand war wichtig gewesen. Wir
landeten wegen einer Flugzieländerung in Nürnberg und sangen bei
der Ankunft: ›In Leipzsch am Flüghofn gibt's keine Landebohn,
keine Landebohn, keine Landebohn …‹«

Als Andreas die Haustür aufschließt, ist es mit der Leichtig-
keit des Urlaubsdaseins endgültig vorbei. Der Kampf geht weiter. Wie lange noch?

Sonnenblume, jäh geknickt

Andreas beginnt damit, Erlebnisse, Empfindungen und Gedanken zu dokumentieren. Er schreibt auf, was ihn bewegt, was ihn antreibt und umtreibt: Ein Tagebuch entsteht.

»Ich hatte das Gefühl, wenn ich jetzt nichts aufschreibe, geht etwas verloren. Ich dachte, wenn ich diese Chance jetzt nicht ergreife, bereue ich später, nichts festgehalten zu haben. Ich musste es einfach tun, wollte es tun und hatte doch keine Vorstellung, was es bringen sollte. Aber für mich war die Geschichte ihres Sterbens, war Monis und meine Geschichte, einzigartig. Ich glaube fast, eine innere Stimme riet mir damals dazu. Vieles wäre wahrscheinlich leichter gewesen, wenn ich es nicht getan hätte. Doch irgendetwas in meinem Inneren trieb mich dazu.«

Es ist Anfang November. Andreas besucht mit seinen Kindern Monikas Vater. Bei jedem dieser Treffen muss auch seelische Schwerstarbeit geleistet werden, die belastet und gelegentlich auch überfordert.

»Peter, Monikas Vater, erzählte viel, jeder Satz ging mir ins Herz. Ihm ging der Tod auch sehr nahe, denn auch ich erzählte viel davon, zu viel. Es ging dabei um unser Seelenleben. Wie Peter mit dem Mord an Moni zurechtkam, welche Gedanken er hatte und wie ich diese Tragödie zu bewältigen versuchte, waren die Themen. Wir litten beide furchtbar.«

* * * * *

Dr. Michael W., Chefarzt für Forensische Psychiatrie am Klinikum Erlangen, versucht in einem Interview, abgedruckt in der *Frankenpost,* zu erläutern, ob Jochen S. den Gutachter gezielt getäuscht haben könnte: »Ich habe zwei Hypothesen. Entweder S. war davon überzeugt, die Therapien seien bei ihm erfolgreich gewesen, und er hat geglaubt, er habe alles unter Kontrolle. Dann überzeugt er auch den Gutachter. Trotzdem kann er in eine Situation kommen, die ihn völlig überfordert und eine Tat auslöst. Oder, zweite Hypothese: S. machte alle Therapien nur zum Schein mit, lernte ganz gezielt, zu täuschen – und zwar nicht nur den Gutachter, sondern alle in seinem Umfeld: Aufseher, Betreuer, Mitgefangene. Wir wissen, dass es vereinzelt solche Menschen gibt, die durch Therapien nicht erreichbar sind und durch einen fast völligen Mangel an gefühlsmäßigen Bindungen auffallen. In amerikanischen Krimis ist die Bezeichnung dafür oft: Psychopath.«

* * * * *

Der 7. November steht unmittelbar bevor. Monika ist dann genau vor einem Monat ermordet worden. Frühmorgens schreibt Andreas eine Anzeige für die Tageszeitung. Er will an das Schicksal seiner Frau erinnern – und vor allem Dank sagen:

»Ich möchte die vielen Menschen ansprechen, die durch die Tragödie in meiner Familie berührt wurden. Die mich getröstet haben mit Worten und Taten, mit Telefonaten und Briefen. Auch jenen, die aus Angst, etwas Falsches zu sagen, stumm bleiben. Ich kann nachvollziehen, wie schwer es ist, auf mich zuzugehen. Die vielen Karten werde ich nicht beantworten können, ich bitte um Euer aller Verständnis.

Ich weiß, dass die Tränen nicht nur bei uns fließen, und es tröstet mich ein wenig, nicht der einzige Betroffene zu sein. Wir trauern zusammen.

Für Monika war es wichtig, dass die Menschen nett und freundlich zueinander sind. Sie war sehr liebevoll, nicht nur zur Familie. Sie hatte auch Energie für andere, Zeit für andere, Freude am Helfen. So war ihr Leben, so waren ihre Einstellung und ihr Handeln. In ihrem Namen könnte die Botschaft lauten: Schaut aufeinander, geht aufeinander zu.

Der Ehemann.«

Als Andreas seine Tochter in den Kindergarten bringt, läuft ihm die Mutter von Leas Freundin über den Weg. Wieder so eine

Begegnung, die offenkundig werden lässt, dass die seelischen Wunden nicht heilen wollen.

»Als ich den Kindergarten verließ, sprach mich die Frau an und fragte, wie es denn gehe. Wahrscheinlich hatte sie schon gesehen, dass ich glasige Augen hatte, als ich mich von Lea trennte und sie wieder so unerbittlich klammerte. Ich sagte: ›Es geht mir beschissen.‹ Sie nahm mich in den Arm, drückte mich und erzählte von der Zeit, als ihr Vater gestorben war. Sie sagte auch einen Satz, den ich später in meine Danksagung einfügte, weil er meine Situation so treffend beschrieb: ›Und dann war nichts mehr so, wie es einmal war.‹«

Anschließend fährt Andreas zum Friedhof. Er will bei Monika sein. Er will sich ihr stellen. Er will mit ihr sprechen.

»Der Kindergarten liegt vom Friedhof nur 300 Meter entfernt. So aufgewühlt wie ich war, war es der einzige Ort, der für mich jetzt infrage kam. Ich wollte heulen, wollte meinen Schmerz anbringen und ließ den Tränen freien Lauf. Ich betete zu Gott, dass er sie behüte und aufnehme. Ich sagte zu Moni: ›Es tut mir so leid, es tut mir so weh.‹ Das Altargesteck wirkte noch immer so frisch, viele Blumenkränze, Blumenherzen und Sträuße lagen geradezu unordentlich auf dem Urnengrab. Ich ließ schließlich los und fuhr nach Hause.«

Eine Zeit lang später wagt Andreas einen Schritt, vor dem er bisher immer zurückgeschreckt ist. Er fährt zu einem Ort, der nicht nur für ihn eine besondere Bedeutung hat, der ihn anzieht und gleichzeitig abstößt. Es ist die Stelle, an der Monika getötet worden ist.

»Dabei war mein Kopf ganz leer. Ich wollte nicht darüber nachdenken, was ich dort machen würde, um nicht den Mut zu verlieren. Ich wollte nur unbedingt dahin und spürte und fühlte, dass ich diesen Schritt gehen musste. Vielleicht war das eher unbewusst oder so etwas wie eine innere Stimme, die mir sagte: ›Tu es, du brauchst das, um es zu verarbeiten. Dieser Schritt ist wichtig.‹

Diesen großen Parkplatz kannte ich von früher. Ich suchte nach der Stelle, fragte eine Gruppe Frauen, ob sie den Platz kennen würden. Sie hatten natürlich keine Ahnung, wer ich bin. Ein Finger-

zeig genügte. An der Stelle standen noch verwelkte Blümchen und eine Kerze. Dieser Ort kam mir so abgeschieden und gleichzeitig so gemein vor. Da war kein Haus, kein Leben, kein Mensch, der zur Stunde des Mordes auch nur annähernd in Rufweite hätte sein können. Moni musste sich vollkommen hilflos vorgekommen sein. Die letzte Stunde in ihrem Leben war so dunkel. Ich lehnte mich an ein kleines Häuschen und heulte wie ein Schlosshund.«

Später ist er mit Brigitte W. vom Weißen Ring verabredet. Sie hat ihn zum Kaffeetrinken eingeladen und hauptsächlich zum Reden.

»Es ging eigentlich um nichts Wichtiges. Ich hatte mit ihr diesen Termin ausgemacht, weil ich mich am Morgen noch so elend gefühlt hatte und einfach jemand brauchte, der mir zuhörte. Ich erzählte von Lea und Nico, von meinem Urlaub, von meiner schlechten Stimmung. Ganz ehrlich: Sie ist eine klasse Frau, deren Leben darauf ausgerichtet ist, für andere da zu sein. Ein sicherer Kandidat für den Himmel.«

Andreas nimmt sich vor, seinem Tagebuch nicht alles anzuvertrauen.

»Es gab da ein paar Punkte, die andere Menschen verletzen könnten. Allerdings wollte ich wirklich wichtige Dinge trotz dieser Einschränkung aufschreiben. Die Aspekte, die ich auslassen wollte, waren nicht von so großer Bedeutung. Es waren eher Ärgernisse, die nur mich persönlich massiv belasteten. Kommentare, die ich als Kränkungen empfand, die mich verletzten. Vieles war bestimmt nicht aus Boshaftigkeit passiert, aber ich war so angeschlagen und wahrscheinlich zu empfindlich gewesen, um die Dinge richtig einzuordnen.«

* * * * *

Der Anwalt von Andreas kommt zu Besuch. Der Weiße Ring hat ihn empfohlen, weil er bereits Familienangehörige von Mordopfern vertreten hatte.

»Ein bärtiger und bäriger Typ. Zunächst erzählte er von sich. Es ging ihm jetzt nicht im Geringsten darum, rasch auf die Sache selbst zu kommen oder tief einzusteigen. Er sagte auch ganz klar, ich müsse ihn erst kennenlernen. Nur das sei wichtig, damit ich dann später auch entscheiden könne, ob er der richtige Mann für mich sei. Er ging behutsam an die Sache ran, überrollte mich nicht. Er drückte sich klar und deutlich aus, das bestärkte mein Gefühl, es mit einem echten Fachmann zu tun zu haben. Ohne gefragt worden zu sein, schnitt ich dann doch das Thema an. Ich sagte ihm, was ich wollte: nicht im Gericht erscheinen müssen, keine direkte Konfrontation mit dem mutmaßlichen Täter, keine persönliche Zeugenaussage. Für die Verhandlung brauchte ich insbesondere eine schützende Hand für meine Kinder, denn ich kannte die Grenzen meiner Belastbarkeit. Ich bekam im Laufe der Unterredung das Gefühl, dass er mich verstanden hatte. Ich dürfe meine Meinung auch jederzeit ändern, sagte er. Das Gespräch beruhigte und bestärkte mich in meiner Einschätzung, an den Richtigen geraten zu sein.«

Andreas' Tagesablauf sieht so aus: frühmorgens aufstehen, Kinder versorgen, Lea in den Kindergarten bringen, Essen kochen, putzen, waschen, nachmittags mit den Kindern lernen, sie anschließend zu Freunden fahren, Abendessen vorbereiten, Kinder wieder abholen, abwaschen, Kinder zu Bett bringen. Jeden Werktag geht das so. Andreas will dieser Herausforderung unbedingt gerecht werden, will an Monikas Stelle treten.

»Ich war aber einfach nicht gut genug, konnte Moni nicht annähernd ersetzen, mir fehlte die Geduld, die Konzentration. Ich ertappte mich immer wieder dabei, den Kindern nicht richtig zuzuhören, abwesend zu sein. Mein Lachen war aufgesetzt und gespielt. Ich fühlte mich furchtbar allein, verlassen, überfordert. Es waren auch weiterhin die Nächte, die mir alles abverlangten. Die Erinnerungen an ihre Mutter fanden für meine Kinder tagsüber nur wenig Raum. Ihr Schmerz suchte sich genau zu den Abendstunden ein Ventil. Dabei verrichtete ich – ich kann es nicht anders ausdrücken – psychologische Schwerstarbeit. Oft war es so, dass ich

erst gegen 23 Uhr allein für mich war. Später ging ich ins Wohn-
zimmer und fühlte unendliche Leere. Das tiefe Loch, das Moni
hinterlassen hatte. Die unheimliche Stille. Ich konnte mich nicht
daran gewöhnen. Zu dieser Stunde gab es dann neben dem Alko-
hol höchstens noch das Telefon. Ich rief Freunde und Bekannte an,
suchte das Gespräch mit ihnen, um nicht an dieser Stille und Ein-
samkeit zugrunde zu gehen.«

Inspiration und Trost verspricht er sich von der Musik. Andreas spielt Gitarre, hat früher Lieder geschrieben, sogar eine
Amateur-CD gemacht. Er zupft am nächsten Morgen gedan-
kenverloren am Instrument herum. Lea sitzt am Küchentisch.

»›Sonnenblume, jäh geknickt.‹ Es waren nur diese drei Wörter,
ich klimperte herum und fügte das Lied aus den Tönen C, und A-
Moll, F und G zu der Melodie zusammen, die ich im Kopf hatte.
›Papa, du weinst ja.‹ Lea war aufgefallen, dass mir die Tränen ka-
men. Als ich später alleine im Haus war, sang ich laut und mit im-
provisiertem Text. Ich weinte nicht, sondern brüllte mein Leid laut
durchs Haus.«

* * * * *

Vor Andreas liegt noch ein langer und beschwerlicher Weg, den
er möglichst schnell hinter sich bringen möchte. Es gelingen
ihm jedoch meistens nur kleine Trippelschritte und manchmal
kommt er gar nicht voran. Einen großen Schritt vollführt Andreas, als er beschließt, sich von allen persönlichen Dingen zu
trennen, die einmal Monika gehört haben.

»Ich habe die Sachen Monis Schwester Gitti gegeben. Es waren
ihr Schmuck, Parfüm, ihre Cremes oder Pflegemittel. Die Sachen
störten mich einfach. Ich musste eine neue Ordnung finden, die ich
verstehen konnte. Ein System, mit dem ich klar kam. Ich brauchte
Übersicht.

Es war ein wichtiger Schritt für mich. Ich nahm dadurch auch
ein Stück weit Abschied von Moni. Es war eine bewusste Trennung

von ihr. Ich wollte diese Situation jetzt akzeptieren, als wenn ich sagen würde: ›Ja, ich habe es kapiert, sie kommt nicht mehr wieder.‹

Einige Zeit später war es die Kleidung, die ich abgeben wollte. Monis Mutter wollte sie noch mal anfassen. Das war ihre Art, Abschied zu nehmen.«

Den seelischen Schmerz, der ihn regelmäßig und in meistens kurzen Abständen heimsucht, jedenfalls dann, wenn er Zeit zum Nachdenken bekommt, versucht Andreas, mit Alkohol zu betäuben. Er trinkt nicht unmäßig, dafür aber regelmäßig.

»Es waren etwa eine Flasche Rotwein und zwei Schnäpse am Abend. Manchmal auch Bier und Sekt. Die Dosis war täglich etwa gleich. Ich brauchte das, vermied es aber, darüber hinaus zu gehen. Ich musste ja ab 6 Uhr morgens für meine Kinder da sein.«

Erst 34 Tage nach dem Mord an Monika gelingt es Andreas erstmals, auf Alkohol zu verzichten und ganz nüchtern zu bleiben.

»Ich ging mit den Kindern schon gegen 19.15 Uhr ins Bett. Ich zog das Telefonkabel heraus, ich war so übermüdet. Lea war wie immer aufgedreht. Ich raunte sie genervt an und sie ging beleidigt in ihr Bett. Ich schämte mich für meine Barschheit, aber meine Belastungsgrenze war zu diesem Zeitpunkt überschritten.«

Mit Lea hat Andreas manchmal Probleme. Das unvermeidliche Trennungsdrama im Kindergarten ist eines davon. Lea hängt an ihrem Vater. Sie will ihn nicht gehen lassen.

»Ich ging mit ihr in den Vorraum des Kindergartens, half ihr beim Ausziehen der Jacke, wir zogen auch ihre Straßenschuhe aus und ihre Hausschuhe an. Dann kam eine Kindergärtnerin zu uns, nahm Lea liebevoll an die Hand. Ich sagte: ›Tschüss, mein Liebes. Bis heute Mittag.‹ Dann küsste ich sie auf die Wangen und drückte sie fest an mich. Ich wusste, was jetzt kommen würde. Ich fürchtete mich täglich davor. Ihr Lächeln wurde missmutiger. Sie hielt mich fest, begann zu weinen und sagte: ›Ich will bei dir bleiben.‹«

Haben Sie schon einmal Ihrem Kind etwas abschlagen müssen? Wissen Sie, wie es ist, wenn Ihr Kind nicht aufhören will zu weinen? Wissen Sie, wie es sich anfühlt, wenn man seinem eigenen Kind wehtun muss? Haben Sie all dies schon einmal einem Kind antun müssen, das gerade seine Mutter verloren hat? Andreas muss das. Jeden Tag. Er hat keine Wahl.

»Ich antwortete: ›Ach komm, mittags bin ich schon wieder da.‹ Sanft bemühte ich mich, ihre Hände zu lösen. Dann fester. Sie fing stärker an zu weinen, zu schreien: ›Papa, nein, bleib bei mir!‹ Ich schaffte es schließlich, meine Hände loszubekommen, und die Kindergärtnerin hielt sie fest und nahm sie auf den Arm. Jetzt musste ich gehen, sie zappelte, weinte bitterlich und schrie hinter mir her: ›Papi!‹ Mir blutete das Herz.«

* * * * *

Andi und Alexander, die beiden Polizisten, kommen zu Besuch. Man sitzt am Küchentisch und trinkt Kaffee. Andreas möchte von den Ordnungshütern wissen, ob es Neuigkeiten gebe. Obwohl er nicht direkt danach fragt, ob der Mord an Monika geplant gewesen sei, ob Jochen S. es auf sie abgesehen habe, will er die Frage so verstanden wissen. Nein, sind sich Andi und Alexander einig, alles spreche dafür, dass sich Opfer und Täter zufällig begegnet seien. Andreas atmet tief durch. Dann wird er natürlich noch gefragt, wie es ihm gehe, wie er zurechtkomme.

»Ich erzählte von meinen letzten Tagen, wie ich sie mit meinen Kindern erlebt hatte. Dann kam ich auf Moni zu sprechen und sagte, dass ich sie doch noch mal hätte sehen sollen, um von ihr Abschied zu nehmen. Aber der Pfarrer und der Bestattungsunternehmer hatten mir dringend davon abgeraten, weil sie die Erfahrung gemacht hätten, dass sich dieses Bild zu sehr in die Seele einbrennen würde, zumal wenn es kein schöner Anblick wäre. Mein Freund Andi erzählte mir daraufhin, dass er sie am Tag nach der Tat im Klinikum habe identifizieren müssen. Das überraschte mich, denn er hatte mir ursprünglich gesagt, sie sei schon am Fundort identifiziert worden. Er hatte mir also nicht die Wahrheit gesagt, um mich zu schonen.«

* * * * *

Andreas bekommt überraschend Post. Geschrieben hat Doris H., die ihre Tochter Julia verloren hat. Auch durch ein Gewaltverbrechen.

»Vor mir lag eine aufwändige frühlingsgrüne Karte mit aufgeklebten Glitzersternen in Gold und Silber. Eine Kerze von einem Engel umarmt zierte die Seite. ›Ein Engel ist jemand, den Gott dir ins Leben schickt. Unerwartet und unverdient. Damit er dir, wenn es ganz dunkel ist, ein paar Sterne anzündet‹, hieß es in dem Text. Ich klappte die Karte auf. Da stand geschrieben: ›Oft schon wollte ich Ihnen schreiben, denn meine Gedanken sind bei Ihnen und Ihren Kindern. Leider finde auch ich keine passenden Worte. Deshalb sende ich diese Karte und hoffe, dass Sie viele liebe Menschen haben, die für Sie da sind. Viel ausdauernde Kraft wünscht Ihnen Doris mit Daniel an der Hand und Julia im Herzen.‹ Diese Karte hat mich besonders berührt und bis ins Mark getroffen. Eine Frau, die in dieser Situation an mich dachte, der ich nicht egal war, obwohl sie mich gar nicht kannte. Aber ich war verbunden mit ihr durch unser Leid.«

* * * * *

St. Martins-Umzug mit Lea. Andreas hat dafür jetzt keinen Sinn, er kann sich nicht wirklich mit seiner Tochter freuen. Gerade zu solchen Gelegenheiten spürt er das klaffende Loch, das das Verbrechen in sein Leben gerissen hat.

»Meine Mutter war auch dabei. Schon am Treffpunkt mit den Kindern spürte ich, wie sehr Moni fehlte. Alles erschien mir viel kälter. Ich vermisste Monis Lachen, wie sie sich zu den Kindern hinunter beugte, mit ihnen liebevoll sprach. Ich war verzweifelt.

Wir wanderten mit den Kindern ins Hasenzüchterheim. Dort gab es Würstchen und Glühwein. Die Kinder sangen, ich stand da, als ob ich nicht dazugehören würde.«

* * * * *

Weil Monikas Auto von der Polizei sichergestellt wurde, soll es erst nach der Hauptverhandlung freigegeben werden. Doch Andreas will es nie mehr sehen. Lea fragt nach.

»›Wo ist Mamis Auto?‹ Ich antwortete, ich habe es verkauft. Ihr Einwand war sofort, es sei doch so schön gewesen. Ich sagte ihr, Moni sei doch in diesem Wagen gestorben und deshalb wolle ich ihn nicht mehr sehen. ›Das schöne Auto‹, sagte sie und weinte um ihre Mutter.

Ich befand mich mal wieder an der äußersten Kante meiner Belastungsgrenze. Wenn Lea weinte, bekam ich immer diese Panik. Ich stand vollkommen hilflos da und hoffte einfach nur, dass sich die Situation irgendwie entschärfen würde. Allein der Satz: ›Ich darf nicht mehr an Mami denken‹, machte mir klar, wie sehr es Lea schmerzte zu wissen, dass ihre Mutter nicht mehr wiederkommen werde. Ich hatte entsetzliches Mitleid.«

Nachts, wenn die Kinder schlafen, kommt Andreas selten zur Ruhe. Sich mit den unmittelbaren Folgen der Tat vertraut zu machen und sie auszuhalten, ist eine Sache. Dieses Verbrechen hat aber auch noch eine andere Dimension: die politische. Andreas will erreichen, dass Monika nicht umsonst gestorben ist. Es sollen Lehren gezogen werden.

»Ich überlegte: Wie konnte ich meine Meinung über Sexualtherapie und das Vorgehen der Justiz in Deutschland deutlich machen? Ich wollte gehört, nicht (nur) als Opfer gesehen werden. Ich wollte zu Veränderungen ermutigen, mein Wissen über Therapieformen weitergeben. Schließlich hatte ich fünf Jahre in der Sozialtherapie für Sexualstraftäter gearbeitet. Es durfte nicht nur allein auf Resozialisierung hinauslaufen. Der Schutz der Opfer sollte einen höheren Stellenwert bekommen. Alle Fälle, die ich bis dahin kannte, hatte ich nicht persönlich erlebt. Jetzt aber war ich mitten drin. Ich meinte, das einmalige schwere Los zu haben, beide Seiten so gut zu kennen, so wie kein anderer Mensch. Wenn ich doch nur stark genug wäre, endlich zu reden! Aber ich musste kühlen Kopf bewahren.«

Viele Menschen schreiben Andreas und versuchen, ihm Mut zu machen. Ein Brief berührt ihn besonders:

»Hallo Nico, Hallo Lea,

leider habe ich Euch noch nie kennengelernt. Mein Name ist Dorothea Fuchs*, ich bin 35 Jahre alt und wohne direkt am Rhein. Ich habe zwei Buben von zehn und zwölf Jahren.

Eure Mama hat mich einmal mit einer Freundin besucht, da war mein jetzt großer Sohn erst ein paar Monate alt und ihr beide ward noch gar nicht auf der Welt. Diese Freundin, Moni und ich haben zusammen im Klinikum gearbeitet, wo es immer froh und lustig zuging. Ich schreibe Euch, weil ich auch traurig bin, wie Ihr beide, aber seit einer Woche geht es mir langsam etwas besser.

Das Sterben hat Eure Mami nicht ganz weit weggebracht; sie ist hier, sie ist nur nicht zu sehen. Ihr könnt ihr etwas sagen, in Gedanken mit ihr sprechen, von ihr träumen, einfach an sie denken, sie auf einem Bild anschauen – sie merkt das alles. Alles kommt bei ihr an, ganz gewiss! Ihre Seele ist bei allen, die an sie denken und mit ihr sprechen. Nur der liebe Gott weiß genau, wie das funktioniert, das ist nämlich ein großes Geheimnis, müsst Ihr wissen. Mami darf nun bei ihm sein und es geht ihr gut, trotzdem ist sie auch bei Euch, denn Gott ist ja auch immer bei uns, obwohl wir ihn nicht sehen. Die Mami freut sich mit Euch, wenn Ihr Spaß habt, den Papa mal ein bisschen ärgert – oder auch wenn Weihnachten ist. Sie möchte, dass es Euch gut geht, dass Ihr groß werdet. Mama muss nicht beunruhigt sein und traurig, wenn sie sieht, dass Ihr fröhlich weiterlebt, genauso wie sie es selbst ist. Ihr müsst ihr zeigen, dass Ihr spürt, dass sie bei Euch ist, dann geht es Mama gut!

Euer Papa ist ein ganz lieber Kerl, der toll Gitarre spielen kann. Er kann jetzt gut auf Euch aufpassen und Ihr braucht keine Angst haben.

Lieber Andi,

ich drücke Dich von Herzen. Du wirst der beste Papa sein, den man sich vorstellen kann. Ich weiß, Du schaffst es zusammen mit den Kindern, auch wieder fröhlich zu sein. Du weißt am besten, dass Moni Euch so sehen möchte; sie vertraut Dir. Denk an ihre Fröhlichkeit und Liebe, wie sie anderen immer begegnet ist.«

»Dieser Brief erfasste mich mit seinen schönen Worten und berührte mich in meinem tiefsten Inneren. Es war ein Segen, dass er nicht mit dem Berg der Trauerpost in den Anfangstagen ankam. Zu dieser Zeit hätte er sicherlich seine Wirkung verfehlt, weil er untergegangen wäre in all der anderen Post. Das Besondere an diesem Brief war auch, dass Dorothea meine Kinder so liebevoll miteinbezog, ihnen war der Großteil der Zeilen gewidmet. Ich las den Brief meinen Kindern erst vor, als ich es nach vier Versuchen schaffte, beim Durchlesen selbst nicht mehr zu weinen. Doch beim lauten Vorlesen kamen mir abermals die Tränen.«

Nussschale im Ozean der Gefühle

Tieftraurig und mit herabhängenden Flügeln sitzt der Engel unter dem magischen Zahlenquadrat. Er stützt grübelnd den Kopf in die Hand. Über ihm, an der Wand, verrinnt der Sand im Stundenglas – Sinnbild der Vergänglichkeit, die den Geist betäubt und den Lebensmut schwinden lässt. So hat Albrecht Dürer einmal auf einem Kupferstich den Seelenzustand der Melancholie dargestellt. Andreas kennt diese Traurigkeit der Seele mittlerweile sehr genau. Es ist nicht nur eine schlechte Stimmung, sondern eine handfeste Depression, die ihn quält, eine bösartige Traurigkeit – ein Gefühl der inneren Leere, der Verlust von Energie, Interesse und Lebensfreude. Wenn die Melancholie ihn überkommt, sitzt er da mit versteinerten Gesichtszügen, hat Blei in

Armen und Beinen und im Kopf eine Kugel aus Eisen, die unablässig wie in einer Schale kreist. Er starrt ins Nichts. Er ist dieser Verzweiflung jenseits der Verzweiflung ausgeliefert, die Schwermut legt sich nämlich wie ein Schleier über seine Seele. Sein Lebensmut droht zu erstarren wie Pflanzen unter Eis im Winter.

»*Sobald die Kinder weg waren, schritt ich durch unseren Garten und rauchte. Manchmal setzte ich mich auf die Bank hinter unserem Haus. Ich starrte mal auf den Boden, mal auf die Pflanzen. Ich war abwesend. Es fühlte sich an wie eine Art Kapitulation vor dem Leben. Ich war aber nicht total in einer Sphäre des Nichts gefangen, erkannte mich schon auch noch selbst und stellte dann aber auch erschrocken fest: ›Mein Gott, der Mann ist doch ein Fall für die Psychiatrie. In einer wirren Welt gefangen, so muss es denen ergehen, die in einer Nervenheilanstalt genau wie ich im Trainingsanzug ihre Runden absolvieren. Geisterhaft, schemenhaft.‹ Doch dieser Kerl hier in Jogginghose war ich. Ich dachte mir, solange ich mich noch wiedererkenne und von diesem Zustand auf Arbeitsbetrieb umschalten kann, ist noch nichts verloren. Und zum Glück gelang es mir auch immer wieder. Eine große Hilfe waren dabei die Kinder. Ich wusste, dass ich nicht aufgeben durfte; ihnen gegenüber hatte ich große Verantwortung und musste sie wahrnehmen. Der Wunsch, mich einfach fallen zu lassen, war schon da, aber der Preis dafür war zu hoch.*«

* * * * *

Am Sonntag, dem 12. November, einem regenreichen und trüben Tag, wird Leas Geburtstag mit der Verwandtschaft nachgefeiert. Sie bekommt ein großes Spielhaus. Andreas ist gedanklich schon einen Tag weiter. Er hat einen Termin beim Psychiater. Er braucht dringend Medikamente. Tabletten, die ihn endlich stabilisieren. Die permanenten Stimmungsschwankungen drohen ihn zu zerreißen. Er will dieser auswuchernden Emotion, die sich zu Traurigkeit verhält wie Krebs zum normalen Zellwachstum, entkommen.

»Zeitweilig hatte ich das Gefühl, alles im Griff zu haben. Ich glaubte wieder an mich, fühlte mich stark und dieser Situation gewachsen, dem Leben nach dem Mord. Ich äußerte diese Meinung auch, tat sie stolz und mutig in Gesprächen kund. Doch schon wenige Minuten später fühlte ich mich plötzlich hilflos und unfähig, überfordert und war deprimiert. Ich dachte: › Wie soll ich das schaffen? Wie soll ich die Kinder großziehen? Ich packe das nicht. Ich gehe kaputt.‹ Dann dachte ich immer an Moni und war verzweifelt, die Uhr nicht zurückdrehen zu können.«

Andreas vertraut dem Mann, der ihm den Weg aus der Seelenfinsternis weisen soll. Es wird über den Umgang mit den Kindern gesprochen, über seine Zukunftsängste, über seine Trinkgewohnheiten. Er bekommt Tipps, wie er sein überschießendes Temperament besser austarieren kann. Andreas soll stabiler gemacht werden, wehrhafter. Das Gespräch gibt ihm Auftrieb. Er hat ein Ziel vor Augen. Dafür will er kämpfen. Er will sich nicht unterkriegen lassen. Und er sperrt sich gegen eine Dauermedikation. Die will er nicht. Nur Medikamente für den Notfall, wenn es nicht mehr geht, wenn nichts mehr geht.

»Auch wenn der Arzt mir klar zur Dauermedikation riet, meinte ich, ich müsse es selber schaffen. Irgendwie war ich wohl auch zu stolz. Wollte mir beweisen, dass ich es auch so bewerkstelligen konnte. Und ich hatte ja auch den festen Willen, mich am Riemen zu reißen und mit ganzer Kraft dagegenzuhalten.«

Andreas' Kernproblem bleiben die emotionalen Täler. Wie eine Nussschale im reißenden Gebirgsbach oder wie auf dem weiten Ozean wird er hin und her geschaukelt, mal ist er oben, mal unten. Die Melancholie unterjocht sein Bewusstsein, sie tilgt viele Erinnerungen an glückliche Zeiten. Er ist seiner aus der Balance geratenen Seele ausgeliefert, die ihm vorgaukelt, sein Leiden werde nie ein Ende haben. Er kämpft auf verlorenem Posten gegen eine schleichende Antriebschwäche, jede Verrichtung des Alltags fällt ihm schwer, kostet Kraft, die ihm anderswo fehlt.

»*Es war dieser unberechenbare Wechsel von Hoffnung und guter Laune und abgrundtiefer Hoffnungslosigkeit und Depression. Am besten verstehen das wohl manisch-depressive Menschen und genau kann man das eigentlich gar nicht erklären. Es war nicht unbedingt eine Situation, die das auslöste. Alles kam und ging, ohne dass ein bestimmter Rhythmus zu erkennen war.*«

Schon am Abend ergibt sich die erste Bewährungsprobe, als zufällig im ARD-Magazin »Fakt« in einem Beitrag zu Fehlern bei forensischen Gutachten Monikas Leiche gezeigt wird: auf einer Bahre, mit einem Tuch abgedeckt. Das geht Andreas nahe. Doch er hält es aus.

»*Mein Traum war: Moni und ich verlieren Lea. Sie ist in ein Auto eingestiegen. Wir suchen verzweifelt. Dann überlege ich, wer denn eigentlich fehlt: Moni oder meine Tochter?*«

Tagsüber quält ihn ein ganz anderer Gedanke.

»*Ich dachte daran, dass der mutmaßliche Täter Moni vielleicht umgebracht hat, nachdem er gemerkt hatte, dass ich ihr Mann war, sein Betreuer in der JVA. Mein Name könnte möglicherweise auf den Kontokarten und auf anderen Papieren zu lesen gewesen sein. Ein Bild von mir steckte eventuell in ihrem Portemonnaie. Das belastete mich sehr. Vor allem, weil ich es eben nicht genau wusste.*«

Die Weinkrämpfe werden seltener. Nur hin und wieder lässt er sich von einer Tablette helfen. Andreas schläft mehr und besser. Allerdings sitzt er noch lange nicht fest im Sattel. Schon das Telefonat mit einem Reporter der Lokalzeitung bringt ihn aus der Fassung.

»*Zuerst bedankte ich mich für die faire Berichterstattung. Denn der Reporter hinterfragte selbst, ob er meiner Familie auch gerecht geworden sei. Es ging mir bei dem Gespräch auch darum, dass zum Prozess keine Details der Tat in der Zeitung stehen sollten und dass ein Hinweis für Eltern erscheinen sollte, kompetent und gewissenhaft mit solchen Meldungen umzugehen. Meinen Kindern sollte jedenfalls nichts zugetragen werden. Ich erzählte dem Mann von meiner Angst, dass Lea und Nico über die Berichterstattung wieder zu Opfern gemacht werden könnten. Der Mann wollte sich aber auf*

nichts einlassen, wollte mir nichts zusagen. Nach dem Gespräch
verstand ich dann wohl, dass die Presse Grausamkeiten bringen
muss. Aber wer versteht die, denen sie wehtun?«

Andreas ist wütend, fühlt sich machtlos, ausgeliefert, fremd-
bestimmt. Wie soll er seine Kinder wirksam schützen? Wieder
droht ein Drama.

* * * * *

Das scheint jedoch nicht auszubrechen, denn Mitte November
bessert sich Andreas' seelische Befindlichkeit erheblich.

»Es waren so ähnliche Emotionen wie Frühlingsgefühle. Meine
Laune hob sich plötzlich. Ich empfand mein Leben schon fast wie-
der als lebenswert. Ich hatte sie wieder, eine dieser Stimmungs-
schwankungen, diesmal aber zur positiven Seite hin.

Dazu kam ein toller Anruf von einem Kollegen aus einer ande-
ren Anstalt. Wir waren zusammen auf Lehrgängen gewesen und
hatten damals viel Spaß gehabt. Er erkundigte sich nach meinem
Befinden und hatte irgendwie die richtigen Worte für mich. Es war
kein langes Gespräch, aber es tat gut. Ich hatte auf einmal wieder
mehr Energie für Lea und Nico. Außerdem fühlte ich mich so gut
wie lange nicht mehr – auch wenn Weinattacken nach wie vor vor-
kamen. Es waren noch immer Wellenbewegungen, aber die positive
Stimmung gewann allmählich die Oberhand.«

Allerdings sind die Rückschläge besonders tückisch: ohne
konkreten Anlass, ohne erkennbaren Auslöser, ohne Vorwarnung, überraschend und heftig wie ein Aprilunwetter.

Auch Lea leidet weiterhin.

»Sie wurde apathisch. Bei diesen Anfällen fing sie an zu zucken
und war nicht mehr ganz bei sich. Sie weinte und rief nach ihrer
Mutter. Es war furchtbar.«

Anderthalb Monate sind nach Monikas Tod vergangen.
Auch Lea benötigt nun professionelle psychologische Hilfe.
Und die bekommt sie jetzt.

»Bei der Kinderpsychologin zeigte sich mein Mädchen von der Sonnenseite. Sprachlich gewandt erzählte sie offen und frei auch von Moni. Sie lächelte dabei. Die Psychologin meinte zu Recht, Lea sei stabiler als ich. Leider war das nur bei diesem Termin so. Beim Besuch der Nachbarn am Nachmittag war sie wieder tieftraurig und meiner Meinung nach auch in einem depressiven Zustand. Abends beim Muschelessen mit einer Freundin konnte sie vor Traurigkeit kaum aus den Augen gucken.«

* * * * *

Zwei Arbeitskollegen sind da. Die Kinder schlafen bereits. Es kann offen geredet werden.

»Die wollten nicht glauben, dass Moni und Jochen S. sich zufällig begegnet sind. Wieder eine Krankenschwester wie bei seiner ersten Tat. Und dann der Umstand, dass ich auch noch sein Betreuer gewesen war. Mir passte das nicht. Es war doch schon schlimm genug, dass ich den mutmaßlichen Täter kannte. Wäre Moni von ihm gezielt ausgewählt worden, wäre es dann nicht passiert, wenn ich nicht sein Betreuer gewesen wäre? War ich also vielleicht der Auslöser? Ich schwankte hin und her. Irgendwie bekam ich das Gefühl, dass es tatsächlich kein Zufall gewesen sein könnte. Denn durchschaubar war der nie gewesen. Ich wusste nie, was sich in dessen Kopf abspielte.

Wir redeten auch über Sozialtherapie und waren nicht immer einer Meinung. Schon dieses Gespräch zeigte mir, wie kompliziert Meinungsfindung und Gesetzgebung sind. Es ist ja nicht so, dass nur meine Meinung zählte, nur, weil ich auch Opfer geworden war. Ich verstand das vollkommen. Umso wichtiger war es für mich, eine klare Meinung zu haben, die ich stringent vertreten konnte, auch später in der Öffentlichkeit.«

Ist Gott jetzt wütend?

Eigentlich passiert an diesem 19. November nichts Außergewöhnliches. Da ist morgens das Weißwurstfrühstück bei einer Nachbarsfamilie. Nachmittags besucht Andreas mit den Kindern Freunde. Abends lässt man das Treffen in einer Pizzeria ausklingen. Erst als die Kinder im Bett sind, wird Andreas bewusst, dass heute ein ganz besonderer Tag ist, ein Meilenstein auf dem Weg zurück ins Leben.

»Es war der erste Tag, an dem ich seit Monis Tod nicht weinen musste. Am Abend stellte ich das mit höchster Zufriedenheit fest. Ich hatte die Hoffnung, dass jetzt alles besser werden würde, dass ich es schaffen konnte. Ich hoffte darauf, dass es so bleiben würde, dass das Leben wieder lebenswert werden könnte.«

Doch die Hoffnung ist trügerisch. Schon in der Nacht ist Andreas wieder gefordert.

»Meine Tochter wachte auf und erzählte mir von einem Traum: Sie habe in das Auto eines bösen Mannes einsteigen müssen. Sie erzählte weiter, sie habe nicht geweint und sei sehr tapfer gewesen. Jetzt rächte sich wohl, dass ich ihr zu viel erzählt hatte. Ich konnte sie aber beruhigen und wir schliefen wieder ein. Allerdings ging das nur mit medizinischen Einschlafhilfen.

* * * * *

Wieder eine Sitzung beim Psychiater.

»Ich saß auf einem schlichten, aber nicht unbequemen Stuhl vor einem großen Schreibtisch. Der Arzt hatte seitlich mir gegenüber Platz genommen. Ich erzählte ihm, wie es mir ging und wie ich mich fühlte. Er hatte keine Patentrezepte für mich. Der Sinn dieser Sitzungen bestand für mich vor allem darin, meinen seelischen Müll loszuwerden. Ich verweigerte weiterhin die Dauermedikation mit Antidepressiva, auch wenn sie mir dringend empfohlen wurde. Der Arzt wies mich erneut darauf hin, dass ich mich leichter tun würde, wenn ich sie immer nähme und dass die Tabletten meine Ge-

fühlsschwankungen nur dann regulieren könnten. Ich blieb aber
hart und lehnte das ab. Ich wollte auch weiterhin nur dann Medi-
kamente nehmen, wenn der seelische Notfall eintrat.«

Andreas bekommt eine Hausaufgabe. Er soll Abschied nehmen von Monika, und zwar in einem Brief. Er will das auch tun.
Aber er ist noch nicht soweit. Die stimmungsaufhellenden Medikamente gewinnen an Bedeutung, Andreas nimmt sie jetzt
häufiger. Weinkrämpfe treten nach wie vor auf, und zwar mit
Wucht. Ihn quälen Einsamkeit und Depressionen. Um das Ab-
schiednehmen im Kindergarten erträglicher zu machen, wird
zwischen Lea, Andreas und der Leiterin des Kindergartens ein
Vertrag geschlossen.

»Er beschrieb in Bildern das lachende Gesicht von Lea, wenn sie
in den Kindergarten gebracht wird. In der Wochenmitte war ein
Auto eingezeichnet und die Kindergärtnerin. Das bedeutete, dass
Lea von der Kindergärtnerin abgeholt und in den Kindergarten ge-
fahren wurde. Dafür sollte sie aber auch lachen, wenn ich sie zum
Kindergarten bringen würde. Der Vertrag erschien uns genial, alle
mussten ihn unterschreiben.«

Seiner limitierten Mittel und Möglichkeiten wird sich Andreas wieder einmal bewusst, als Lea ihm sagt, ihre Mutter sei
doch verbrannt worden und im selben Moment fragt: »Ist Gott
jetzt wohl wütend?«

»Ich war wie gelähmt. Diese ehrliche kindliche Frage. Und ich
stand dumm da und wusste keine Antwort. Ob Gott wohl wütend
war? Ich glaube nicht, dass es Gottes Wille war. Aber ich dachte auch
an das Böse im Menschen. Ich sprach das ihr gegenüber aber nicht
aus, sondern lenkte sie ab. Ich wusste in diesem Moment einfach
nicht, welche Worte richtig gewesen wären.«

* * * * *

Was hätte noch Schlimmeres kommen können? Diese Frage beschäftigt Andreas in regelmäßigen Abständen. In diesem ausklingenden tristen November gibt er zunächst immer dieselbe Antwort: nichts. Dann aber wird er sich bestimmter Privilegien bewusst, die seine Situation wohl nicht einfacher machen, aber doch erträglicher: Er bekommt als Beamter weiterhin sein Gehalt, es gibt eine Spendenaktion im Klinikum und in der Anstalt zu seinen Gunsten, die Kinder sind gesund, wenigstens körperlich. Vor allem aber: Er ist nicht auf sich allein gestellt, Menschen nehmen Anteil an seinem Leid, helfen und trösten. Allerdings nimmt jetzt ein Gefühl überhand, das er in dieser brutalen Form bisher nicht kannte.

»Es war die Trauer, die tiefe Traurigkeit über den Verlust von Moni. Mein Trauern war bis dahin in den Hintergrund getreten, weil ich irgendwie immer funktionieren musste. Jetzt war dieses Gefühl da! Und dann natürlich die Gedanken an dieses Verbrechen. Schon eine kurze Auseinandersetzung mit dem Ablauf der Tat lähmte meinen Verstand.«

In Elke*, der Anstaltspsychologin, findet er jemand, mit dem er darüber hätte reden können. Auch wenn dieses heikle Thema ausgespart bleibt, spürt Andreas doch sehr deutlich, dass die Folgen der Tat auch Elke quälen.

»Auch wenn sie kein Wort darüber verlor, ich konnte nachempfinden, dass sie auf andere Weise unter dem Mord an meiner Frau litt. Sie hatte den mutmaßlichen Täter betreut, die Familienzusammenführung mit seiner Frau und seinem Kind ermöglicht. Sie musste sich hintergangen und ausgenutzt fühlen, betrogen und verraten. Sie tat mir leid, ich mag sie.

Ich unterhielt mich lange mit ihr, wir sprachen vor allem über Dinge, die nichts mit Moni, dem Mord oder der Sozialtherapie zu tun hatten. Sie meinte ermutigend, ich könne auch mal mit einer Frau flirten – ohne ein schlechtes Gewissen zu haben. Ich antwor-

tete ihr, dass sich meine Werte total verschoben hätten, Sex kein Thema mehr sei, total irrelevant. Wörtlich sagte ich: ›Welche Frau will mich schon mit dieser Last und Vergangenheit und zwei Kindern im Gepäck?‹ Ich wollte damit ausdrücken, dass es für mich in erster Linie darum ging, mein Leben in den Griff zu bekommen und für meine Kinder da zu sein.«

Während es Andreas meistens gelingt, tagsüber den Tücken des ihn vollauf fordernden Familienalltags zu trotzen, sieht er sich abends einem Problem ausgesetzt, für das er immer noch keine Lösung weiß, das ihn überfordert und Dinge tun lässt, die ihm auch wesensfremd sind. Es kommt immer dann auf, wenn er die Kinder ins Bett bringt. Vor allem Lea ist es, die nicht zur Ruhe kommt.

»Ich las ihr eine Geschichte vor, eine zweite folgte. Dann setzte ich mich zu Nico ans Bett, kraulte seinen Rücken, wünschte beiden eine Gute Nacht. Ich ging nach unten ins Wohnzimmer, wollte endlich mal abschalten. Kurze Zeit später tauchte Lea auf, sie könne nicht schlafen. Ich brachte sie wieder hoch, blieb ruhig, kraulte ihr den Rücken, ging danach wieder runter. Wenig später kam Nico und beklagte sich: ›Lea nervt, sie kommt dauernd zu mir ins Zimmer.‹ Ich brachte Nico wieder hoch und Lea zurück in ihr Bett. Dann gab es plötzlich einen Streit zwischen beiden. Ich ging wieder hoch, schlichtete, wurde aber langsam ungehalten. Dann klagte erst Nico über Bauchschmerzen, wenig später Lea. Die Kleine kam schließlich noch mal: ›Ich brauch' was zu trinken, geht auch ganz schnell.‹ Und in ähnlicher Form wiederholte sich das noch einige Male. Natürlich hatte es solche Abende auch früher schon mal gegeben. Aber Moni und ich wechselten uns ab, konnten über Belastungen sprechen. Nun war ich allein und natürlich, die Situation war nach diesem brutalen Verbrechen viel sensibler und heikler geworden. Mir fehlten einfach die Phasen, um regenerieren zu können.«

Nachmittags kommen zwei Seelsorger und drei Krankenschwestern, ehemalige Kolleginnen von Monika.

» Wir saßen am großen Esstisch im Wohnzimmer. Die Kranken-
schwestern arbeiteten auf Monis Station. Ich kannte sie aber nur
flüchtig, vom Sehen. Ich plapperte munter drauflos, über Moni,
über unsere Kinder. Die Frauen erzählten von der Arbeit, von
Moni. Sie überreichten mir ein Kondolenzbuch, das in der Kapelle
des Klinikums ausgelegen hatte. Als ich die erste Seite aufschlug,
merkte ich sehr schnell, dass ich gar nicht in der Lage war, all das
zu lesen. Es fiel mir einfach zu schwer. Ich klappte das Buch wieder
zu. Dann bekam ich von den Kolleginnen der Station einen Um-
schlag mit Geld und war ziemlich perplex. Es war viel Geld. Es wür-
de wohl für einen Urlaub langen. Alle waren sehr nett, auch die
Pfarrer.«

* * * * *

Andreas erwartet zu schnell zu viel. Er will sichtbare Fortschritte machen, er möchte raus aus dieser Zwangsjacke, die sein Leben ist. Er besitzt aber so viel Realitätssinn und verfügt über ausreichend Einfühlungsvermögen, um auch an jene zu denken, die
neben seiner Familie auch leiden: Da ist der Abschleppwagen-
fahrer, der traumatisiert ist und seinen Beruf vielleicht nicht
mehr ausüben kann; da sind ehemalige Kolleginnen von Monika, die von Angstzuständen heimgesucht werden und in therapeutischer Behandlung sind; die Polizisten, die Monika gefunden haben; die Frauen, die Jochen S. entkommen sind oder
überlebt haben; und auch die Familie des mutmaßlichen Täters.
Der Tod von Monika hat nicht nur im Leben von Andreas tiefe
Spuren hinterlassen.

Leben in Zeitlupe

Die Weihnachtszeit bricht an. Andreas ist sehr umtriebig, macht Besorgungen, kümmert sich um die Kinder, bringt sie weg, holt sie ab, kocht, wäscht. Er will funktionieren, alles soll funktionieren. Es ist ihm wichtig, das Haus festlich zu schmücken – weihnachtlich soll es ausschauen, wie all die Jahre zuvor auch. Die Kinder sollen sehen, dass das Leben weitergeht, auch ohne ihre Mutter. Er will aber auch bewusst trauern. Doch er hat gleichzeitig Angst davor, sich in quälenden Emotionen zu verlieren, von ihnen vollständig absorbiert zu werden.

»Ich wusste, dass noch gar nicht so viel Zeit vergangen war. Und ich hatte noch Nachholbedarf zu trauern. Ich fühlte den Schmerz in mir und mir war bewusst, dass sich dieser seinen Weg nach außen bahnen musste. Das Blättern im Kondolenzbuch, das mir die Frauen vom Klinikum überreicht hatten, wirkte als ein Auslöser. An einem ruhigen Nachmittag, ich war allein zu Hause, fand ich aber die Kraft, es endlich zu lesen. Bewusst zu lesen. Ich weinte ununterbrochen, schrie im Treppenflur nach Moni, ich kreischte und flehte und ich wusste, dass meine Trauerarbeit längst überfällig war. Jetzt wollte alles heraus. Der Druck ließ irgendwann nach, er wurde weniger, ich fühlte, dass der Ballast abfiel.«

* * * * *

Nico, der bisher so diszipliniert und tapfer gewesen ist, weint jetzt häufiger. Auch er löst sich allmählich aus der inneren Schockstarre, beginnt mit der Trauerarbeit. Währenddessen möchte Andreas allem entfliehen, neu anfangen, endlich. Aber alles passiert so unerwartet langsam und die Probleme bleiben.

»Die Zeit sollte einfach schneller vergehen, um die seelischen Wunden heilen zu lassen. Jeder Monat, der vorbei war, war für mich so etwas wie das Erreichen eines Meilensteins, der die Entfernung zum Tag von Monis Tod vergrößerte.«

Er versucht die Gedanken an den mutmaßlichen Täter zu verdrängen, seine Gefühle, seine Befürchtungen. Und so sucht sich das Unvermeidliche einen anderen Weg, um beachtet zu werden, um ausbrechen zu können.

»Ich träumte von einem wehrlosen Verbrecher, den die Polizei gefesselt bewachte. Aber meine Aufgabe war es, ihn zu schlagen. Ich trat ihm ins Gesicht, bis er blutete, ich verstümmelte sein Gesicht mit Fußtritten und später zeigte mir die Polizei die Verletzungen. Er war aber nicht nur verletzt, sondern tot. Ich und schlagen, eigentlich zwei verschiedene Welten.«

Sein Anwalt ist ihm mittlerweile auch zur Vertrauensperson geworden. Aber was er diesmal zu berichten hat, was besprochen werden muss, ist für Andreas sehr schwer nachzuvollziehen. Manchmal sind keine Nachrichten eben auch schlechte Nachrichten.

»Eigentlich gab es ja nichts Neues. Wir konnten noch keine Akteneinsicht bekommen, weil die Ermittlungen der Polizei noch nicht abgeschlossen waren. Aber es werde weiterhin nichts ausgeschlossen, erklärte mir mein Anwalt. Und in dieser Ermittlung werde auch untersucht, ob die Tat mit Moni als Opfer geplant war. Ich wollte das natürlich gerne ausschließen und hoffte auf eine Zufallstat. Am schlimmsten fand ich die Aussicht auf eine Vertagung bis 2008. Denn wenn der Täter Revision beantragen würde, könnte sich der Abschluss des Verfahrens so lange verzögern.«

Diese düstere Aussicht deprimiert Andreas. Alles dreht sich immer noch um Sterben und Tod. Er fährt zum Friedhof und legt einen Zettel an das Urnengrab seiner Frau: »Es tut mir so leid, es tut mir so weh, ich liebe Dich.« Abends folgt der nächste seelische Tiefschlag, als Lea apathisch stammelt: »Ich will sterben! Ich will sterben! Ich will sterben!« Andreas wandelt am Rande des Nervenzusammenbruchs.

»Der Tag war ausgefüllt gewesen, abends war ich wieder total angestrengt von den Anforderungen der Kinder. Ich habe sie sogar angeschrien. Meine Stimme hat sich dabei überschlagen, Lea und Nico waren darüber sehr erschrocken.«

Nico wacht auf und erzählt Andreas von seinem Albtraum: »Wir waren essen im Nachbardorf, ich sollte vorgehen. Da habe ich zurück zu Deinem Auto geschaut. Da waren ganz viele Polizisten und viele Menschen. Irgendetwas war passiert. Manche sagten, einer wolle alle aus Himmelkron töten. Auf Deinem Auto stand eine große Zwei geschrieben. Sie sagten, auf Mamas Auto stehe eine Eins.« Warum er das träume, fragt Nico. Andreas antwortet, dass er den Tod der Mutter auf diese Weise verarbeite, weil er sonst nicht darüber sprechen könne. Andreas leidet entsetzlich, weil seine Kinder entsetzlich leiden. Erstmals lässt er einen radikalen Gedanken zu, der ihm Angst macht.

»Ich dachte an die Möglichkeit, mich umzubringen, wenn sich die Belastungen noch verschlimmern würden, falls das Leben für die Kinder zu einer einzigen Qual werden würde. Ich wollte dann die Kinder mitnehmen. Es war nur ein Geistesblitz, nur für den Bruchteil einer Sekunde. Vielleicht war es auch nur so eine blöde Idee. Aber woher sollte ich wissen, wie stark ich war und wie lange ich das noch aushalten würde?«

Andreas schreibt diese Option in sein Tagebuch. Doch schon als er die Zeilen liest, kommt ihm dieser Gedanke nur noch töricht und dumm vor. Es wäre so sinnlos. Und er würde es niemals übers Herz bringen.

* * * * *

Donnerstag, der 7. Dezember. Monikas Tod liegt jetzt genau zwei Monate zurück. Für Andreas ist dieses Datum wieder ein Meilenstein auf dem steinigen Weg der Trauer und der Bewältigung eines Traumas. Obwohl sein Leben einer Dauerbaustelle ähnelt, findet er an diesem Morgen die richtige Einstellung, um endlich die Hausaufgabe seines Psychiaters zu erledigen. Er soll Monika einen Brief schreiben. Und darin soll er einen Schlussstrich ziehen, Abschied nehmen. Er schreibt:

»Liebe Moni,

ganz brutal und plötzlich bist Du gegangen. Du musstest so viele Qualen erleiden, so viele Schmerzen ertragen, dass es meine Vorstellungskraft übersteigt. Es tut mir so leid und so weh, was Dir auf Erden angetan wurde.

Ich möchte Dir sagen, dass ich Dich unendlich liebe. Oft ist einem dies im Alltag nicht so bewusst, aber ich habe mit Dir meinen Halt und meine Liebe verloren. Diese Lücke ist brutal.

Du warst die beste Mutter, die es gibt – das klingt zu einfach, zu banal. Du hattest so viel Liebe in Dir, für alle, besonders für unsere Kinder. Es schmerzt mich auch, dass diese Liebe zu Deinen Lebzeiten nicht angemessen erwidert wurde. Jetzt erst sagen alle, was Du für ein wunderbarer Mensch warst. Und der warst Du wahrhaftig.

Verzeih mir alles, was ich Dir angetan habe. Meine Unfairness, meine kränkenden Worte, meinen Starrsinn, mein abwertendes Verhalten. Jetzt erst merke ich, dass ich eine Frau wie Dich nicht verdient hatte. Danke für die wunderbare Zeit mit Dir, für Deine Liebe und Wärme, für Dein Verständnis, Deine unglaubliche Geduld. Du warst für den Nächsten immer da, wolltest Dich dafür nie im Rampenlicht sonnen. Gerade Dir wird dann so etwas Böses angetan.

Ich weiß, dass es Dir jetzt besser geht, dass Du in einer unvorstellbaren Dimension der Liebe schwebst, dass Deine Seele von den irdischen Zwängen befreit ist. Du hast es so verdient.

Ich versuche in Deinem Sinne, mit Deiner helfenden Kraft, die Kinder ohne großen Schaden durch ihr Leben zu begleiten. Zu Nico habe ich schon ein viel besseres Verhältnis. Ich bete, dass ich es schaffe.

Moni, ich habe Dich lieben dürfen, Dich begleiten dürfen. Das ist eine große Gnade für mich. Du hast mein Leben sinnvoll erfüllt.

Ich vermisse Dein wundervolles Gesicht, Deinen Geruch und Deine Haare, Dein Lachen, Deine unendliche Güte und Wärme, den Spaß und die Freude mit Dir.

Ich will mich nicht gehen lassen, sondern für unsere Kinder kämpfen, nicht mehr so ungeduldig sein und mich mehr der Weisheit öffnen. Ich möchte Dir sagen, dass ich es schaffe. Dass Du Dich nicht fürchten musst. Dass das Leid, das uns Gott ertragen lässt, bezwingbar ist.

Ich bin plötzlich erwachsen und nehme das Schicksal an. In Deinem Sinne will ich versuchen, mit den mir möglichen Mitteln für das Wohlergehen unserer – Deiner – Kinder zu sorgen. Moni, ich liebe Dich. Ich vermisse Dich, ich weine natürlich um Dich, aber ich stehe wieder auf. Oh, wie ich Dich vermisse, so sehr liebe und schätze.

Manchmal meine ich, Du bist in meiner Nähe. Ich weiß es nicht. Wichtiger ist aber, dass es Dir nun gut geht und dass Du Deinen verdienten Frieden gefunden hast. Es geht jetzt um Dich, Dein Seelenheil. Gott möge Dich in der neuen Welt behüten und trösten und Dir endlich den wohlverdienten Lohn zuteil werden lassen.

Danke für die Zeit mit Dir, Du wunderbarer Mensch.

Dein Andy.«

Wenn sich Andreas an Monika erinnert, sie in seiner Fantasie noch einmal lebendig werden lässt, dann schleicht sich immer wieder mal eine Befürchtung in sein Bewusstsein, er habe doch Schuld am Tod seiner Frau, er sei verantwortlich für dieses Drama.

»Ich grübelte immer noch, ob die Tat ein geplantes Attentat gewesen sein könnte, um mich zu verletzen. Vielleicht aus Rache oder aus einem ganz anderen Grund. Ob er Moni schon an der Haustür abgefangen hatte? Aber Moni war tot. So oder so.«

Abends sucht Andreas Zerstreuung auf der betrieblichen Weihnachtsfeier. Nur sehr wenige Kollegen kommen. Die Stimmung ist nicht die beste.

»Die Kollegen waren alle sehr nett zu mir. Sie waren erst mal vorsichtig, wussten nicht, wie sie mit mir umgehen sollten. Ich machte es ihnen aber nicht besonders schwer. Ich bin ja ein offener Mensch. Nie-

mand hat über den Fall gesprochen. Wir aßen gut und nach einer Zeit entwickelten sich Unterhaltungen, die nicht gekünstelt wirkten. Als die Kollegen bemerkten, dass ich ganz gut drauf war, hatten sie auch kein Problem mehr damit, sich mit mir zu unterhalten.«

In der Nacht versucht sich Andreas vorzustellen, wie es sein müsste, mit einem Messer auf einen Menschen einzustechen, wie sich das anfühlt, was man dabei empfindet, wie man dem Opfer gegenübersteht.

»Ich konnte mir einfach nicht vorstellen, wie man so hemmungslos und respektlos sein kann. Was man da schon für innere Grenzen überwunden haben muss, um so etwas zu tun. Wie kalt man sein muss. Wie herzlos und gefühllos. Ich könnte das nie.«

* * * * *

Willkommener Besuch ist da. Andreas' Nichte, Diana, studierte Ägyptologin von der Universität in Mainz, und ihr Freund Matthias, Student der Ägyptologie. Sie unterstützen Andreas, gehen mit den Kindern ins Kino, backen Schokoladenkekse, bringen Lea und Nico sogar ins Bett. Sie zeigen Andreas Bilder von der Tombola, die sie für die Familie mitorganisiert haben. Andreas genießt diese Zeit, in der ihm vieles abgenommen wird. Auch die Kinder vergessen über den Trubel ihre Sorgen. Doch als der Besuch abreist, kippt die Stimmung.

»Bei uns lagen wieder mal die Nerven blank und wir weinten. Es war so, als ob uns etwas weggenommen werden würde. Das Lachen unserer Gäste war weg, die Gespräche mit ihnen, die Spiele mit den Kindern. Das Haus war plötzlich so leer. Es fehlte die Wärme und Ausstrahlung, die unsere Gäste verbreitet hatten.«

Nicht nur Andreas ist erneut irritiert und beschäftigt sich mit der Person des vermutlichen Täters, auch seine Kinder beginnen, sich mit dem mutmaßlichen Mörder der Mutter auseinanderzusetzen. Nico fragt nach Monikas Auto und ihrem Handy und Lea sagt, sie wolle den Mann bestrafen.

»Sie sagte irgendetwas davon, dass sie aber nicht wolle, dass er auch tot gemacht werde. Ihre Aussage war mir ziemlich unheimlich. Ich fand das so stark von ihr, so überlegen. Das war ganz ohne Hass, doch von großer Überzeugungskraft. Jemand nicht sterben lassen zu wollen, obwohl der die Mutter getötet hatte. Einfach nur zu sagen: ›Ich will ihn bestrafen.‹«

* * * * *

Gemischte Gefühle. Andreas kramt in alten Bildern. Es ist, als ob er einen Knoten in der Brust hätte. Monikas grausamer Tod lässt ihn nicht los.

»Ich schob die Bilder von Gewalt und Angst wieder weg, versuchte zu trauern. Ich erinnerte mich an bestimmte Ereignisse und Situationen im Urlaub oder zu Hause. Ich genoss ihr Lächeln, ihr unbeschwertes Auftreten, ihre Stimme, ihre Zärtlichkeit. Dann wanderten meine Gedanken dahin, dass sie sich nie hätte vorstellen können, wie ihr Leben endet. Zum Glück!

Auf der anderen Seite dachte ich darüber nach, wie ich das wohl alles schaffen würde, was ich vielleicht besser würde organisieren können. Ich war mit mir selbst unzufrieden, vor allem mit meiner Ungeduld. Ich wollte ausgeglichener und souveräner werden. Nur konnte ich den Zeitpunkt meiner launenhaften Ausbrüche nicht bestimmen. Es ärgerte mich maßlos und machte mich hilflos, dass meine Stimmung so wechselhaft war.«

* * * * *

Andreas fährt ins Klinikum nach Bayreuth. Er will sich bei Monikas ehemaligen Kolleginnen auch persönlich bedanken.

»Ich fiel den Schwestern um den Hals und weinte bitterlich. In einem Brief bedankte ich mich für die großzügige Spende der Station. Danach ging ich zur Klinikleitung; im Vorzimmer gab ich noch einen Brief ab, diesmal für alle Mitarbeiter des Klinikums.

Es war ein sehr persönliches Schreiben, jeder sollte erfahren, dass die Anteilnahme mich nicht kalt gelassen hatte, ganz im Gegenteil. Ich wollte mit dem Brief ausdrücken, dass ich mir auch um Menschen Gedanken machte, die Moni als Kollegin gekannt hatten, die von diesem Verbrechen auch betroffen waren. Und ich war davon überzeugt, dass jeder in irgendeiner Weise betroffen war. Die Anwesenden waren wohl mit meinem Erscheinen überfordert, sie erkannten an meinen geröteten Augen, dass ich geweint hatte. Jedenfalls wurde kein persönliches Wort gesprochen, ich spürte die Berührungsängste der Menschen. Ich war plötzlich total am Ende, lief zur Kapelle in der Klinik. Danach ging ich zum Klinikumsseelsorger. Er tat mir gut, ein toller Mensch. Ich erzählte ihm, wie schlecht es mir ging, beschrieb ihm meine Traurigkeit. Er tat einfach das Richtige in diesem Moment, ließ mich gewähren.«

Der perfekte Mann

Es ist Mitte Dezember und die Lebenssituation von Andreas und seinen Kindern hat sich immer noch nicht entschärft. Es gibt viele wohlmeinende Ratschläge, aber zusammengenommen ergeben sie kein Bild. Alles bleibt Stückwerk. Andreas muss sich in einer Welt zurechtfinden, die ihm fremd ist und fremd bleibt, die ihm alles abverlangt. Verzweifelt ringt er um Stabilität.

»Ich ertappte mich dabei, den anderen gegenüber besonders positiv erscheinen zu wollen. Weil Lob ja gut tat. Hier musste ich ehrlicher werden. Auch zu mir selbst. Denn ich war ja kein Superheld, der das Aufgegebene mühelos schaffte, der stark war und ganz nebenbei noch Gottes Liebe predigte.«

Andreas sorgt sich sehr um seine berufliche Zukunft. Wird er jemals seine Arbeit in der JVA Bayreuth oder in einem anderen Gefängnis wieder aufnehmen können? Nach all dem, was passiert ist? Mit seinem Psychiater spricht er über diese immense Belastung.

»Einerseits wollte ich wissen, wie es weitergehen würde, ob ich wieder arbeiten könnte, andererseits war ich noch gar nicht soweit, überhaupt eine Entscheidung zu treffen. Ich hielt mich auch noch nicht für dienstfähig. Ich war der Meinung, dass mein Arbeitgeber ein Interesse daran haben müsse, mich nicht mehr in der JVA einzusetzen. Ich war ja praktisch ein unberechenbares Element, könnte auf Rache sinnen, den Hass an Gefangenen auslassen oder könnte auch von Gefangenen verunglimpft werden. Dies wiederum könnte zu Gegenreaktionen meinerseits führen. Ich selbst konnte auch nicht einschätzen, wie ich in einem solchen Fall reagieren würde und wozu ich fähig war. Der Arzt sagte mir schließlich, dass ich in meinem Zustand noch keine Entscheidung treffen könne, ich müsste erst gesund werden. Ich fragte, wann das denn sein werde. Er könne es nicht vorhersagen, antwortete er.«

* * * * *

Andreas ruft den Bestatter an. Er möchte wissen, warum einige Posten noch nicht in Rechnung gestellt worden sind. Der Mann antwortet ihm, die Rechnung sei schon komplett beglichen worden. Er wolle an diesem Begräbnis nichts verdienen, auf gar keinen Fall. Deshalb habe er für die Urne, die Überführung und vieles mehr auch nichts berechnet. Andreas ist baff. Er ahnt aber auch, dass der Umgang mit Monikas Leiche für den Mann belastend gewesen sein muss. Auch für einen Bestatter ist ein Mordopfer kein Routinefall – Monikas Leichnam war gezeichnet und entstellt von den grausigen Verletzungen, die der Täter ihr beigebracht hatte. Denn schließlich ist es der Bestatter gewesen, der ihm damals davon abgeraten hat, Monikas Leiche zu sehen. Gerade er hatte gewusst, warum.

»Der Bestatter war es ja, der mit eigenen Augen gesehen hatte, was unter dem Leichentuch war. Ein solches Verbrechen hinterlässt natürlich Spuren. Ich habe höchsten Respekt vor diesem Mann, weil er ein wunderbarer Mensch ist, weil er das hat, was so vielen fehlt: Mitgefühl.«

* * * * *

Obwohl sein Bemühen spürbar ist, bleiben Andreas' Versuche, ein ausgewogenes Verhältnis zwischen ihm und seinen Kindern herzustellen, mitunter erfolglos. Jetzt, wo zwei helfende Hände fehlen, wo er im Wesentlichen doch auf sich allein gestellt ist, verinnerlicht er, dass Kindererziehung eine Herkulesaufgabe ist – an der man auch scheitern kann. Er vermisst Monika mehr denn je.

»Früher konnte mir Moni von ihren Frusterlebnissen mit den Kindern erzählen, mal über sie schimpfen. Wenn ich sauer war, konnte ich mich mit ihr auch mal aussprechen. Wir hatten die Möglichkeit, solche Situationen und Probleme gemeinsam aus einer dritten Position zu betrachten. So ergriffen wir in der Rolle des Zuhörers auch mal Partei für die Kinder. Jedenfalls waren solche Gespräche ein gutes Mittel, Missstimmungen und Frustrationen zu kanalisieren. Wir konnten uns gegenseitig trösten, uns in den Arm nehmen. Danach ging es uns wieder besser.«

Kurz vor Weihnachten wird Andreas wieder eine Spende überreicht. Das Geld gegeben haben Kollegen aus der JVA und ehemalige Kolleginnen von Monika. Es ist ein stattlicher Betrag zusammengekommen. Andreas weiß diesen grandiosen Akt der Mitmenschlichkeit zu schätzen. Aber seine Gefühle sind zwiespältig.

»Es war sehr viel Geld. Ich las die Briefe dazu, die waren aus verschiedenen Vollzugsanstalten. Mir stiegen die Tränen der Ergriffenheit in die Augen. Ich spürte, wie sehr mit uns mitgefühlt wurde. Aber dann kam auch wieder dieses ungute Gefühl auf. So viel Geld? Ich freute mich, aber gleichzeitig hatte ich auch ein schlechtes Gewissen. Auf wessen Kosten ging das wohl! Es war alles so verworren.«

Du fehlst!

Heiligabend. Der Verlust von Monika schmerzt, besonders an diesem Tag. Die Stimmung ist gedrückt.

»Die Tatsache, dass Moni fehlte, drückte aufs Gemüt. Ich hatte während des Gottesdiensts oft Blickkontakt zu anderen Menschen. Mich kennen ja die meisten im Ort, da Himmelkron eine kleine Gemeinde ist. Ich wusste, dass es viele interessieren würde, wie unsere Familie Weihnachten begehen würde. Sie waren nicht neugierig, sondern hatten Mitgefühl. Die mitleidigen Blicke, die ich einfing, drückten mir die Tränen in die Augen. Vor allem Monis Mutter sah ich weinen. Meine Mutter setzte sich neben sie und leistete ihr Beistand. Ich war froh, als ich wieder aus der Kirche raus war. Schon beim Verlassen des Gebäudes weinte ich wieder, versuchte aber meinen Schmerz zu verbergen. Ich lief den Parkplatz bei der Kirche entlang, blieb ein wenig abseits stehen und weinte erneut. Es tat so weh, jetzt wurde mir erneut schmerzlich bewusst, wie Moni uns fehlte. Und nur Sekunden später musste ich wieder für die Kinder lächeln und so bitter es klingt: funktionieren. Es war Weihnachten, und ich war voller Traurigkeit.«

Und gerade deshalb versuchen Nachbarn und Freunde, ein Zeichen zu setzen, deutlich zu machen, dass auch sie Anteil nehmen.

»Bemerkenswert waren die Geschenke, die ich vor der Haustür fand, die ich gar nicht zuordnen konnte. Ein teurer Legohubschrauber für Nico. Für Lea ein großes Puzzle, für mich ein riesiger Fresskorb mit viel edler Schokolade und Wein. Dann noch kleine Gaben für die Kinder, ganz ohne Absender.«

Lea und Nico erscheinen gefasst und stabil, sie weinen jedenfalls nicht. Andreas wertet dies als positives Zeichen. Erst als sie sich nach der Familienfeier auf den Heimweg machen, ist das Idyll jäh von einer zur anderen Sekunde vorbei.

»Kurz vor unserem Haus hörte ich Lea hinten weinen und rufen: ›Mama! Mama!‹ Jetzt brach es wieder aus ihr heraus. Ich är-

*gerte mich in diesem Moment, allein zu sein. Meine Mutter hatte
mir zwar angeboten, noch mitzukommen, ich hatte aber gedacht:
›Es läuft ganz gut, müde bin ich auch. Die Kinder sind gut drauf.
Das muss nicht sein.‹ Lea ließ sich nur schwer beruhigen, steigerte
sich in ihr Weinen regelrecht hinein. Ich fühlte mich wieder ziemlich hilflos. Schließlich gelang es mir doch, sie traurig zum Einschlafen zu bringen. Nico ist ein anderer Typ Mensch. Er weinte
nicht, aber ich gab ihm zu verstehen, dass ich schon wusste, wie sehr
er litt und wie traurig er war.«*

Am nächsten Morgen ist Lea kaum zu bändigen. Sie will
auch so einen Hubschrauber, wie ihn Nico bekommen hat, und
zwar sofort; falls nicht, will sie ihre Mutter zurückhaben, auch
sofort. Es sei ihr im Prinzip egal, was sie bekomme, schreit sie.
Andreas könne es sich aussuchen. Wieder muss der Vater seiner
Tochter wehtun und Lea will sich nicht trösten lassen. Es ist zum
Verzweifeln.

*»Moni fehlte mir, sie war meine Stütze, meine Liebe, mein Son-
nenschein, meine Wärme, meine Zuflucht, mein Hafen, meine gute
Seele, sie war eine Supermami. Ein Engel wurde uns geraubt. Und
ich fühlte mich mitschuldig. Mitverantwortlich. Traurig. Niederge-
schlagen. Eben wie ein Versager.*

*Ich versuchte es dann mit nüchterner Betrachtung: Schuld war
allein der Täter. Und mit Selbstvorwürfen und Schuldgefühlen, mit
dieser depressiven Grundhaltung konnte ich meinen Kindern kein
ordentlicher Vater sein, keine Stütze und kein Halt. Schon um mich
selbst zu schützen und aus Verantwortung für mein Leben und den
sich hieraus ergebenden Verpflichtungen durfte ich mich nicht derart schwächen lassen. Jetzt hieß es wieder: aufstehen und kämpfen!«*

* * * * *

Am zweiten Weihnachtsfeiertag geht es für einen Kurzurlaub in den
Bayerischen Wald. Jochen, Nicos Patenonkel, und dessen Kinder
sind mit von der Partie. Man bezieht eine Ferienwohnung. Die

Tage sind ausgefüllt mit Ausflügen und Wanderungen. Andreas zieht erstmals wieder seine Laufschuhe an, schafft sechs Kilometer. Danach fühlt er sich besser. Als die Familie nach vier zumeist unbeschwerten Tagen zurückkehrt, steht schon neuer Ärger ins Haus.

»Wir kamen so gegen 21 Uhr zu Hause an. Ich las nachts noch die Zeitung und konnte es kaum glauben: Da stand in einem Interview der Anstaltsleiterin schwarz auf weiß, dass die Gefangenen für mich Geld gespendet hätten. Es ging dabei nur am Rande um die Tat. Ich fühlte mich abermals hintergangen, denn da wurden Dinge in die Zeitung gesetzt, die mich in ein falsches Licht rückten, einfach nur so. Ich fühlte mich in meiner Intimsphäre verletzt. Ich war stocksauer. Ich hatte nämlich klar und deutlich gesagt, dass ich von Gefangenen niemals etwas annehmen würde und das Geld weitergeben werde, was nämlich bereits auch geschehen war. Der Weiße Ring hatte es bekommen. Wie stand ich jetzt da? Ich telefonierte mit meiner Mutter und Robert, dem Psychologen aus der JVA, empörte mich. Später schickte ich noch eine E-Mail an die Redaktion.«

Irgendwann kann er nicht mehr, Andreas wird vom Schlaf übermannt.

»Ich träumte, ich hätte die beiden Omis zu mir bestellt, weil Moni käme. Moni sagte aber ab, weil sie dann im Krankenhaus sei und zu diesem Termin viele Untersuchungen stattfänden. Auf mein Bitten und Drängen stand sie aber wenigstens kurze Zeit vor mir. Ganz genau, mit Haut und Haaren, sah ich sie vor mir. Greifbar nah und schön. Als wenn sie tatsächlich da wäre.«

* * * * *

Der Jahreswechsel steht bevor. Andreas ärgert sich noch immer über den Zeitungsartikel voller Unwahrheiten. Er kann seinen Unmut nur schwer zügeln. Dabei muss er seine Kräfte gerade jetzt bündeln, eine neue Herausforderung muss gemeistert werden. Andreas will den Jahresausklang erträglich gestalten, vor allem für Lea und Nico.

»Dieser Tag war mir besonders wichtig. Es sollte vor allem nicht langweilig werden, damit die Kinder nicht ins Grübeln kamen.« Es gelingt. Nachmittags dürfen Lea und Nico sich austoben, danach fährt die Familie mit dem Vater von Nicos bestem Freund und dessen Kindern zu einer Pizzeria nach Bayreuth. Anschließend geht es zurück nach Hause, Böller werden ausgepackt und gezündet. Lea weint nicht. Sie fragt auch nicht nach Monika, vom Sterben ist mal keine Rede. Nico weint ebenfalls nicht. Andreas ist zufrieden. Er weiß aber auch, dass es wohl erst gegen Mitternacht kritisch werden wird, wenn der kollektive Freudentaumel losbricht. Wie werden seine Kinder dann reagieren?

»Gegen 23 Uhr fuhren wir in das Neubaugebiet im Ort. Da waren auch meine Freunde Sven und Nicole mit ihrer Tochter, ich kannte dort auch viele andere. Ein Lagerfeuer brannte, ein großer Topf Glühwein stand an der Wiese. Den Kindern gefiel es, denn es war eine Menge los.

Irgendwann war es soweit. 24 Uhr. Ich drückte und küsste meine Kinder, wünschte ihnen ein gutes Neues Jahr. Die beiden waren aber so sehr mit Böllern und Raketen beschäftigt, dass ich im Prinzip nur störte. Ich selbst wurde von vielen anderen umarmt. Ich verbot mir an Moni zu denken, ich wollte gerade in diesen Momenten frei sein, weil ich sonst sofort wieder hätte weinen müssen. Ich war sogar ganz gut aufgelegt, erfreute mich an den vielen freundlichen Gesichtern. Nicole sagte zu mir ganz ernst: ›Andy, ein schönes Neues Jahr. Und dieses wird besser, schlimmer als das letzte kann es nicht werden.‹ ›Ja‹, antwortete ich, ›und darauf trinken wir.‹ Wir lachten. Es blieb kein Raum für Sentimentalitäten. Gegen 2 Uhr ging es nach Hause. Wir tranken noch etwas, schauten fern, die Kinder waren immer noch wach. Unser Besuch ging auch eine Stunde später und wir schliefen zufrieden ein.«

»Wie hat der die Mutti genau getötet?«

Andreas hat wohl eher unbewusst eine Fassade um sich herum errichtet und versteckt sich dahinter. Sein Motto: *»Macht euch keine Sorgen, ich schaffe das schon!«* Und er verhält sich dementsprechend. Durch die Bewunderung, die ihm zuteil wird, fühlt er sich bestätigt und bestärkt – für den Moment. Aber diese Strategie hat beträchtliche Schattenseiten.

»Die Menschen in meinem Umfeld gingen wohl davon aus, dass ich mich und die Kinder im Griff hatte. Das hatte ich aber nicht. Es wunderte mich einfach, dass mir zugetraut wurde, alles ohne Hilfe zu schaffen. Ich vermisste jemand, der mal fragte, was er für uns tun könne, der von sich aus mal sagte: ›Ich nehme die Kinder, mach' mit ihnen einen Ausflug.‹ Mir fehlten die Anrufer, die anboten: ›Hey, kommt heute Abend zu uns.‹ Vielleicht wirkte ich nach außen so stark, weil ich nicht jammerte, aber eigentlich fühlte ich mich schwach und hilfebedürftig. Ich war allein auf mich gestellt.«

Lea und Nico wissen von alldem nichts. Andreas will sie nicht noch zusätzlich belasten. Und die Kinder spüren instinktiv, dass es auch eine Zeit ist, in der man Grenzen verschieben kann, die dazu ermuntert – denn die Autorität des Vaters ist in einer solchen Ausnahmesituation naturgemäß geschwächt. Andreas will eigentlich nicht schimpfen, nichts verbieten und auch nicht bestrafen. Doch jetzt – so scheint es ihm – ist der Zeitpunkt gekommen, den Kindern ins Gewissen zu reden und sie zur Ordnung zu rufen. Auch um sich selbst zu schützen.

»Meine Kinder sind lieb, aber auch anstrengend. Ich versuchte mit viel Einfühlungsvermögen, ihnen gerecht zu werden, sie zu unterstützen, stabil zu machen. Es gab aber auch Momente, da hatte ich das Gefühl, meine Kinder würden sich mit mir ein bisschen mehr erlauben als sonst. In so einer Situation bin ich dann laut geworden und habe das auch so gesagt. Ich erklärte ihnen, dass sie auch die Pflicht hätten, meine Nerven zu schonen, sonst könnte es passieren, dass ich ins Krankenhaus müsse. Mit der Drohung, den Va-

ter wenigstens für eine Zeit zu verlieren, erwischte ich sie natürlich an einem wunden Punkt. Die Kinder merkten: Oh Gott, wir dürfen es nicht übertreiben, sonst verlieren wir auch noch den Papa. Sie wirkten auf mich ziemlich entsetzt, aber sie begriffen, dass es auch bei mir eine Grenze der Belastbarkeit gab. Es war für mich auch nicht einfach, das anzusprechen, weil ich sie nicht verletzen oder ihnen Angst machen wollte. Aber diese Aussprache hat unsere familiäre Situation positiv beeinflusst. Die Kinder stritten nicht mehr so viel, sondern waren wirklich brav.«

Obwohl tiefe Gefühle immer wieder aus dem Unterbewussten emporkommen und ihm kleine Nadelstiche versetzen und Andreas sich selbst unnachgiebig auffordert, sich mit Monikas Leid auseinanderzusetzen, versucht er, diese Gedanken zu verbannen. Und macht eine erstaunliche Erfahrung.

»Ich wollte mich nicht mehr mit den Qualen der letzten Stunden in ihrem Leben auseinandersetzen. Es wurde mir einfach zu viel. Manchmal erkannte ich jetzt nur noch die Konturen meiner Frau, sah ihr Gesicht nicht mehr in allen Einzelheiten. Ich musste Abstand gewinnen, um mich selbst zu retten.«

Obwohl er sich den Bindungen der Vergangenheit versagen will, zieht es ihn in regelmäßigen Abständen ans Grab. Selbst beim Joggen macht er Halt auf dem Friedhof.

»Es sind nur etwa zwei Kilometer von unserem Haus bis dorthin. Ich sagte mir immer, dass es unpassend und unangemessen sei, das Joggen mit einem Friedhofsbesuch zu verbinden. Aber es bot sich eben an. Am Grab schaltete ich um von sportlicher Aktivität auf Trauerarbeit. Das ging in Sekundenschnelle. Ich betete zunächst: ›Lieber Gott, bitte nimm die Moni auf in Dein Reich. Lass sie nicht allein, sei bei ihr und beschütze sie.‹ Danach sprach ich zu Moni: ›Ach, Moni, ich hab' Dich so lieb, es tut mir so leid. Mach' Dir keine Sorgen um uns. Wir schaffen das!‹ Danach ging ich langsam zurück zum Ausgang. Dann wieder Umschalten. Als ob nichts gewesen wäre, rannte ich wieder nach Hause. Ich dachte dabei darüber nach, wie schnell dieses Wechselspiel möglich war.«

Andreas will und kann sich gegen alles zur Wehr setzen, nur gegen die Depressionen findet er kein Mittel. Sie ereilen ihn jedes Mal zur Unzeit, gerade dann, wenn er meint, wieder auf sich bauen zu können. Immer wenn er denkt, es gehe bergauf.

»*Das waren immer wiederkehrende Tiefpunkte, an denen ich einfach abgrundtief traurig war. Ich meinte, keine Aussicht auf bessere Zeiten zu haben, dachte einfach an nichts und hatte das Gefühl, ein Knoten sitzt im unteren Halsbereich. Aber kein Husten, kein Würgen konnte ihn lösen. Dieser Knoten war immer da und schnürte alles ab, bis in den Brustbereich.*«

Manchmal muss schon mittags ein Glas Rotwein herhalten, damit er sich aus der ungewollten Umarmung befreien kann. Doch das gelingt trotzdem nicht immer. Andreas bemerkt auch, dass viele Menschen, die sich anfangs regelmäßig gemeldet haben, nun nicht mehr anrufen.

»*Aber damit hatte ich eigentlich gerechnet. Ich jammerte bewusst nicht viel, wie ich meinte, aber redete dennoch wieder und wieder davon. Ich wusste, wie sehr das andere stören oder nerven konnte. Ein Kollege brachte es mal auf den Punkt:* ›*Wenn ich Dich anrufe, frage ich, wie es Dir geht. Dann sagst Du: schlecht. Klasse. Schon bin ich bedient. Ich weiß das ja, aber hören will ich es nicht. Mir fehlt dann die Basis, um mit Dir reden zu können.*‹«

* * * * *

Mittwoch, 10. Januar 2007. An diesem Tag hätte Monika ihren 40. Geburtstag feiern können. Andreas liegt seit 3 Uhr wach, findet nicht mehr in den Schlaf. Die Anspannung ist zu groß. Seine Gedanken kreisen um seine Frau. Er zündet ein Räucherstäbchen an und hört Musikkassetten, Monikas Lieblingslieder. Sie gehen ihm besonders nahe, wieder überfällt ihn die Melancholie. Andreas weint still in sich hinein. Am frühen Morgen liest er den *Nordbayerischen Kurier*. Endlich ist sein Leserbrief abgedruckt worden:

» Thema: Gefängnis

› Kein Geld angenommen ‹

Auf den Beitrag › Die Realität im Hotel Vollzug ‹, in dem es auch um eine Spendenaktion für die getötete Monika Fischer geht, nimmt ihr Mann Bezug.

Ich möchte ergänzen, dass eine Geldsammlung von Gefangenen an mich aus nachvollziehbaren Gründen nicht angenommen wurde. Vielmehr gab ich dem Anstaltsleiter der Justizvollzugsanstalt Bayreuth meine Bitte weiter, das gesammelte Geld der Opferhilfeorganisation Weißer Ring zur Verfügung zu stellen. Auch über die Höhe des gesammelten Geldes ist mir nichts bekannt. Da jeder Gefangene im Regelfall selbst unermessliches Leid über andere gebracht hat, sollte er sich aber meiner Meinung nach besonders um die Wiedergutmachung bei den Opfern bemühen.

Andreas Fischer, Himmelkron«

Die Redaktion hat das Erscheinen des Briefs bereits mehrfach angekündigt, sich aber nicht an die gesetzten Termine gehalten, falsche Versprechungen gegeben. Und keinesfalls will er den Artikel ausgerechnet an Monikas Geburtstag veröffentlicht sehen. Obendrein ist sein Text verändert worden, ohne ihn zu fragen oder auch nur zu informieren.

»Es kam nicht mehr klar zum Ausdruck, dass ich der Auffassung war, die Gefangenen sollten nur dort Wiedergutmachung anstreben, wo sie selbst schuldig geworden waren; sie sollten für ihre eigenen Taten einstehen. Ich fragte mich, wie es die Journalisten geschafft hatten, einen kurz gehaltenen Leserbrief so zu verunstalten. Wenigstens war deutlich geworden, dass ich kein Geld angenommen hatte.«

Gegen Mittag schmückt er den Tisch, der vor dem Haus steht, mit einer Decke, stellt Blumen darauf und zündet eine Kerze an. So stimmt er sich auf Monikas Geburtstag ein. Später kommen seine Mutter, sein Bruder und dessen Frau vorbei. Man geht zum Friedhof.

»Die Kinder waren fidel und wirkten nicht unbedingt betroffen. Auf Tränen legte ich aber auch keinen Wert. Ich war vielmehr

froh, dass sie nicht verzagt waren und nicht weinten. Wir legten unsere Blumensträuße ab und blieben eine Zeit lang am Grab stehen. Ich gab den Anderen zu verstehen, dass ich noch kurz allein am Grab sein wollte. Ich dachte an Moni, betete zu Gott, dass er ihr ihre Schuld vergeben möge und sie in den Himmel aufnehmen möge. Ich schickte ihr in Gedanken die Botschaft: ›Ich hab' Dich lieb und vermisse Dich so!‹ Natürlich war ich wieder ergriffen und wurde von meinen Gefühlen übermannt.«

Andreas will an diesem Tag aber nicht zu Hause bleiben, er braucht eine andere Umgebung. Er hat Angst davor, von seinen Emotionen noch mehr gequält zu werden. Genau das sagt er seiner Mutter. Sie versteht das und bietet an, die Kinder zu versorgen.

»Gegen 18 Uhr ging ich. Ich hatte mich mit meinem Bruder spontan in meiner Lieblingsbar in Bayreuth verabredet. Wir trafen uns am Tresen, bestellten den ersten Cocktail. Mein Bruder Wolfgang ist 50 Jahre alt und es war das erste Mal, dass ich mit ihm einen trinken ging. Ich freute mich darüber und wir unterhielten uns gut über Moni und über die Kinder. Plötzlich stieß Jochen, Nicos Patenonkel, zu uns. Ich sagte nur: ›Was machst du denn hier?‹ Er wohnte nämlich in Nürnberg. ›Ja glaubst du denn, ich lasse dich heute alleine?‹ sagte er lachend. Er erklärte uns, dass er auch am Friedhof gewesen sei, mich danach habe besuchen wollen und von meiner Mutter hierher dirigiert worden sei. Ich war so ergriffen, dass ich heulen musste. Auch mein Bruder hatte Tränen in den Augen. Wir umarmten uns, ich musste noch mehr weinen. Wir tranken den nächsten Cocktail und plötzlich stand wieder jemand neben mir, den ich hier nicht erwartet hatte: Es war eine Kollegin von Moni. Sie sagte nur: ›Ich musste heute den ganzen Tag an dich denken, wegen Monis Geburtstag. Ich dachte noch, mein größter Wunsch wäre es, dich heute zu sehen, heute bei dir zu sein. Und ich dachte vorhin, ich träume, und sehe dich an der Bar sitzen.‹ Wieder pakte es mich, wir umarmten uns, aus mir sprudelten die Worte nur so heraus. Aber nicht nur ich hatte mit den Tränen zu kämpfen. Auch bei den anderen musste raus, was sich angestaut hatte.«

* * * * *

Am nächsten Tag sagt Lea beim Frühstück, dass sie für Andreas eine Überraschung habe. Sie habe nämlich zu Gott gebetet, dass Monika wieder zurückkommen solle. Andreas ist zunächst perplex und lenkt sie geschickt ab.

»Ich sagte dann zu ihr: ›Du, das geht nicht. Wenn jemand gestorben ist, gibt es kein Zurück mehr.‹ ›Nein, die kommt zurück, wirst schon sehen‹, protestierte Lea mit einem unsicheren Lächeln. Ich wiederholte meinen Einwand mit anderen Worten: ›Wenn jemand tot ist, dann ist er in einem anderen Reich. Da ist es ganz schön, aber man kann nicht zurück auf die Erde.‹ Ich hatte Angst vor ihrer Reaktion, dass sie weinen würde. Und dann kam ganz plötzlich ihre Frage: ›Wie hat der die Mutti genau getötet?‹ Ich war verdutzt, zögerte mit der Antwort, war sprachlos. Lea bohrte weiter: ›Bitte sag's mir.‹ Ich sagte, dass ich das auch nicht so genau wisse, ob sie nicht lieber fernsehen wolle. Die Ablenkung wirkte. Aber ich musste mir jetzt sehr genau überlegen, was ich ihr beim nächsten Mal sagen würde.«

Andreas fühlt sich schwach und will sich nicht weiter von seiner kranken Seele beherrschen lassen. Er sucht Rat bei seinem Psychiater.

»Ich erzählte ihm von meinen heftigen Stimmungsschwankungen, die ich nicht einmal mehr ansatzweise kontrollieren konnte. Er gab erneut zu bedenken, dass er bei seiner Empfehlung zur Dauermedikation bleibe. Diesmal hatte er mich. Diesmal willigte ich ein, denn ich ertrug dieses Auf und Ab nicht mehr. Es machte mich fertig.«

Die Medikamente schlagen an. Sie haben aber auch unerwünschte Nebenwirkungen.

»Die Müdigkeit war enorm. Ich meinte, immer irgendwie neben mir zu stehen. Zum Lachen und Weinen war ich einfach zu träge. Ich heulte nicht mehr, war nicht mehr aufgeregt, aber ich war auch nicht ich selbst. Ich hatte so ein Scheiß-egal-Gefühl. Die Ängste waren weg, der Antrieb aber auch. Wegen der Müdigkeit fehlte mir auch die Lust,

mich mit den Kindern zu beschäftigen. Ich gab ihren Forderungen nach mehr Aktion nur insofern nach, dass ich ihnen den Fernseher einschaltete. Ich hatte einfach keine Lust auf Spiele, ich konnte nicht.«

»Wie hat der die Mutti genau getötet?« Andreas will diese Frage nicht aus dem Kopf gehen. Er weiß nämlich selbst immer noch keine Antwort darauf. Gibt es überhaupt ein Detail, das nicht verletzt, nicht schockiert, nicht traumatisiert? Wie soll man einem sechsjährigen Mädchen plausibel machen, dass seine Mutter Opfer eines besonders grausamen Verbrechens geworden ist, ohne sagen zu können, was und vor allem wie es passiert ist?

»Die Kinderpsychologin meinte, ich sollte auf Leas Frage vielleicht so antworten: Durch den Überfall hätte Moni das Auto nicht mehr so gut steuern können, es wäre zu einem Unfall gekommen, bei dem sie sich sehr, sehr wehgetan hätte. Und dann wäre sie gestorben.«

Der französische Philosoph und Schriftsteller Blaise Pascal schrieb in seinen »Gedanken über die Religion und andere Themen« schon Mitte des 16. Jahrhunderts etwas sehr Bedeutsames in diesem Zusammenhang: »Da die Menschen kein Heilmittel gegen den Tod, das Elend, die Unwissenheit finden konnten, sind sie, um sich glücklich zu machen, darauf verfallen, nicht daran zu denken.« Auch ein deutsches Sprichwort empfiehlt: »Denk nicht dran, so tut's nicht weh.« Und genau das tut Andreas. Er verdrängt, was ihn bedrängt. Natürlich will er wissen, was Monika in der letzten Stunde ihres Lebens widerfahren ist. Aber er hat auch Angst davor, es nicht aushalten, es nicht ertragen zu können, bleibenden Schaden zu nehmen.

»Was ich bis dahin so verdrängen konnte, kam jetzt hervor: der Tatablauf. Die unvorstellbaren Qualen, die meine Moni über sich ergehen lassen musste. Keiner war für sie da gewesen, keiner hatte ihr helfen können. Die Vorstellung ihrer Angst, vor allem um die Kinder, um mich, um unsere Zukunft und all der Dinge, die sie vor ihrer Ermordung erdulden musste, quälte mich. Es war so schrecklich. Ich stand nur hilflos da. Sie konnte mir nichts mehr davon erzählen, sie konnte ihre Gefühle niemandem mehr mitteilen.«

Ein bisschen Laufen üben

Andreas sucht Anschluss, Zerstreuung, Ablenkung, wenigstens abends, hin und wieder. Beim Bowling hat er eine frühere Schulfreundin von Monika getroffen – Claudia. Er findet sie nett. Vor allem aber hat er das Gefühl, jemanden gefunden zu haben, der zuhört, der ihn versteht, der die richtigen Worte findet. Er verabredet sich mit ihr.

»Wir waren zunächst in meiner Lieblingscocktailbar, dann gingen wir tanzen. Ja. Tanzen. Zur Siebziger-Jahre-Party. Ich stand mit Claudia am Abend einige Zeit bei einem Grüppchen von Kollegen aus der JVA. Ich flachste mit einer Kollegin, als sie fragte, wer die Frau an meiner Seite sei: ›Ach ja, das ist meine neue Freundin.‹ Ich klärte sie aber sofort auf, dass das natürlich nicht der Fall sei. Die Kollegen waren sehr einfühlsam. Dann meinte aber einer, der schon etwas viel getrunken hatte, zu mir: ›Ein dreckiger Lump bringt Deine Frau um. Es ist unglaublich. Ich glaube nicht an einen Zufall.‹ Der hatte wohl keinen blassen Schimmer, wie sehr er mich mit dieser Aussage aufwühlte und verletzte. Andere Kollegen nahmen mich sofort in Schutz, das gehöre nicht hierher, nicht heute, wiesen sie ihn in seine Schranken. Dann lenkten sie mich geschickt von dem Kollegen weg.

Jetzt fühlte ich mich fehl am Platze, bei der Musik und all den lachenden Menschen um mich herum. Auch wenn ich tanzte, dachte ich mir: Irgendwie passt das gar nicht. Dann meinte aber ein Kollege: ›Na, kommst Du endlich raus aus Deinem Loch. Das ist gut so.‹ Ein anderer sagte: ›Das Leben geht weiter, ich finde es toll, dass Du heute hier bist.‹«

* * * * *

Auch dreieinhalb Monate nach der Tat fällt es Andreas schwer, eine positive Einstellung zum Leben zu finden, sich situationsgemäß zu verhalten, auch innerhalb der Familie.

»Zum Beispiel, wenn ich mit meiner Schwiegermutter und Monis Schwester zusammen war. Ich fühlte, dass jeder an Moni dach-

te, jeder betroffen war und Angst hatte, darüber zu reden. Ich selbst
hatte auch keinen Plan, wie und wann ich das Thema ›Monika‹ an-
schneiden sollte. War es überhaupt richtig, wieder darüber zu spre-
chen? Was sollte es bringen? Würde es nicht nur aufs Neue schmer-
zen? Ich wollte doch niemand verletzen und auch selbst nicht ver-
letzt werden. Unter diesen Vorzeichen starb jede Kommunikation.
Es mutete alles recht zwanghaft an.«

* * * * *

7. Oktober 2006. 6.20 Uhr. Bayreuth. Stadtteil Neue Heimat.
Schwabenstraße. Ein Parkplatz. Andreas sieht das Auto seiner
Frau da stehen. Eigentlich will er gar nicht wissen, was im Kopf
des Täters vor sich gegangen sein mag – er hat diesen Gedanken
bisher immer beiseite geschoben. Aber die Verdrängung funktioniert diesmal nicht.

»Ich grübelte, ob der mutmaßliche Täter es von Vornherein auf
Moni abgesehen hatte. Es sprachen einige Dinge dafür, andere dage-
gen. Meine Einschätzungen waren sehr wechselhaft. War das Ver-
brechen vielleicht ein Racheakt, weil ich ihn mit seiner Vorstrafe kon-
frontiert hatte – und wie ich ihn damit konfrontiert hatte? Weil ich
ihn für seine Defizite kritisiert hatte – und wie ich ihn kritisiert hat-
te? Dann schoss es mir durch den Kopf: Ich hätte mir doch nicht aus
Angst vor späteren Racheakten jedes Wort überlegen können. Dann
wäre meine Arbeit auf dieser Station doch unmöglich geworden.

Ich war mit ihm nicht anders umgegangen als mit den anderen
auch. Hatte noch dazu besonders wenig Kontakt zu ihm bekommen,
da er sich sehr zurückgezogen gegeben hatte. Es war auch die Aussage
des Kollegen, die mir seitdem durch den Kopf geisterte: ›Ein dreckiger
Lump bringt Deine Frau um. Es ist unglaublich. Ich glaube nicht an
einen Zufall.‹ Ich versuchte mich mit dem Gedanken zu trösten, dass
es eine Menge Zufälligkeiten gab, auch in meinem Leben. Zum Bei-
spiel die Sache mit Alexander, dem bulligen Jugendkontaktbeamten
der Polizei. Er hatte mir die Todesnachricht überbracht. Ein paar Tage

später kamen wir darauf, dass er genau in der Band Gitarre gespielt hatte, in der ich noch letzten Sommer gesungen hatte. Das war auch so ein Zufall, wenn auch ein nicht so bedeutender.«

Der Anwalt schreibt. Es geht um die polizeilichen Ermittlungsakten. Eigentlich will Andreas davon gar nichts wissen, aber als er den Brief einige Minuten in den Händen hält, will er unbedingt erfahren, was die Polizei ermittelt hat. Er erhofft sich dadurch endlich Klarheit und Gewissheit darüber zu bekommen, warum Jochen S. seine Frau Monika getötet haben könnte. Er will vielleicht doch wissen, ob es eine zufällige Begegnung gewesen ist – er will der dauernden Grübelei ein Ende machen. Obwohl sein Anwalt lediglich mitteilt, dass die Nachforschungen noch nicht abgeschlossen seien und eine Akteneinsicht aus diesem Grund noch nicht erfolgen könne, ist dieses Schreiben für Andreas wie Salz auf seinen frischen Wunden.

»Als ich die Wörter ›Mord‹ und ›Vergewaltigung‹ las, schnürte sich meine Brust wieder zu, mein Puls raste und meine Hände zitterten. Ich konnte meine Reaktionen nicht mehr steuern, obwohl ich es mir so wünschte. Dieser Brief beeinflusste mich, meinen Körper, er tat mir weh.«

Andreas spricht mit seiner Mutter über das Verhältnis zu seinen Kindern, er sucht ständig nach einem Weg, wie er ihnen gerecht werden kann, ohne sich selbst aufzugeben.

»Ich sagte zu ihr: ›Ich habe mich am Anfang eingeigelt, vermisste eigene Freiheiten, wie abends mal auszugehen. Jetzt scheint es endlich zu funktionieren, dass ich rauskomme. Ich meine, mittlerweile habe ich ausreichend Gelegenheit, an mich zu denken und auf mich zu schauen. Aber irgendwie habe ich jetzt auch das Gefühl, mich durch meinen Freiheitsdrang und meine Selbstverwirklichung von den Kindern zu entfernen.‹ Ich hatte wohl ein schlechtes Gewissen, weil ich spürte, dass sich etwas in meinem Leben verändert hatte.«

Ein Aufwärtstrend ist zu erkennen. Vielleicht hat das auch etwas mit Claudia zu tun. Andreas würde gern mit ihr für ein paar

Tage in die Alpen, zum Skifahren. Schon seit Wochen hat er diesen Termin eingeplant. Eine befreundete Familie will ihn entlasten und in dieser Zeit die Kinder betreuen. Spontan fragt er Claudia, ob sie ihn begleiten würde. Claudia will.

»Ich hatte ihr gegenüber keinerlei Berührungsängste, spielte aber auch nicht wirklich mit dem Gedanken, eine Beziehung einzugehen. Sie erschien mir einfach so unkompliziert, dass ich mir bei meinem Vorschlag sicher war, keine Grenzen zu überschreiten. Claudia war cool und flexibel, selbstbewusst mit allen Wassern gewaschen – und ein prima Kumpel. Das sollte mir reichen. Mehr hatte ich nicht im Kopf.«

* * * * *

Das neue Jahr ist jetzt 26 Tage alt. Andreas spürt, dass alles ein bisschen besser wird. Endlich! Er liest oft in der Bibel und er fühlt sich allmählich dem Leben wieder gewachsen. Er will die Herausforderung annehmen, sein Schicksal meistern und setzt sich zunächst nur kurzfristige Ziele, die ihm auch erreichbar erscheinen. Das macht ihn sicherer, selbstbewusster. Er hofft, so auch auf Dauer bestehen zu können. Am Wochenende fährt er aber erst mal mit Claudia nach Garmisch-Partenkirchen, ausspannen.

Im Hotel war ich etwas verdutzt über das kleine Zimmer mit dem schmalen Bett, dass wir gemeinsam nutzen sollten. Ich hatte zwei große, getrennte Betten erwartet. So wie ich es bestellt hatte. Das war nun anders, damit hatte ich nicht gerechnet.

Wir gingen ins Schwimmbad des Hotels und anschließend zum Essen. Beim Spazierengehen hielten wir Händchen, später im Hotelzimmer kamen wir uns näher. Wir küssten uns auch. Unsere gemeinsamen Tage empfand ich als so ausgefüllt und so leicht wie lange nicht. Ich war wie ein 16-Jähriger von den Geschehnissen des Wochenendes beflügelt. Es baute mich auf, ich fühlte neue Kraft und ich war abgelenkt. Claudia war sehr einfühlsam und gleichzeitig aber auch lebenslustig. Sie hörte mir zu, konnte aber auch quasseln wie ein Wasserfall. Sie war sehr aufgeschlossen. Natürlich war ich erfahren genug, um zu wissen, dass diese Gefühle vielleicht nicht von Dauer sein würden. Aber ich bleibe dabei: Dieses Wochenende war ein therapeutischer Meilenstein für mich.«

Andreas ist kein oberflächlicher Mensch, der sich wie ein Blatt im Herbstwind durchs Leben treiben lässt. Er ist willensstark und durchsetzungsfähig. Jetzt ist er aber auch hilfebedürftig. Der Wochenendtrip hat tatsächlich Spuren hinterlassen. Andreas hinterfragt, was da passiert ist. Er ist auch durchaus bereit, sich kritischen Fragen zu stellen.

»Ich hatte eigentlich erwartet, ein schlechtes Gewissen zu haben. Wie war es möglich, so kurz nach Monis Tod eine Beziehung einzugehen, auch wenn ›Beziehung‹ wohl in diesem Fall nicht der richtige Begriff war. Wie hatte ich Moni so schnell vergessen können? Ich hatte sie aber gar nicht vergessen und ich würde Moni auch nie vergessen. Mein Gefühl der Einsamkeit bekam an diesem Wochenende einfach Gegenwind. Kein Freund, keine Mutter und kein Verwandter konnte so ein Glück vermitteln. Eine Partnerin zu haben, das hat eine andere Qualität. Es ist mit nichts vergleichbar. Das hat mir neues Leben eingehaucht. Und die Kraft brauchte ich so dringend. Auch Gefühle, die das Leben wieder lebenswert machten. Ich hatte aber gleichzeitig Angst, dass meine Familie mich nicht verstehen würde. Noch eine Woche vorher hatte ich selbst eine solche Entwicklung nicht für möglich gehalten.«

* * * * *

Ein Reporter fragt bei Andreas an, ob er sich vorstellen könne, als Studiogast bei »Stern-TV« aufzutreten. Andreas kann. Aber er will nicht. Andreas erklärt dem Journalisten, dass er zunächst das Strafverfahren abwarten wolle und vorerst nicht zur Verfügung stehe. Er spürt, dass ein solcher Auftritt in der Öffentlichkeit noch zu früh käme.

»Ich merkte bei dieser Gelegenheit, wie sehr der Mord an Moni die Medien noch interessierte und auch mich noch fordern würde.«

Andreas sucht Trost und nimmt den zweiten Brief zur Hand, den er auf Anraten seines Psychiaters geschrieben hat, in Monikas Namen. Der Adressat ist er selbst:

»Lieber Andy,

keiner hat wissen können, dass wir uns so trennen. Es war eine Zeit mit Höhen und Tiefen mit Dir. Manchmal hätte ich Dich an die Wand klatschen können. Du mich sicher auch. Aber ich habe Dich immer gern gehabt, auch wenn Deine Macken manchmal sehr nervig waren.

Umso mehr freue ich mich, dass Du das jetzt bemerkst, wie Du vernünftig mit Nico umgehen kannst, dass Du plötzlich so stark und erwachsen bist. Den Freiraum hattest Du wohl vorher nie, weil ich diese Rolle gerne übernahm, die Familie nach meinen Werten führte.

Ich bin stolz auf und dankbar für diese Familie, die wir aufgebaut haben. Mein sehnlichster Wunsch ist es nun, dass Du immer für Lea und Nico da bist. Dass Du sie schützt und ihnen ein liebevoller Vater bist – und kein Nervenbündel.

Andy, ich liebe Dich so sehr und vermisse Dich auch so schmerzlich. Gott hatte aber einen anderen Plan, den Du noch nicht verstehen kannst.

Danke auch für Deine Geduld im Leben mit mir. Ich weiß, dass Du kein böser Mensch bist, ich habe Deine Verrücktheit immer akzeptiert. Glaub mir, dass ich Dich liebte und liebe.

Ich wünsche Dir die Kraft, alles zu schaffen. Du sollst auch nicht alleine bleiben, sondern eine neue Partnerin finden. Vielleicht gibt Dir das die erforderliche Energie. Vergiss mich aber bitte nie, denn ich habe mein kurzes Leben mit Dir und für Dich gelebt.

Doch was ist schon das endliche Erdenleben gegen die Unendlichkeit, den Himmel. Lebe Dein Leben, gerecht und weise.

Moni.«

Claudia, *Monika*, Claudia, *Monika*

Anfang Februar. Andreas will und muss sein Leben ordnen, sich neu sortieren. Eine richtige Beziehung zu Claudia kommt vielleicht zu früh. Aber er will keine Vernunftentscheidung treffen, die er später bereuen könnte. Claudia tut ihm gut, gerade jetzt. Nur das zählt.

Andreas ergeht es wie vielen Menschen, die im Blickpunkt der Öffentlichkeit stehen – wenn auch nur für eine kurze Zeit. Sein voller Name ist in vielen Tageszeitungen zu lesen, manchmal wird sogar ein Bild von ihm abgedruckt. Sein Schicksal wird öffentlich und breit diskutiert. Das macht ihn interessant und attraktiv. Er bekommt Briefe von Frauen, die er nicht kennt, die ihn aber kennenlernen möchten, unbedingt, möglichst bald. Mal findet er einen Zettel hinter der Windschutzscheibe seines Autos, mal bekommt er E-Mails von Verehrerinnen, die mit freizügigen Fotos locken.

»Ich war von diesen Offerten sehr überrascht. Es wunderte mich total. Ich überlegte mir, ob vielleicht Mitleid das Motiv wäre oder ob es nur daran lag, dass da wieder jemand zu haben war. Ich fragte mich auch, ob ich denn überhaupt wirklich so begehrenswert sei. Nein. Ich war ja auch vorher nicht unbedingt gefragt gewesen. Alle zwei Jahre passierte höchstens mal ein eher halbherziger Versuch, mit mir anzubandeln. Ich hatte zu diesem Zeitpunkt wirklich keinen Sinn für solche Abenteuer.«

* * * * *

Irgendwann wird Andreas wieder ins Berufsleben zurückkehren müssen. Das weiß er. Er hat lange darüber nachgedacht. Es zeichnet sich aber keine befriedigende Lösung ab und er spürt, dass eine Rückkehr jetzt einfach zu früh käme, die Familie braucht und fordert ihn voll und ganz. Er spricht mit seinem Therapeuten und erläutert ihm seine Pläne für die nächste Zukunft.

»Meine Worte klangen erst mal nach so einem Typen, der meint, Vater Staat ausnutzen zu können. Andere alleinerziehende Mütter müssen das schließlich auch unter einen Hut bringen: Kindererziehung und Beruf, Alltag, Haushalt. Das war mir schon klar. Ich hatte aber einen Fulltimejob unter erschwerten Bedingungen. Denn meine Kinder mussten unter dem Tod der Mutter leiden und das Eis war ausgesprochen dünn, auf dem wir uns bewegten. Auch wenn die Oberfläche ganz stabil wirkte, darunter war ein verdammt tiefes Wasser. Dazu kamen meine angegriffenen Nerven. Meine Kinder hatten ihre Mutter verloren.

Ich brauchte Erholungsphasen, um so funktionieren zu können, wie ich es musste. Ab und zu mal einen Mittagsschlaf, einen Vormittag ohne Termine. Das war zu diesem Zeitpunkt aber sowieso undenkbar. Wenn ich wieder arbeiten und dann ausfallen würde, wer sollte dann an meiner Stelle stehen? Der Arzt sagte am Ende zu meinen Einwänden, ich habe das wohl gut durchdacht, es mir reiflich überlegt. Er halte es momentan auch für vernünftig, wenn ich zu Hause bleibe. Ich war überrascht. Hatte er nicht bei der letzten Sitzung noch gemeint, wie wichtig für mich eines Tages die Arbeit sein werde?

Ja, eines Tages. Das machte wohl den Unterschied. Aber es war jetzt nicht an der Zeit, dieses Problem zu vertiefen. Da waren genug Probleme, die meinen Lebensweg säumten. Es kam für mich jetzt darauf an, erst mal ein bisschen laufen zu üben, neu Fuß zu fassen.«

Wenn Andreas mal vergisst, die Medikamente zu nehmen, wird er schnell daran erinnert, wie sehr er doch noch von ihnen abhängig ist.

»Dann war ich unruhig und flatterhaft. Sofort schmiss ich wieder eine Tablette ein. Ich brauchte jetzt einen konstanten Pegel, um das alles aushalten zu können.«

Andreas spürt aber, dass er eine Veränderung braucht, auch zu Hause, vor allem da. Er streicht das Schlafzimmer bunt, knallrot und dunkelblau, lackiert sein Bett weiß. Er streicht auch Leas Zimmer.

* * * * *

Die Kinder haben Claudia mittlerweile als neue Partnerin ihres Vaters akzeptiert. Andreas würde diese Beziehung auch nicht fortsetzen können, wenn sie die Kinder belasten würde. Claudia soll keine Ersatzmutter sein. Den Kindern sind die Veränderungen bei ihrem Vater natürlich nicht lange verborgen geblieben. Lea und Nico machen auf ihre Art deutlich, dass sie die Tragweite dieser neuen Situation durchaus erkennen.

»Nico fragte mich, ob ich Claudia heiraten werde. Ich verneinte. Ich erzählte ihm aber durch die Blume, dass Claudia für mich ein ganz besonderer Mensch sei und ich fragte ihn, ob ihm das wohl etwas ausmachen würde. Er antwortete nicht direkt, sagte aber nach ein paar Minuten, das mit dem Heiraten wäre doch cool und fragte, ob der Sohn von Claudia dann sein Bruder sei. Lea meldete sich auch zu Wort. Es sei gemein, dass sie dann keine Schwester habe. Die Kinder freuten sich immer, wenn meine Freundin kam, und das gab mir ein ruhiges Gewissen und ein gutes Gefühl.«

Andreas erfährt insbesondere von seiner 81-jährigen Mutter liebevolle Unterstützung. Sie hilft, wo sie kann, passt auf die Kinder auf, sofern ihr Sohn verhindert ist. Er legt großen Wert auf ihre Meinung und fragt sie auch nach Claudia, ob es richtig sei – so früh nach Monikas Tod –, sich wieder zu binden, ob sie das verstehen könne.

»Meine Mutter war einfach extraklasse. Ich würde ihr das Bundesverdienstkreuz verleihen. Sie fand meine Liaison mit Claudia okay und hatte großes Verständnis dafür. Sie sagte, wenn es mir gut tue, dann sei alles richtig. Ich ging immer davon aus, dass so viel Verständnis etwas ganz Besonderes war.«

Andreas kann zu diesem Zeitpunkt noch nicht ahnen, wie richtig sie mit ihrer Einschätzung liegt.

Es ist Dienstag, der 13. Februar. Andreas zieht es wieder an jenen Ort, an dem Monika durch fremde Hand sterben musste. Es ist das zweite Mal, das er sich dazu durchringt, sich traut. Dort angekommen, hält er inne, kann sich, als er mit Monikas Leid konfrontiert wird, mit einem Mal nicht mehr bewegen – wie eine Salzsäule steht er da, starr, geistesabwesend, einsam, hilflos, verloren. Nach einer Zeit löst sich die Beklemmung und erst jetzt kann er weinen.

Öffentlich lachen?

»*Einerseits genoss ich diesen Tag mit Claudia, aber natürlich war ich mit der Situation überfordert. Claudia, Moni, Claudia, Moni … Es war ja keine Konkurrenzsituation. Es kam mir halt nur so vor, als hätte ich zwei Beziehungen. Ich hatte zwei Beziehungen. Die Beziehung zu Moni würde ich niemals aufgeben können, niemals aufgeben wollen. Moni war so ein guter Mensch gewesen und ich war auch froh, dass sie in mir weiterzuleben schien. Ich hatte sie in meinem Herzen.*

Claudia war greifbar. Sie sagte mal zu mir: ›Du warst für mich früher immer ein Neutrum. Du warst der Mann von Moni. Und da wäre ich nie auf die Idee gekommen, Dich auch nur einmal genauer zu betrachten oder mich für Dich zu interessieren.‹ Claudia half mir, tat mir so gut – als wenn Moni sie geschickt hätte.

Moni hatte sie doch auch gemocht. Claudia und Moni waren als Kinder und Jugendliche sogar befreundet gewesen. Sie hatten sich prächtig verstanden. Ich hatte Claudia durch Moni kennengelernt, vor ungefähr 15 Jahren. Ich hatte sie vielleicht einmal pro Jahr gesehen und immer nett gefunden, aber nie ein Auge auf sie geworfen. Sie war ja auch immer mit ihrem Freund zusammen gewesen. Die beiden Frauen hatten sich in der letzten Zeit nicht mehr oft gesehen, zuletzt beim Jubiläumstreffen der Konfirmanden ein Jahr vorher. Davon gab es Bilder, Claudia und Moni zusammen. Unfassbar, was danach geschah. Wer hätte sich diesen Wahnsinn vorher vorstellen können?

Und nun war ich mit Claudia zusammen, weil man mir Moni weggenommen hatte. Es waren dadurch einfach andere Gefühle und Regungen in mir, die mich ablenkten, die mich auf eine andere Art forderten. Die mir gut taten. Sollte ich die denn einfach so wegschieben? Sollte ich dieses Geschenk nicht annehmen?«

Andreas hat ein grundlegendes Problem. Sobald er etwas tut, egal ob er sich so oder so verhält, er muss auf die Reaktionen all jener gefasst sein, die ihn zwar nicht besonders gut kennen, dafür aber glauben, über ihn urteilen zu dürfen – auch wenn es sie nichts angeht, was er tut, und sie kein Recht dazu haben. Er hat Angst davor, dass man über ihn redet. Denn er weiß, dass alle es tun und ihm die Meinungen wichtig sind. Er weiß deshalb nicht, wie er sich in der Öffentlichkeit verhalten soll, in dieser besonderen Situation. Darf er als Trauernder lachen? Öffentlich lachen? Sich mit einer Frau zeigen? Oder wird von ihm nicht etwas ganz anderes erwartet? Behutsam versucht Andreas, sich in die Gemeinschaft wieder einzufinden, auch wenn es ihm schwer fällt.

»Ein besonderer Tag war der Dorffasching in Himmelkron. Ich ging spontan und unmaskiert hin. Es fiel mir relativ leicht, weil meine Freunde Sven und Nicole auch da waren. Wir feuerten die Gardetänzerinnen an und auch Sven, der im Männerballett mitmischte. Ich tanzte mit Nicole und auch die Bar ließen wir nicht aus. Mit dem Bürgermeister sprach ich über meine Zukunftspläne.

Auch am nächsten Tag ging ich inkognito als Scheich zu einer Faschingsveranstaltung. Es war eine Party in einem Szenelokal. Claudia war auch dabei. Ich hatte ein Scheichkopftuch und eine Sonnenbrille auf, mein blonder Drei-Tage-Bart war dunkel gefärbt. Ich stand in einer Gruppe, zwei Arbeitskollegen direkt gegenüber. Das war ausgesprochen amüsant, denn sie erkannten mich nicht. Ich wollte aber auch unerkannt bleiben, nicht angesprochen werden. Keiner sollte sich Gedanken machen wie: ›Na, dem geht es aber schon wieder recht gut!‹ Genauso wenig wollte ich Sätze hören wie: ›Ach, dem geht es aber schlecht!‹ Ich lag zu diesem Zeitpunkt mit meinen Gefühlen irgendwo dazwischen und fühlte mich über-

all deplaziert. Trotzdem war es wichtig, mich der Außenwelt zu
stellen. Ich wollte einfach wieder am Leben teilhaben.«

Die Gerichtsverhandlung macht Andreas Sorgen, sie soll Anfang Juli stattfinden. Wie werden die Kinder darauf reagieren?
Wie kann er verhindern, dass ihnen Details der Tat zugetragen
werden? Kann er das überhaupt aufhalten? Andreas spricht mit
Nico darüber und gibt ihm zu verstehen, dass er während der
Hauptverhandlung keine Zeitung lesen dürfe. Nico willigt ein,
aber er besteht darauf, wenigstens die Seite mit den Witzen und
dem Hägar-Comic anschauen zu können.

»Durch seine Antwort spürte ich wieder, wie sehr er alles ver-
drängte. Er wusste sehr genau, um was es ging, was ich meinte. Aber
er wollte es nicht wahrhaben.«

* * * * *

Mittwoch, 28. Februar. Durch die Staatsanwaltschaft Bayreuth
wird Anklage erhoben. In einer Presseerklärung steht, was Jochen
S. vorgeworfen wird und wie dieser Mann bestraft werden soll:
»Anklage wegen Mordes.

Die Staatsanwaltschaft Bayreuth hat gegen den 36-jährigen
Deutschen, der verdächtigt wird, am Samstag, dem 7. Oktober
2006 in Bayreuth eine Krankenschwester vergewaltigt und ermordet zu haben, Anklage beim Schwurgericht des Landgerichts Bayreuth erhoben. Die umfangreichen Ermittlungen von
Staatsanwaltschaft und Kriminalpolizei Bayreuth wurden vor
kurzem abgeschlossen.

Die Staatsanwaltschaft wirft dem Beschuldigten u.a. Folgendes vor:
• Am 5. Oktober 2006 gegen 06.25 Uhr bemächtigte er sich
  in Bayreuth einer Autofahrerin, um von ihr unter Bedrohung mit einem Messer den Geldbeutel und Kreditkarten zu
  erpressen. Anschließend stieg er aus dem Pkw seines Opfers

aus und flüchtete. Die Frau wurde nicht verletzt. Zum Geldabheben ist es nicht gekommen, weil die Kreditkarten mittlerweile gesperrt waren.

- Am 7. Oktober 2006 überfiel der Beeschuldigte in Bayreuth eine Krankenschwester und zwang sie, bei zwei Geldautomaten Geld abzuheben; anschließend vergewaltigte er sie. Bei diesen Taten bedrohte er sein Opfer mit einem Messer. Unmittelbar darauf tötete er die Krankenschwester mit mehreren Messerstichen und durch Schläge mit einem Warndreieck.

Die Staatsanwaltschaft legt dem Beschuldigten räuberische Angriffe auf zwei Kraftfahrerinnen in Tateinheit mit erpresserischem Menschenraub und schwerer räuberischer Erpressung zur Last. Im Fall der Krankenschwester ist er darüber hinaus wegen Vergewaltigung und wegen Mordes angeklagt.

Der Beschuldigte handelte bei der Tötung der Krankenschwester nach dem Ergebnis der Ermittlungen, um die vorangegangenen Straftaten zu deren Nachteil zu verdecken.

Ein psychiatrischer Sachverständiger ist zu dem vorläufigen Ergebnis gelangt, dass der Beschuldigte für seine Straftaten in vollem Umfang verantwortlich sei. Eine Beeinträchtigung der Schuldfähigkeit liege nicht vor.

Nach dem Stand der Ermittlungen zum Zeitpunkt der Anklageerhebung strebt die Staatsanwaltschaft die Verurteilung zu einer lebenslangen Freiheitsstrafe und die Anordnung der Sicherungsverwahrung an.«

Jochen S. soll demnach die in Deutschland höchstmögliche Strafe bekommen. Andreas erfährt rechtzeitig von der Anklageerhebung und recherchiert im Internet. Überwunden geglaubte Abgründe tun sich auf.

»Ich las immer wieder: ›Brutal ermordet‹. Da war ich wieder mitten in meinem Kriminalfall. Ich dachte: Was wird nun aus den guten Gefühlen der letzten Tage? Jetzt wurde es langsam ernst. Ich befürchtete, alles würde in den nächsten Monaten wieder aufbre-

chen. Die Kruste über der Wunde war dünn und die Lava brodel-
te mit unheimlichem Druck darunter, nur auf den richtigen Mo-
ment wartend, um auszubrechen.«

»Ich will sterben!«

Monika könnte noch leben, wenn man die Gefährlichkeit von
Jochen S. erkannt hätte. Andreas will den Gutachter, der dem
mutmaßlichen Mörder seiner Frau wieder zur Freiheit verholfen
hat, nicht zum Sündenbock machen. Das wäre zu simpel. Er hat
selbst fünf Jahre in der Sozialtherapie gearbeitet und tiefe Einblicke gewonnen, wertvolle Erfahrungen gesammelt und erkannt, dass es nicht überall zum Besten steht. Und auf diese Irrungen und Wirrungen möchte er aufmerksam machen, die Öffentlichkeit sensibilisieren – damit Einsichten gewonnen
werden, mit denen die Gefahr solch verhängnisvoller Entwik-
klungen verringert, sie vielleicht sogar verhindert werden können. Andreas hat dabei aber ein Problem.

»Mit meiner Meinung in Bezug auf Therapierbarkeit, Strafmaß
oder Gefährlichkeit von Gefangenen stimme ich mit vielen Exper-
ten auf diesem Gebiet nahezu überein. Das sind aber Spezialisten,
Leute, die ernst genommen werden, deren Wort in einer Diskus-
sionsrunde Gewicht hat. Bei mir wäre das anders, auch wenn ich
dieselbe Meinung vertreten würde. Denn in mir sieht man natür-
lich zunächst das Opfer. Sofort würde man bei mir Abstriche ma-
chen: Ich sei ja betroffen, voller Bitterkeit, müsse deswegen ja kriti-
sieren. Man würde mir jede Kompetenz von Vornherein absprechen.
Und das war genau der Weg, den ich nicht einschlagen wollte. Ich
wollte gehört werden. Und dafür brauchte ich Verbündete.«

* * * * *

Am 1. März erscheint wieder ein Artikel über den gewaltsamen
Tod von Monika im *Nordbayerischen Kurier*. Darin werden auch
Dinge veröffentlicht, von denen Andreas bisher nichts weiß –
Monika soll solange mit einem Messer und einem Warndreieck
traktiert worden sein, bis sie tot war.

*»Ich schnitt den Artikel aus und ließ mir die neuen Erkenntnisse
durch den Kopf gehen. Es schmerzte wieder sehr, es machte mich
schwach, traurig und wütend. Fast fünf Monate waren vergangen
und ich erfuhr nun wieder so ein Detail, das mich ungeheuer belastete. Natürlich wusste ich, dass sie auch geschlagen worden war. Aber
ich wusste bisher noch nicht, dass es mit einem Warndreieck passiert
war. So hatte das Werkzeug einen Namen, das Grauen ein neues
Bild. Jederzeit vorher hätte ich mich schon genau danach erkundi-
gen können. Ich wollte es aber nicht, ich wollte es einfach nicht früher erfahren. Selbstschutz. Doch jetzt: Selbst schuld, es war geschehen. Es war klar, dass es irgendwann so hat kommen müssen, de-
taillierter beschrieben, grauenvoller deutlich werden sollte. Aber ich
hätte es auch nicht früher erfahren wollen. Seit langer Zeit musste
ich wieder weinen. Moni tat mir unendlich leid, was sie ertragen
musste, war so grausam und so bitter. Ich glaubte, den Gedanken
daran einfach nicht aushalten zu können.*

*Ich weinte mich am Telefon bei Claudia aus. Auch meine
Schwiegermutter und Gitti, Monis Schwester, hatten den Artikel gelesen und waren betroffen. Das mussten sie gar nicht erst aussprechen,
da genügte schon ein Blick oder ein kurzes, ernstes Kopfnicken.«*

* * * * *

10. August 2004, Untersteinach in Franken, St. Oswald-Kirche.
»Wir bleiben zurück in Schmerz und Trauer«, sagte der Dorfpfarrer. Bestürzung und Wut standen in den Gesichtern der mehr als
400 Trauergäste, viele weinten. Noch immer konnte kaum

jemand begreifen, was sich im Ort ereignet hatte: Die 14-jährige Julia war fünf Tage zuvor von ihrem Onkel erstochen worden, nachdem der 28-Jährige vergeblich versucht hatte, das Mädchen zu vergewaltigen. »Die Bluttat an Julia, dieses unbegreifliche Ende, darf nicht das Letzte sein, an das sich die Hinterbliebenen erinnern sollten, sondern an Julias Lebensfreude, ihre Fröhlichkeit und Hilfsbereitschaft«, sagte der Pfarrer an ihrem Grab.

Untersteinach und Himmelkron trennen nur 13 Kilometer. Doris und Andreas haben ein ähnliches Schicksal erlitten. Doris ist die Mutter von Julia.

»Ich traf mich mit Doris, sie hatte mir früher bereits geschrieben. Jetzt erst fand ich die Zeit und den Mut, mit ihr ein Treffen auszumachen. Ein Wiederholungstäter hatte auch ihr Leben verändert. Es hatte sich nach der Tat herausgestellt, dass der Täter in früheren Jahren in Kulmbach – etwa 20 Kilometer von Himmelkron entfernt – ein anderes Mädchen getötet hatte. Beide Taten waren mir bekannt, Moni und ich waren damals sehr betroffen gewesen. Ich erinnerte mich genau, wie wir damals mitgefühlt und über solche Menschen, die so grauenhafte Verbrechen begehen, die so böse sind, die rücksichtslos Familien ruinieren, resignierend den Kopf geschüttelt hatten.

Doris war eine total sympathische Frau. Wir waren schnell beim Du und verstanden uns auf den ersten Blick – natürlich ging es dabei um unsere Gefühle nach dem Verbrechen und das, was wir durchgemacht hatten. Wir konnten die Gefühle des Anderen nachempfinden, weil wir uns in Gefühlswelten befanden, die so unbeschreiblich sind, dass sie anderen Menschen verschlossen bleiben.

Ein anderer gemeinsamer Punkt, an dem wir uns beide wiederfanden, war auch: Wenn es schlecht geht, wünscht man sich Besserung, wenn es besser geht, hat man ein schlechtes Gewissen, weil es einem gut geht – so widersprüchlich, und doch wahr. Ja, wir beide wussten, wovon wir sprachen. Ich verschwieg auch nicht, dass ich eine Freundin hatte. ›Sie ist mir irgendwie zugelaufen‹, scherzte ich. Ich spürte die Freude bei Doris. Ihre Augen leuchteten. Sie sagte: ›Ich freue mich so für Dich. Das ist genau das, was Du jetzt brauchst. Ich finde das super.‹

Wir beklagten uns über die Medien, redeten über unsere Stim-
mungsschwankungen und über meine Alkoholprobleme. Wir schie-
nen das Gleiche erlebt, die gleichen wahnsinnigen Stunden ver-
bracht zu haben, auch wenn unsere Geschichten verschieden waren.
Es war für mich ein schöner Moment, von jemand verstanden zu
werden, der ein ähnliches Schicksal wie ich hatte erleiden müssen.

Doris erzählte mir vom Regenbogen, den sie verkehrt herum am
Tag der Beerdigung gesehen hatte. Von ihren Gefühlen, wenn sie
glaubte, Julia sei in ihrer Nähe. Sie schenkte mir einen Kristall, der
das Licht in Regenbogenfarben unregelmäßig reflektierte. Ich er-
zählte vom Lichtflackern der Wohnzimmerlampe in den Momenten,
wenn ich besonders stark an Moni dachte, weil ich mich mit Freun-
den über sie unterhielt. Ich hielt dies für ein Zeichen ihrer Anwesen-
heit, als wenn sie uns zuzwinkern würde.«

* * * * *

Der Verlust von Monika hat Andreas nicht nur tief verletzt, er
hat ihm auch die Orientierung genommen.

»Ich dachte über alle möglichen Wege nach, die ich gehen könn-
te, die mir vorgeschlagen wurden, die ich auch eigentlich einschla-
gen wollte. Ich war aber auch voller Hast und Unruhe und konnte
mich zu nichts entscheiden. Dann kam ein Brief von meinem An-
walt. Vom 2. bis zum 6. Juli solle die Gerichtsverhandlung stattfin-
den, schrieb er mir.

Frau W. vom Weißen Ring teilte mir diesen Termin auch mit,
außerdem schickte sie mir noch Material für meine Berufung, da-
mit ich etwas bewegen könne. Der Titel eines Artikels war: ›Die Tä-
terhelfer.‹ Es ging um die Fachleute, die für die Täter da sind – The-
rapeuten und Psychologen. Und ich als Betreuungsbeamter gehöre
natürlich auch dazu. Es wurde in diesem Artikel aufgezeigt, wel-
chen Gefahren sich dieser Personenkreis ausgesetzt sieht. Er zeigte,
wie schnell eine Einschätzung nicht mehr objektiv ist, wie rasch man
durch die enge Zusammenarbeit Sympathien für den Täter ent-

wickeln kann. Ich war begeistert von diesem Aufsatz, denn er sprach mir genau aus der Seele.«

In einer anderen Sache findet Andreas Orientierung. Er erkennt, dass er seine Kinder in den vergangenen Monaten mit den besten Absichten überbehütet hat. Das soll jetzt anders werden.

»Ich brachte Lea zum Opa. Nico durfte auf seinen ausdrücklichen Wunsch hin einige Stunden zu Hause alleine verbringen. Er freute sich diebisch, endlich mal sein eigener Herr sein zu dürfen. So konnte er machen, was er wollte, und Papa nervte nicht.«

Den ersten Schritt zur Bewältigung hatte Andreas schon unternommen, als er damit begann, Tagebuch zu schreiben. Er hatte Angst, dass sonst wichtige Erinnerungen verloren gehen würden. Im Schreiben sah er eine einmalige Gelegenheit, vielleicht sich selbst zu finden und sein Leben neu zu ordnen. Allerdings konnte er diese Absicht nie artikulieren – es war mehr ein diffuses Bedürfnis, verschwommen in Struktur und Herkunft, dafür aber umso deutlicher und klarer in seiner Notwendigkeit und Dringlichkeit. Jetzt aber war die Idee an ihn herangetragen worden, aus seinen täglichen Aufzeichnungen ein Buch zu machen.

»Mir war klar, ein Buch sei die beste Möglichkeit, anderen Menschen in vergleichbaren Situationen zu helfen und die Öffentlichkeit mit den zentralen Problemen bei der Therapie von Sexualstraftätern zu konfrontieren. Keine Zeitung könnte mich dann falsch zitieren oder aus dem Zusammenhang gerissenen Worten eine falsche Bedeutung geben.

Ich war trotzdem unsicher. Sogar mit Nico besprach ich die Sache mit dem Buch. Ich sagte ihm, dass ich mir überlegen würde, es zu machen, damit anderen vielleicht so was nicht passiert. Denn der Mensch, der Moni getötet habe, sei schon mal im Gefängnis gewesen. Nico antwortete, das sei schon wichtig, aber eigentlich gehe das doch niemanden etwas an. Ich versicherte ihm, wir würden das nur gemeinsam entscheiden, alles gut überlegen und erst dann handeln. Als mein Sohn hatte er natürlich ein Mitspracherecht. Deshalb sagte ich ihm auch: ›Wenn Du nein sagst, dann schreibe ich das Buch nicht.‹«

Andreas zweifelt. Wie werden wohl die Fachleute in der Anstalt darauf reagieren? Wohlwollend? Entsetzt? Wird man ihm Selbstüberschätzung unterstellen? Er hofft aber auch auf Verständnis bei den Lesern. Er ist hin und her gerissen. Dann stellt er sich eine Frage.

»Warum will ich an die Öffentlichkeit gehen? Will ich mal im Mittelpunkt stehen, um ins Fernsehen zu kommen, um Mitleid und Verständnis zu ernten? Mit Sicherheit nicht. Ich hatte die Befürchtung, dass sich das alles anders entwickeln könnte, als ich beabsichtigte. Aber es ging auch um mein Bestreben, die Gesellschaft auf manches hinzuweisen. Vielleicht würde es mir gelingen, durch meine persönlichen Gefühle im Tagebuch so viel an Glaubwürdigkeit zu erreichen, dass ich ernstgenommen werden würde. Ich hoffte jedenfalls darauf. Es war mir aber auch wichtig zu trösten, anderen ein Schicksal aufzuzeigen, das nicht zum Untergang führt, sondern das man bewältigen kann. Es ging mir darum, anderen ein Beispiel zu geben. Nicht darum, mich hervorzutun, sondern zu ermutigen, zu ermuntern.«

Das Ja zum Buch ist eine wichtige Entscheidung. Andreas spricht mit seiner Mutter, der Schwiegermutter, Monikas Schwester, ihrem Vater, Nachbarn, Freunden.

»Der Tenor war: Tu es. Claudia war skeptischer, reagierte sehr überlegt. Wir grübelten gemeinsam: Was wäre das Schlimmste, was passieren könnte? Vielleicht würde ich heftig attackiert oder lächerlich gemacht werden? Monika hatte aber viel mehr durchmachen müssen. Also war das für mich eigentlich kein Argument. Meine Kinder könnten eventuell Schaden nehmen. Vielleicht würden sie es später aber sogar gut finden. Ich dachte auch: Mit dem Buch stünde mein ganzes Leben im Regal. Ich wäre der Öffentlichkeit ausgeliefert, könnte nichts mehr ungeschehen machen. Auf der anderen Seite: Mein Schicksal war es doch sowieso schon, mit dieser Tat mein Leben lang verbunden zu sein. Wenn ich es nicht machte, würde ich eine Chance, aufzuklären und mich zu erklären, ungenutzt verstreichen lassen. Würde ich es später vielleicht bereuen, es nicht ge-

tan zu haben? Hatte ich nicht die Pflicht zu kämpfen? Und ich bräuchte es nicht alleine zu machen, ich hätte einen Partner, einen erfahrenen Autor an meiner Seite. Ich würde aber nur sprechen und diesen Seelenstriptease machen, wenn ich damit eine bestimmte Hoffnung verbinden könnte. Ich wollte, dass sich etwas verändert, dass ich anderen Menschen helfen kann. Ich kam aber einfach zu keinem endgültigen Schluss. Die Gedanken kreisen weiter.«

* * * * *

Im Internet stößt Andreas auf ein Interview, das der Leiter der psychiatrischen Abteilung im Bezirkskrankenhaus Bayreuth gegeben hat. Dieser Mann behandelt auch Andreas. Besonders eine Aussage fordert ihn zum Widerspruch heraus – ein Therapeut könne einschätzen und erkennen, ob ihm von einem Patienten etwas vorgemacht werde. Andreas ist mit dieser Meinung nicht einverstanden, nicht nur er hat ganz andere Erfahrungen gemacht. Er nimmt sich vor, seinen Therapeuten damit zu konfrontieren.

* * * * *

Lea weint, als sie schlafen soll. Dann spricht sie aus, was ihr durch den Kopf geht: »Ich will sterben, sterben, sterben! Ich will zur Mami!« Vielleicht fühlt sie sich vernachlässigt. Vielleicht möchte sie nur einmal mehr als üblich in den Arm genommen werden. Vielleicht spürt sie, dass Andreas in Gedanken ganz woanders ist.

»Diese Situationen gab es immer wieder mal. Anfangs war es für mich ein Horrorszenario. Ich war total überfordert und fing an zu schwitzen. Irgendwie gelang es mir aber immer durch Streicheln, zärtliche Berührungen und Nähe, diese Stimmungen auszugleichen. Mit der Zeit bekam ich darin Routine. Ich war nicht mehr so nervös, denn die Erfahrung zeigte ja, dass ich Lea beruhigen konnte. Es war immer wie ein Schrei nach Liebe und ich tat das, wonach sich Lea sehnte, ich schenkte ihr Aufmerksamkeit und Liebe.

Natürlich war ich oft in Gedanken. Ich grübelte sehr viel darü-
ber nach, ob das mit dem Buch wirklich eine gute Idee wäre. Ich hat-
te aber das Gefühl, auch Moni würde zustimmen. Es war mir so, als
würde sie sagen: ›Das ist Deine Aufgabe, es muss sein, Du schaffst das.‹
Ich war nun bereit, es zu tun. Wider Erwarten gab es niemand
in meinem Umfeld, der mir davon abgeraten hatte.«

* * * * *

Andreas trifft sich mit Anneliese Fischer, CSU-Politikerin und
ehemalige Vizepräsidentin des Bayerischen Landtags. Er schätzt
diese Politikerin und erhofft sich ein aufschlussreiches Gespräch.

»Diese Frau kennt in Oberfranken wohl jeder. Ich kenne sie na-
türlich auch. Sie ist politisch sehr engagiert, hat sich auch für die
Frauenbewegung eingesetzt und ist wohl auch mitverantwortlich
dafür, dass es in den Behörden jetzt Frauenbeauftragte gibt. Für
mich ist sie ein Politelefant. Sie hat sich Respekt verdient, ihre Le-
bensleistung ist beachtlich.

Wir trafen uns in einem Café. Ich trug angemessene Kleidung,
hatte auch einen kleinen Blumenstrauß für sie dabei – nicht, weil
ich mich bei ihr einschmeicheln wollte, sondern weil ich sie sehr
schätze. Sie war mir immer schon als sympathische Frau im Sinn
und ich war gerührt, dass sie sich gerne die Zeit für mich nahm. Eh-
renamtlich war sie ja auch für den Weißen Ring tätig.

Bei einem Kaffee und einem kleinen Frühstück kamen wir ins
Gespräch, ich erzählte auch von mir, von Moni. Ich hatte Bilder von
ihr dabei. Mich ärgerte immer noch, dass in den Zeitungen nur ein
verschwommenes Bild von Moni veröffentlicht worden war. Frau
Fischer riet mir, ich solle den Medien ein besseres Foto zur Verfü-
gung stellen, damit Moni endlich so gezeigt würde, wie sie wirklich
war. Sie sagte, die Öffentlichkeit würde dann einen ganz anderen
Eindruck von ihr bekommen. Denn dieses schemenhafte Bild habe
ja wirklich nichts mit ihr zu tun.

Frau Fischer machte mir Mut, sie verstand meine Ängste hin-

sichtlich des Buchs und verstand meine Sorge, meiner dienstlichen Schweigepflicht zu entsprechen. Sie sagte, es wäre fatal, würde ich meinen Beamtenstatus aufs Spiel setzen. Meine fachlichen Überlegungen begrüßte sie. Sie war für mich auch eine Art Vorbild.«

* * * * *

7. März, ein Mittwoch, genau fünf Monate nach der Tat. Der Lokalsender »Radio Mainwelle« kündigt einen Bericht über den Mord an Monika an. Nico ist schon in der Schule, Lea frühstückt in der Küche. Andreas schleicht sich nach oben, Nicos Radio unter dem Arm. Er will vermeiden, dass Lea etwas mitbekommt. Gebannt hört er den Beitrag, alles ist mit einem Mal wieder präsent.

»Ich dachte: Warum wollen die was darüber machen, haben die keinen aktuellen Stoff? Aber ich konnte jetzt damit umgehen, es machte mich nicht kaputt. Ich war gefestigt durch mein Schreiben und meine Gedanken an die Zukunft.«

* * * * *

Obwohl Andreas und Claudia sich alle Mühe geben, ihre Beziehung zunächst nicht öffentlich zu machen, ist es jetzt an der Zeit, Farbe zu bekennen. Gerade im Familienkreis lässt sich die Verbindung nicht länger verschweigen.

»Meine Schwägerin stellte schon Fragen. Ich wurde nun direkt mit der Wahrheit konfrontiert. Ich hatte ein ungutes Gefühl, fühlte mich irgendwie schuldig. Ich hatte es ja schließlich auch verheimlicht. Aus Angst, man würde mir den Vorwurf machen, Moni schon vergessen zu haben, gefühllos zu sein, pietätlos, gewissenlos, egoistisch, herzlos, nur auf mich bedacht.

Es wurde im Dorf reichlich getratscht. Angeblich hätte ich mit einer Frau beim Himmelkroner Fasching geknutscht, sei auch mit ihr joggen gewesen, hieß es. Dabei war alles ganz anders gewesen. Ich hatte Nicole, die Frau eines Freundes, nur gedrückt und auf die

170

Wange geküsst. Das war unter uns vollkommen normal. Ihr Mann war ja auch dabei gewesen. Da sie sich aber verkleidet hatte, war sie wohl nicht erkannt worden. So war diese harmlose Umarmung als Rumknutschen gedeutet worden. Zum Joggen war ich mit einer bekannten Kindergärtnerin gegangen. Klar, musste ja so kommen: Wer zusammen joggt, der hat auch ein Verhältnis.

Ich klärte meine Schwägerin auf, was es damit wirklich auf sich hatte. Dann erzählte ich ihr offen von Claudia, dass wir zusammen seien. Das fiel mir alles andere als leicht. Irgendwie fühlte ich mich nicht wohl in meiner Haut. Auch wenn ich damit keine Straftat begangen hatte, hörte ich das schlechte Gewissen in mir aufschreien. Deshalb hatte ich mich bisher damit zurückgehalten. Sie sagte es zwar nicht, aber ich konnte mir schon vorstellen, dass auch sie sich vielleicht damit hintergangen fühlte, stellvertretend für ihre Schwester. Es war ihr anzusehen. Aus genau diesem Grund hatte ich lange Zeit geschwiegen. Es war mir unangenehm, diese Geschichte anzusprechen. Moni war schließlich ihre Schwester. Ich versuchte ihr nun zu erklären, wie und warum es dazu gekommen war. Ich erzählte, wie es sich entwickelte hatte und wie die neue Freundschaft meine Einsamkeit erträglicher machte. Danach konnte sie mich auch verstehen.

Ich lebe in einem Dorf und ich wusste, wie die Menschen auf mein Verhalten reagierten: Der arme Kerl, er tut uns so leid, hoffentlich schafft er es so bald wie möglich, wieder neu anzufangen. Ach, wenn er nur bald aus dem Tal der Tränen herausfinden könnte. Oder: Wieso geht es dem jetzt gut? Das ist nicht in Ordnung, er hat doch noch zu trauern. Hat der denn gar keinen Anstand? Der hat seine Frau wohl doch nicht so richtig gern gehabt.

Aber ich wollte auf meine Art trauern. Meine Tränen gingen niemand etwas an, ich weinte meistens allein, nachts. Oder wenn es mich irgendwo überkam: auf dem Friedhof, im Haus, im Garten. Mein Trauern sollte ja kein Schaulaufen für die Öffentlichkeit sein. Und ich wollte auch mal lachen, wenn mir danach war und nicht deswegen mein Gesicht verbergen müssen. Ich war froh um jedes Stück Normalität, das langsam zurückkehrte.«

Andreas macht Fortschritte, wenn es um den Umgang mit den Kindern geht. Er muss Neuland betreten, sich zurechtfinden, Erfahrungen sammeln. Das braucht seine Zeit.

»Ich arbeitete in diesem Punkt sehr an mir. Immer öfter gelang es mir, gerecht, lieb und fair zu den Kindern zu sein. Mein Ziel war es, ein Vater zu sein, der für seine Kinder da ist, sich dabei aber selbst auch nicht vergisst. Ich bin halt auch ein Stück weit ein Egoist, habe Wünsche und Erwartungen, will auch mal auf mich schauen. Auch ich darf mich freuen. Auch ich darf Dinge tun, die Spaß machen. Und wenn es mir gut geht, profitieren auch die Kinder davon. Dieser Satz klingt ein wenig selbstgerecht. Doch ich hatte schon genug Erfahrung mit depressiven Verstimmungen gemacht. Und es ist halt so, dass ein unglücklicher Vater nicht dazu taugt, angemessene Rahmenbedingungen für eine vernünftige Erziehung zu schaffen. Eine gekünstelt gute Laune wird von den feinen Antennen der Kinder schnell wahrgenommen und entlarvt.

Ich bemühte mich um die Kinder gleichermaßen. Lea zeigte ihre Gefühle offener. Um den Verlust der Mutter für sie erträglicher zu machen, sorgte ich mich sehr um sie. Ich las ihr aus einem Buch über Dinosaurier vor; Mama-Dino starb und Lea weinte ganz bitterlich. Ich drückte sie ganz fest an mich, tröstete sie, sprach mit ihr. Bald ging es ihr wieder besser. Ich war verdammt stolz auf meine Kinder, auf Monis Kinder.«

* * * * *

Die Beziehung zu Claudia stabilisiert nicht nur Andreas, sondern die ganze Familie. Lea schwärmt sogar von ihr: »Die hat dieselben Haare wie Mami.« Andreas ist ein Mensch, der zu seinen Entscheidungen steht, der sie aber auch regelmäßig kritisch hinterfragt. Er ist einerseits vernünftig genug, um zu erkennen, dass die Verbindung zu Claudia unter diesen Bedingungen zu früh kommt, eigentlich. Andererseits weiß er: Es existiert keine gesellschaftsethische Aufklärungsschrift, kein Benimmkodex, der empfiehlt oder gar vorschreibt, wie lange man zu trauern hat, wann man sich wieder einer Frau zuwenden darf – nach einem Jahr, zwei Jahren, zweieinhalb Jahren, im Einzelfall vielleicht erst nach 777 Tagen? Für Andreas zählt in dieser besonderen Situation nur das, was seinen Kindern und ihm gut tut. Und diese Entscheidungen will er nicht von einem Kalender abhängig machen.

»Irgendwo war schon auch in mir eine Stimme, die sagte: Das kann doch nicht sein, das ist doch viel zu früh, jetzt kommt doch erst noch der Prozess und schon habe ich mal eben eine neue Partnerin an der Hand.

Es waren aber auch ein paar pragmatische Beweggründe, die mich bei meiner Entscheidung beeinflussten. Schon beim Zubettbringen der Kinder war mir Claudia eine wertvolle Hilfe, sie gab mir Mut in Erziehungsfragen, kritisierte mich auch dezent, wenn es nötig war. Sie meinte, ich sei manchmal zu streng, reagierte zu zwanghaft. Die Kinder bräuchten etwas mehr Freiraum, sie sollten aus einem Konflikt auch mal als Gewinner hervorgehen dürfen.

Damit hatte sie Recht. Und ich war froh, dass sie Recht hatte. Ich war ja nicht so verbohrt, dass ich ihre gut gemeinten Ratschläge einfach so an mir abprallen lassen wollte. Ich setzte sie um. Vor allem aber wurde Claudia von meinen Kindern akzeptiert, gerne angenommen. Das war entscheidend.«

Der Auftragsmord

Katzenjammer. Dieser Zustand der absoluten Leere, der seelischen Erschöpfung, der Unfähigkeit, etwas zu empfinden, packt Andreas urplötzlich, schüttelt ihn erneut, bringt ihn immer wieder aus dem Lebenstakt, schleudert ihn in eine Nebenrealität, in der es keine Hoffnung gibt, keine Zukunft. Alles ist grau.

»Wenn ich meinte, es ginge mir besser, kam dieser Flashback und alles wirkte wieder so hoffnungslos und traurig. Das waren diese elenden Depressionsanfälle, unverhofft, wie aus dem Nichts. Ich nahm zwar weiterhin dagegen Medikamente, aber die halfen auch nicht immer. Außerdem machten sie mich müde. Nachmittags schlief ich jetzt regelmäßig etwa eine Stunde. Es ging gar nicht anders.«

Ob die Wankelmütigkeit seinem angegriffenen Gesundheitszustand geschuldet ist oder ob sie das Ergebnis unbeeinflusster Überlegungen ist, weiß er nicht. Jedenfalls zweifelt er, ob er das Richtige tut.

»Einmal wachte ich von schweren Albträumen geplagt auf. Ich wusste nicht genau, was sie verursacht hatte. Aber natürlich spielte die Tat eine Rolle. Ich war plötzlich ganz konfus, verwirrt. Ich wusste nicht, wohin mit meinen Gedanken zu diesem Buch, zweifelte an meinen Zielen, zweifelte an mir selbst. Ich dachte: Das schaffe ich nicht! Ich kann das nicht! Ich geh' daran kaputt! Ich war total erschöpft und nur noch ein Nervenbündel.«

14. März, ein Mittwoch. Die Nacht war für Andreas wieder einmal kurz, er wurde geplagt von bösen Träumen und wirren Gedanken. Das Verbrechen an Monika hat sich wie ein Kuckucksei in seinem Unterbewusstsein eingenistet. Er ist schon einige Stunden wach, als er gegen 6 Uhr aufsteht. Die Bettdecke ist schweißgetränkt.

Vormittags besucht er Claudia, dann holt er seine Schwiegermutter in Bayreuth ab. Ilse bleibt den Nachmittag über, spielt mit den Kindern. Andreas muss ihr jetzt von der Beziehung zu Claudia erzählen, er will vermeiden, dass sie es von anderer Seite zugetragen bekommt.

»Ich sagte ihr, dass sich meine Bekanntschaft mit Claudia sehr vertieft hätte. Natürlich hatte ich wieder Angst, dass Ilse das als Verrat an ihrer Tochter auffassen würde. Deshalb hielt ich mich mit Schwärmen einigermaßen bedeckt. Aber Ilse reagierte toll. Sie sagte: ›Dass es mal so kommen musste, ist klar. Du bist jung und hast

noch das Leben vor Dir. Und Moni hast Du ja deswegen nicht vergessen, sondern trägst sie immer im Herzen.‹

Ihre Worte waren Balsam für meine Seele und sie trafen genau ins Schwarze: Moni wird immer in meinem Herzen sein. Sie ist unvergesslich und wird unvergesslich bleiben. Selbst wenn ich 100 neue Partnerschaften eingehen würde, so wird ihr ihr Platz doch nie streitig gemacht werden können. Wir waren 18 Jahre zusammen, haben so viel gemeinsam erlebt und unser Leben geteilt. Ich liebe sie doch noch immer.«

Andreas ist wieder bei Monika auf dem Friedhof. Der Grabstein ist mittlerweile gesetzt worden.

»Das war wieder so ein Stück traurige Wirklichkeit, Endgültigkeit. Ich weinte und erfreute mich aber auch der Sonne, die den ungleichmäßigen, rosafarbenen Südtiroler Gneis in ein hoffnungsvolles Glitzern tauchte. Ich empfand den Grabstein so passend für unsere Moni.«

* * * * *

Marina, seine Nichte, ruft an. Sie ist Polizistin in Frankfurt am Main. Sie kommen auch auf das Buchprojekt zu sprechen.

»Ich sagte ihr, dass ich so eine Angst habe, etwas falsch zu machen. Sie antwortete darauf: ›Andreas, du hast bisher alles richtiggemacht. Hättest du vorher mit der Presse gesprochen, wäre alles verpufft. Du machst alles richtig und auch wenn mal etwas nicht so gut laufen sollte, lernst Du die Kunst, den richtigen Weg zu finden. Wenn Du mit deinem persönlichen Tagebuch und mit Deinen fachlichen Überlegungen an die Öffentlichkeit gehst, ist das sinnvoll. Denn Deine Mission allein mit der Aussage ›Wir brauchen Reformen, es muss sich etwas ändern‹, würde kaum jemand interessieren. Du musst versuchen, die Menschen über dein Schicksal zu erreichen.‹ Diesen Zuspruch hatte ich gebraucht, diese Worte taten mir gut und ich war nicht mehr so unsicher.«

Die Arbeit an seinem Tagebuch ist anstrengend. Andreas

muss vieles, was er vergessen oder verdrängt hat, hervorholen, es noch einmal durchleben, erleiden. Schon einzelne Zeitungsartikel, die er aufgehoben hatte und nun liest – manch einen zum ersten Mal –, bringen ihn aus der Fassung.

»Davon war ich so aufgewühlt, dass ich minutenlang weinen musste. Ich sah Monis Bild, die Überschriften, las kurze Abschnitte. Irgendwann konnte ich nicht mehr. Abends besuchte mich Claudia und mit ihrer Anwesenheit ging es mir besser. Der ganz normale Wahnsinn, die ganz normale Achterbahnfahrt.«

Andreas kennt die typischen Etappen einer Alkoholikerkarriere: probieren, häufiger trinken, dann regelmäßig konsumieren, später exzessiv, schließlich unkontrolliert. Er hat Stufe drei erreicht, braucht jeden Tag sein Quantum. Jetzt ist es nicht mehr weit, bis aus der Gewohnheit ein Missbrauch werden könnte. Andreas weiß das und er erkennt die Gefahr, die sich langsam in sein Leben schleicht.

»Mittlerweile hatte ich auch alkoholreduziertes und alkoholfreies Bier in meinem Sortiment. Manuela brachte mich darauf, als sie abends mal einen Sechserpack mitbrachte. Claudia trank prinzipiell alkoholfreies Bier. Was ich früher verschmäht hatte, akzeptierte ich jetzt. Ich bemerkte auch einen regelrechten Placeboeffekt. Das alkoholfreie Bier schien, wahrscheinlich wegen des fast identischen Geschmacks, dieselbe Wirkung wie normales Bier zu haben. Jedenfalls meinte ich, drei Flaschen Bier zu brauchen, damit sich diese entspannende Reaktion einstellte. Drei Flaschen alkoholfreies Bier.

Es war eine gute Alternative zum Rotwein. Ich trank aber auch weiterhin regelmäßig Alkohol, die abendliche Menge wurde aber schon wesentlich geringer. Von meinem Therapeuten hatte ich den Tipp bekommen, zwischendurch auch mal ein Glas Mineralwasser zu trinken. Daran hielt ich mich und es half tatsächlich. Ich wollte auf keinen Fall alkoholabhängig werden. Ich wollte – so weit es ging – über alles die Kontrolle behalten. Dass das nicht immer gelingen würde, war mir klar. Aber ich wollte erstmal kleine Schritte machen und mir nicht zu viel abverlangen.«

* * * * *

Claudia verbringt viel Zeit mit Andreas und den Kindern. Sie ist für ihn jemand, bei dem er nicht immer nur Stärke demonstrieren muss, er darf sich auch mal fallenlassen, schwach sein, sich anlehnen.

»Es zeigte sich nun, wie wichtig sie für mich war. Denn sie fing einiges ab, sie war meine engste Bezugsperson geworden, und das in kürzester Zeit. Wir spielten häufig mit den Kindern und steckten uns mit unserer guten Laune an. Plötzlich hatte ich viel mehr Energie für die Familie zur Verfügung.«

* * * * *

Am 22. März ruft Andreas' Bruder an und teilt mit, seine Mutter liege im Krankenhaus – Schlaganfall. Wieder so ein Tiefschlag, der aus dem Nichts kommt, gegen den er sich nicht wehren kann, der ihn aber nicht aus der Bahn wirft, diesmal nicht.

»Ich war kaum aufgewühlt, bemerkte an meiner Reaktion aber, wie sehr ich schon abgestumpft war. Ich hatte schon so viel erlebt und durchgemacht, dass alles Weitere nicht mehr richtig zum Tragen kam. Ich konnte mir keine Gedanken über die Folgen der Erkrankung machen, wie es mit meiner Mutter weitergehen würde. Ich schleppte die Nachricht wie abgebrüht mit mir herum. Erst beim Abendessen merkte ich, dass ich mich wieder ein bisschen belog. Als ich Nico von der Erkrankung erzählte, stiegen mir unweigerlich die Tränen in die Augen. Doch ich blieb weitgehend stabil.«

Mittlerweile hat sich sein Verhältnis zu seinem Tagebuch merklich entspannt. Andreas verwendet viel Zeit darauf, die Linien des eigenen Lebens nachzuziehen. Er sieht darin keine Belastung mehr – zumindest in diesen Tagen nicht.

»Ich arbeitete jeden Tag daran. Einmal rief ich Claudia an und berichtete ihr begeistert: ›Das ist wie eine Hypersensibilisierung. Ich nehme bewusst noch einmal alles auf und gewöhne mich so an den

Wahnsinn.‹ So sah ich das tatsächlich. Es war für mich eine heilsame Möglichkeit, das Ganze aufzuarbeiten, zu verdauen, mich damit auseinanderzusetzen. Außerdem war es auch eine geistige Arbeit, die mich forderte. Sie war sinnvoll. Ich würde damit bestimmte Menschen erreichen können.«

Zwei Tage nach dem Schlaganfall seiner Mutter bekommt Andreas einen Brief von der Staatsanwaltschaft. Es ist nicht irgendeine Anfrage, Mitteilung oder Benachrichtigung – es ist der Beschluss über die Fortdauer der Untersuchungshaft von Jochen S. Darin wird auch sehr ausführlich und detailreich beschrieben, wie Monika getötet worden ist.

»Ich las alles mit zitternden Händen durch. Jede Gemeinheit war wieder da. In Gedanken hörte ich sie schreien, spürte ihre Todesangst, stellte mir die Würgeversuche des Täters vor, die Schläge mit dem Warndreieck, die Messerstiche. Ich weinte, schämte mich plötzlich wieder, dass ich eine Freundin hatte, die bei mir sein konnte und sie nicht. Claudia versuchte, mich zu trösten. Ich musste raus, wollte alleine sein. Zwei Zigaretten, dann noch eine. In diesem Moment kam eine gute Freundin, Manuela, vorbei, die leider bald nach Nürnberg umziehen sollte. Sie holte bei mir ein ausrangiertes Sofa ab. Ich sagte nur kurz: ›Der Beschluss ist da, es geht mir nicht gut. Diese Einzelheiten …‹

Ich dachte an Monis Mutter, die als Nebenklägerin auch diesen Beschluss erhalten würde. Mit all diesen schrecklichen Details. Sie lebte alleine, hatte niemanden, der sie unterstützen konnte. Sie war aber an diesem Wochenende nicht zu Hause. Wir überlegten, ihren Briefkasten aufzubrechen und die Post herauszunehmen, verwarfen diesen Gedanken aber wieder. Wir waren der Meinung: So etwas darf man nicht mit der Post verschicken, einfach so, ohne jede Vorwarnung. Denn auf dem Absender stand einfach nur: Staatsanwaltschaft. Es wurden zwar nur Fakten mitgeteilt, aber für den Betroffenen ist es eine unerträgliche Wahrheit, der man nicht entkommen kann.«

Andreas besucht seine Mutter im Krankenhaus.

»›Den Umständen entsprechend schaut es ganz gut aus‹, erklärte mir die Ärztin. Sie wollte damit zum Ausdruck bringen, dass Monis Tod durchaus etwas mit dem Schlaganfall zu tun haben konnte. Meine Mutter mochte Moni herzlich gern. Sie erzählte mir an diesem Tag von ihrer ›Gang‹, den ›Gänseblümchen‹, einer Gruppe von Frauen, Durchschnittsalter etwa 80 Jahre.*

Sie hatte ihnen neulich auch von Claudia erzählt. Die Frauen hatten die Neuigkeit begeistert aufgenommen. ›Alle haben das gut gefunden‹, sagte mir meine Mutter. Ich wunderte mich, wie respektvoll und vorurteilsfrei die Frauen reagierten. Das hatte ich von dieser Generation so gar nicht erwartet.«

* * * * *

Bestimmte Passagen des Beschlusses gehen Andreas nicht aus dem Sinn. Er quält sich, sie quälen ihn. Dann ist da noch das Problem mit der Post, die Monikas Mutter schon erhalten hat, aber nicht lesen soll – jedenfalls nicht unvorbereitet und nicht alleine. Das kann nicht gut gehen.

»*Ich rief eine gute Bekannte an, die mit Ilse bekannt war und in ihrer Nähe wohnte. Ich erzählte ihr von meiner Befürchtung, dass Ilse den Brief nicht verkraften werde. Ilses Bekannte versprach mir, das Schreiben aus dem Briefkasten zu angeln. Wir wollten sie schützen.*

Wir fuhren später zu Freunden ins Bayreuther Umland, zu einer Geburtstagsfeier. Ich war zwar irgendwie anwesend, fühlte mich aber weit weg vom eigentlichen Geschehen. Wieder zu Hause, fragte mich Lea, was los sei. Ihr war wohl meine Geistesabwesenheit aufgefallen. Ich sagte ihr: ›Ich denke gerade an meine Mutti im Krankenhaus.‹ Darauf sagte Lea nur: ›Ich denke auch immer an meine Mami.‹ Zack! Da war sie wieder, diese unsanfte Bauchlandung. Lea standen die Tränen in den Augen, und ich nahm sie in den Arm. Ich dachte: Was müssen meine Kindern nur aushalten, wie stark müssen sie sein!

Abends brauchte ich eine ganze Flasche Sekt, einige Telefonate, zwei Zigaretten und die Arbeit an meinem Tagebuch, um mich zu entspannen, um all das zu verarbeiten.«

* * * * *

Die Blumen sind längst verwelkt, viele Tränen vergossen worden, Monika ist begraben. Das Leben könnte zur Tagesordnung übergehen. Tut es aber nicht. Andreas belastet immer noch schwer, was er erlebt und erduldet hat, aber nicht begreifen kann. Und da sind jetzt zwei Frauen, zu denen er eine Beziehung hat – die eine lebt in seiner Erinnerung, die andere tatsächlich und greifbar mit ihm.

»Ich war sehr häufig in Gedanken bei Moni. Ich wollte ehrlich sein und schrieb Claudia eine E-Mail. Auch sie musste stark sein, um meine enge Bindung zu Monika aushalten zu können.

Ich ging zum Grab und weinte. Ich dachte an unseren Hochzeitsspruch: ›*Alle Eure Dinge lasset in der Liebe geschehen.*‹ *Wir hatten ihn bewusst ausgesucht. Er war im Alltag nicht immer leicht umzusetzen gewesen, und es war uns auch nur ansatzweise gelungen. Es war aber genau dieser Sinnspruch, an den ich mich erinnerte, an dem ich mich immer wieder orientierte, wenn ich mit meiner Geduld und Kraft am Ende war und am liebsten um mich geschlagen hätte:* ›*Alle Eure Dinge lasset in der Liebe geschehen!*‹ *Trotzdem, ich war so fertig, wusste nicht, wo mir der Kopf stand.*«

* * * * *

Andreas informiert Ilse, dass er veranlasst habe, den Beschluss über die Fortdauer der Untersuchungshaft abzufangen, bevor sie ihn findet. Aus Rücksicht auf sie. Ilse ist das nur recht. Es wird vereinbart, das Schreiben im Kreis der Familie zu besprechen.

Wie trauert ein 6-jähriges Mädchen? Wie kann einem Kind geholfen werden, das schwer traumatisiert ist, das über den Verlust der Mutter hinwegkommen soll? Wie kann Andreas seiner Tochter dabei behilflich sein?

»Ich besuchte mit Lea Monis Grab. Sie ließ mich einen Brief schreiben: ›Wenn Du traurig bist, denk an uns, Du weißt, dass wir hier unten sind.‹ Sie spielte Moni ihre neuesten Lieder aus dem Flötenunterricht vor. Sie wollte gar nicht mehr nach Hause gehen. Der Grabstein glitzere so schön, sagte sie. Es tat uns wirklich gut, gemeinsam am Grab zu sitzen. Ich war richtig ergriffen. Und es tat gut, den Tränen freien Lauf zu lassen. Doch nicht nur ich war gefesselt von der Situation. Das Flötenspiel meiner Tochter war über den ganzen Friedhof zu hören und eine Frau, die bei uns in der Nähe stand, nickte uns mit Tränen in den Augen zu.«

Immer wenn in der Kommunikation Lücken entstehen, wenn Informationen fehlen, wenn Neugier unbefriedigt bleibt, werden mutmaßliche Antworten auf offene oder ungestellte Fragen in die Welt befördert – Gerüchte. Und das Gerede der Unwissenden ist nur deshalb attraktiv und wirkt nachhaltig, weil es nie einen selbst betrifft. Man weiß nicht und will auch gar nicht wissen, ob es wahr oder unwahr ist. Das vermeintliche Insiderwissen wird konspirativ weitergereicht, natürlich unter dem Deckmantel der Verschwiegenheit.

Andreas steht mitten in so einer Gerüchteküche. Verwandte, der Dorfpfarrer, Freunde und Arbeitskollegen tragen ihm zu, was andere sich zuraunen. Das geht schon eine ganze Zeit so: Jochen S. soll in Andreas' Haus eine Küche aufgestellt haben. Jochen S. soll bei Andreas im Garten gearbeitet haben. Jochen S. soll ein Freund des Hauses gewesen sein. Jochen S. soll ein Verhältnis mit Monika gehabt haben. Andreas soll davon gewusst haben und nur deshalb soll er auch gleich auf Jochen S. als möglichen Täter gekommen sein. Angeblich. Andreas hat sich um Klatsch und Tratsch bisher nicht gekümmert, es war ihm ziemlich egal, welcher Blödsinn über ihn gerade verbreitet wurde. Leute schwätzen halt gern. Und dort, wo jeder jeden kennt, treiben sie es besonders toll. Doch als er von dem neuesten Gerücht erfährt, verschlägt es ihm die Sprache.

»Das war schon ein Knüller. Eine Freundin aus Kindertagen rief

mich an und sagte, sie habe die ganze Nacht nicht schlafen können, weil sie ein Gerücht gehört habe und diejenigen, die es erzählt hatten, seien von der Wahrheit der Aussage so überzeugt gewesen. Es komme direkt von Mitarbeitern der JVA Bayreuth. Es war mir fast unheimlich, was ich da hörte: Ich soll ein Verhältnis mit einer anderen Frau gehabt haben und der Täter soll von mir beauftragt worden sein, Monika zu beseitigen. Da blieb mir die Spucke weg. Es war zum Davonlaufen. Es war krank, einfach krank. Ich telefonierte mit Claudia, wollte wissen, ob sie auch schon etwas davon gehört hätte. Etwas mitleidig meinte sie, ja schon, es sei natürlich Schwachsinn, aber sie habe die Story von einer Bekannten gehört, die es wiederum anders erzählt bekommen habe.

Ich rief den Pfarrer der JVA an. Der kannte schon jede Menge anderer Gerüchte. Er sagte, auf niedrigstem Niveau würden Annahmen diskutiert und vermeintliche Ergebnisse geäußert. Er würde stets versuchen, solche Leute zur Vernunft zu bringen. Ich wollte mich beruhigen. Das konnte aber doch nicht wahr sein! Natürlich hatte ich Verständnis, dass die Leute über diesen einzigartigen Fall redeten. Aber alles hat auch seine Grenzen. Ich hatte eine Mordswut im Bauch. Aber ich fragte mich: Wie weh soll mir noch getan werden? Was soll mich am Ende um den Verstand bringen? Da sagte ich mir nur: ›Ärmel hochkrempeln und weitermachen.‹

Aber das war noch nicht alles, was an Gerüchten kursierte. Es kam, was kommen musste. Claudia rief mich an und erzählte die Geschichte: Ich hätte mit ihr schon lange vor Monis Tod ein Verhältnis gehabt, sagten die Leute. Claudia erwiderte darauf nur noch: ›Das Naheliegendste wäre doch jetzt, dass ich auch noch an der Verschwörung beteiligt gewesen wäre.‹«

»Endlich mal saugut!«

Die anfängliche Euphorie hat sich verflüchtigt. Ein Buch? Über Andreas? Seine Kinder? Monika? Jetzt?

»Ich war mir nicht mehr sicher, ob ich das überhaupt noch wollte. Ich war sehr skeptisch, ob der Erscheinungstermin, zwei Wochen vor Beginn der Gerichtsverhandlung, richtig gewählt war. Es erschien mir einfach zu früh. Ich hatte Angst, dass mir unlautere Motive unterstellt würden. Ich hatte ein mulmiges Gefühl. Je länger ich nachdachte, desto größer wurden meine Zweifel. Irgendwann kam ich zu dem Schluss, das Buch nicht zu wollen.

Am nächsten Tag war wieder alles anders. Ich verstand mich manchmal selbst nicht. Aber wer konnte sich schon in meine Lage versetzen. Ich wurde von Stimmungsschwankungen der übelsten Sorte gequält. Ich hatte meine Frau verloren, kämpfte ums Überleben, rauchte wie ein Schlot, zitterte am ganzen Körper, war total fahrig. Ich hatte unheimlich Angst, alles falsch zu machen; Angst, irgendjemand auf die Füße zu treten; Angst, meinen Kindern nicht gerecht zu werden. Ich wollte keinem wehtun.«

* * * * *

Während Lea ihre Gefühle offen zeigt, weint, schreit, fleht, sich beklagt, Zuwendung einfordert, bleibt Nico zurückhaltend. Andreas spürt, dass sein Sohn genauso von den Ereignissen getroffen ist, es aber nicht zeigt. Er macht sich deshalb Sorgen. Er will nichts unversucht lassen, um auch Nico zu helfen.

»Nico wachte so gegen 6 Uhr auf und war gut gelaunt. Seine gute Laune übertrug sich gleich auf mich. Darum kam ich unvermittelt darauf zu sprechen, dass ich für ihn einen Termin beim Psychologen gemacht habe. ›Warum?‹, fragte er zu Recht. Ich sagte ihm: ›Wir haben nach dem Tod von Mami alle viel durchmachen müssen. Ich gehe auch zu einem Psychologen, rede mit ihm darüber, wie es mir geht. Das tut einfach gut.‹ Er gab mir zu verstehen, dass er einverstanden war.

Ich hatte bei Nico eigentlich ein gutes Gefühl. Er konnte mit dem Verlust von Moni gut umgehen, dachte ich. Doch wusste ich natürlich nicht, was tief in seiner Seele vorging. Um mir später keine Vorwürfe machen zu müssen, nicht alles versucht zu haben, hatte ich beschlossen, auch Nico in die Hände eines Psychologen zu geben.«

* * * * *

Lea will reimen. Es soll ein Ostergedicht werden. Lea sprudelt all das heraus, was ihr in den Sinn kommt. Andreas hilft dabei und schreibt alles auf. Als sie fertig sind, fahren sie zum Friedhof. Andreas soll Monika das Gedicht vorlesen. Er stellt sich vor den Grabstein und liest:

»Im Osternest, da liegt ein Ei,
ein Osterhase kommt herbei.
Er ruft ganz laut die Küken auf,
sie legen noch mehr Eier drauf.
Schließlich ist's ein Eierhaufen,
doch ein Ei ist ausgelaufen.
Da kriegt der Hase einen Schreck
und macht den Eierfleck gleich weg.
Die Schale nimmt er mit nach Hause
und macht sich daraus Eierbrause.
Die Brause, die trinkt er gleich aus
und geht ganz mutig wieder raus.
Ach, ist das Osterfest ein Schmaus,
doch nun ist die Geschichte aus.«

»Es war irgendwie lustig und peinlich zugleich, vor dem Grab dieses Gedicht vorzutragen. Für Lea aber war es eine Freude. Und so dachte ich mir, wenn es ihr hilft und ihre Art der Verarbeitung ist, dann kann es doch nicht schlecht sein.«

* * * * *

Andreas telefoniert wieder mit Doris, der Frau, die im August 2004 ihre Tochter verloren hat, ermordet von einem Wiederholungstäter.

»*Ich erzählte ihr auch von dem Buch von Anja Wille, die ihren Sohn Felix durch ein Verbrechen verloren hatte. Ich hatte ihr Buch nur oberflächlich gelesen, weil ich nicht die Zeit dazu gefunden hatte, mich intensiver damit zu beschäftigen; die Gefühle, die hier beschrieben wurden, kannte ich. Dieses Leid, diese unbarmherzige Härte des Schicksals. Meinen Kindern und mir war es genauso gegangen. Auch meine Erfahrungen mit bestimmten Medien wurden durch ihre Berichte bestätigt.*

Dann sagte Doris etwas zu mir, das mich nachhaltig bewegte: ›Ich habe oft an Dich gedacht, auch schon versucht, Dich anzurufen. Du hast mir bei unserem Treffen auch erzählt, dass Du oft zu wenig Geduld mit deinen Kindern gehabt hättest. Das hat mich nachhaltig beschäftigt und ich will Dir sagen, dass das völlig normal ist. Glaube nur nicht, wir Mütter könnten das besser, hätten nicht manchmal genauso die Nase voll. Ich möchte Dir das sagen, damit Du nicht so unzufrieden mit Dir selbst sein solltest.‹

Das waren wieder Worte, die mich aufrichteten. Ich dankte Gott, dass ich so viele Menschen kannte und kennenlernen durfte, die mich trösteten und aufbauten, die mich in meinem Tun bestärkten und an mich glaubten.«

* * * * *

Ende März. Allmählich findet Andreas wieder Interesse und Gefallen an Dingen, die nichts mit dem Verbrechen an Monika zu tun haben. Er ist jetzt bereit, auch spontane Entscheidungen zu treffen, dem Leben positive Seiten abzugewinnen.

»*Nachmittags war Claudia bei mir und wir besuchten gemeinsam Bekannte. Sie wollten ihr Moped verkaufen. Ich wollte es mir*

mal ansehen. Schon nach zehn Sekunden hatte ich mich entschie-
den, es zu kaufen. Claudia schaute mich nur fassungslos an. Ich hat-
te mir so etwas immer schon mal gewünscht. Die Kinder würden
sich freuen, dachte ich mir, ich könnte Lea im Sommer auf dem Mo-
ped in den Kindergarten fahren und mit Nico kleine Spritztouren
machen. Das Moped gefiel mir einfach und es passte zu mir: es war
zwar ein typisches Frauenmoped im Vespastil ohne Gangschaltung,
aber der Preis stimmte und zwei Helme gab es auch noch dazu. Ver-
trauen zu den Verkäufern hatte ich auch. Ja, es war ein Kauf aus ei-
ner Laune heraus. Hätte ich es mir lange überlegt, wahrscheinlich
hätte ich es nicht getan. Ich musste mir einfach die Freude machen,
musste meinen Kindern die Freude machen. Ich war an diesem Tag
sehr gut aufgelegt. Nico freute sich, abends wieder einige Stunden
alleine sein zu dürfen. Claudia bewunderte ihn. Ich ging mit ihr
etwas trinken. Es ging mir gut. Endlich mal saugut.«

Das hört nie auf

Andreas fährt Lea in den Kindergarten, natürlich mit dem neu-
en Moped. Lea ist stolz – besonders auf den schwarzen Helm und
die Harley-Davidson-Lederjacke für Kinder.

»Nachmittags vermisste Lea wieder ihre Mutter. Um zu ihr zu
kommen, wollte sie sogar sterben. Wahrscheinlich hatte sie diese Idee
im Kindergarten aufgeschnappt, weil dort der Tod Jesu Thema ge-
wesen war und ein anderes Kind gesagt hatte, Leas Mutter sei doch
auch so gestorben. Wieder wurde mir die Tatsache bewusst, dass wir
damit rechnen mussten, immer wieder daran erinnert zu werden.
Es würde wohl unser Schicksal sein.«

Der 7. April ist aus zwei Gründen ein ganz besonderer Tag:
Monika starb genau vor einem halben Jahr, aber erstmals steht
diese Tatsache nicht mehr im Vordergrund, es entsteht mehr

Raum für eine neu aufkeimende Lebensfreude. Dennoch bleibt Monika allgegenwärtig.

»*Ich träumte von einem tiefen Sturz. Plötzlich war ich in einer anderen Welt, saß in einer schummrigen Bar, neben mir Moni. Wir unterhielten uns, als wäre nie etwas passiert. Wir verstanden uns blendend und spürten, dass wir zusammengehören. Dann wachte ich auf. Alles war so diffus.*«

Auch wenn es spürbar bergauf geht, hält Andreas Kontakt zu seinem Therapeuten. Ihm gelingt es nun, neben seinen seelischen Nöten auch andere Probleme anzusprechen, die ihm wichtig sind.

»*Mich interessierte seine Meinung, ob er als Forensiker etwas an der Situation der Täter verändern würde, wenn er die Möglichkeit dazu hätte. Er überlegte lange. Wir kamen dann auf das Thema nachträgliche Sicherungsverwahrung. Hier habe sich schon einiges bewegt, sagte er. Ich hielt dem entgegen, dass die Hürden vielleicht zu hoch seien. Er nickte. Dann schränkte er seine Meinung aber ein und meinte, man könne doch nicht alle Täter für immer wegsperren, denn schließlich gehe eine erhöhte Gefahr für die Allgemeinheit von jedem Täter aus, der schon einmal straffällig geworden sei – ob Sexualstraftäter oder Betrüger. Er wies auch darauf hin, dass wir in diesem Punkt wahrscheinlich nicht einer Meinung sein könnten, da ich persönlich sehr schlechte Erfahrungen gemacht habe. Ich machte ihm aber klar, dass mir trotzdem an seiner Ansicht gelegen sei. Insgesamt war es ein gutes Gespräch. Mir war es auf jeden Fall sehr wichtig gewesen, auch mal eine andere Sicht der Dinge zu hören. Ich wollte unbedingt vermeiden, dass der Eindruck entsteht, ich würde nur emotional reagieren.*«

* * * * *

Es dauert immer seine Zeit, bis Gerüchte ihren Adressaten erreichen. Bei Andreas entzünden sich Missgunst und entstehen Missverständnisse insbesondere, wenn es um seine Beziehung zu Claudia geht.

»Hin und wieder stand Claudias Auto vor unserem Haus. Ich konnte sie ja auch nicht unter einer Decke verstecken. Das warf Fragen auf und irritierte Nachbarn wie vermeintliche Moralapostel. So erfuhr ich von abschätzigem Kopfschütteln und verständnislosen Kommentaren. Ja, es waren schon auch empörende Dinge dabei. Doch da ich wusste, wie diese Menschen reagieren, nahm ich es zunächst ohne Bitterkeit zur Kenntnis. Immerhin wurde mir dadurch bewusst, wie schnell man vom Opfer zum Übeltäter gestempelt werden kann. Das zeigte sich auch an den unfeinen Gerüchten, die schon über Monate hinweg in Bayreuth, Himmelkron und Umgebung kursierten. Und immer wieder wurden diese absurden Geschichten in Umlauf gebracht. Außerdem hörte ich über Dritte, wie kalt ich doch sei, dass ich gar nicht traurig sei, wie gut es mir unverständlicher Weise gehe. Was mir anfangs jeder gewünscht hatte, wurde nun als unmoralisch und gefühlskalt ausgelegt. Dabei war ich froh, auch mal bessere Zeiten durchleben zu dürfen. Hätten diese Menschen nur geahnt, wie es in mir aussah, sie hätten sich vielleicht anders verhalten. Ich bin leider nicht so abgebrüht, dass es mich nicht mitgenommen, mich nicht enttäuscht und traurig gemacht hätte. Aber ich konnte es nicht ändern.«

* * * * *

Lea hat die Idee, ein Ei auf das Grab ihrer Mutter zu legen. Sie betet wieder, Monika möge vom Himmel zurückkehren auf die Erde. Andreas will und muss ihr diese Illusion nehmen. Es gehe halt nicht, sagt er. Lea reagiert anders als sonst. Sie grinst und sagt nur knapp: »Ich weiß schon.« Ein kurzer, aber wichtiger Satz – Lea versucht, sich der Realität zu stellen.

Andreas bekommt Post. Nicht sein Arbeitgeber hat geschrieben, nicht eine Versicherung, nicht sein Rechtsanwalt, auch keine Verehrerin – es ist Gott. Andreas' Schwester war im Internet auf der Seite www.gottkennen.com auf den »Liebesbrief des Vaters« gestoßen. Und genau dieser Brief ist es, der Andreas nachhaltig beeindruckt.

»Das war für mich ein besonderer Trost und ich hatte das Gefühl, dass mich dieser Brief Gott näher bringen würde. Ich bin fest davon überzeugt, dass dieses Schreiben auch anderen Menschen helfen kann.«

Es ist Konfirmation in der Verwandtschaft. Die Ansprache des Pfarrers inspiriert Andreas, besonders die Passage, in der Bezug genommen wird auf das Gedicht »Der Rebell« von Markus Ramming.

»An manchen Stellen musste ich schmunzeln, ich musste unweigerlich an mich selbst denken. ›Ein Christ darf ein Rebell sein‹, sagte der Pfarrer. ›Auch wenn viele sagen, die Barmherzigkeit Gottes sei eine Phrase, das Leben habe keinen Platz dafür. Auch wenn er allein dasteht. Es ist gut, dass er rebelliert. Und wenn er dabei gegen Hunderte ankämpft.‹

Auch ich fühle irgendwie den Rebellen in mir. Ich will dazu beitragen, dass sich etwas verändert, dass anderen Menschen ein Schicksal wie meins erspart bleibt. Ich will an Türen klopfen, auch wenn es mir nicht gelingen sollte, sie aufzustoßen. Vielleicht bin ich ein Rebell, weil ich helfen möchte, ein System zu verändern. Warum auch nicht?«

* * * * *

Wieder so ein Nadelstich. Ein Arbeitskollege erzählt Andreas, dass seine Danksagung im Justizblatt abgedruckt worden sei, allerdings gekürzt.

»›Hätte man mich nicht wenigstens informieren können?‹, dachte ich mir. Es waren sehr persönliche Worte, meine Worte! Mein Gott, bin ich nicht vollwertig? Muss man mich ständig bevormunden? Diese Gedankenlosigkeit bestärkte mich nur noch in meiner Auffassung, mein Buch zu Ende zu bringen, die Chance zu ergreifen, mich ausdrücken zu können – ohne dass irgendwer etwas verändert. Erst später erfuhr ich, dass die wichtigen Aspekte berücksichtigt worden waren. Da ließ die Wut ein wenig nach.«

Mittwoch, 18. April – der vorerst letzte Tagebucheintrag.

»Gestern Nacht habe ich mein Lied geschrieben: Sonnenblume, jäh geknickt. Ich glaube nicht, dass ich es je werde singen können. Vielleicht ist der Text noch nicht ganz ausgereift, noch nicht ganz perfekt. Aber ich bin froh, dass ich es überhaupt schreiben konnte.«

Sonnenblume, jäh geknickt

Du warst noch nicht soweit,
Deine Blüte stand doch noch in voller Herrlichkeit,
Sonnenblume, jäh geknickt, beschnitten in Deiner Zeit,
Du warst für uns die schönste Sonnenblume weit und breit.

Dein Lachen war nie falsch, und Deine Worte waren mild,
und wenn Du bei uns warst, dann war der Raum mit Dir erfüllt.
Dein Herz war liebevoll geschmückt, Dein Wesen engelszart,
gutmütig, friedvoll und bescheiden, das war Deine Art.

Du hattest alle Kraft in Dir und Liebe für die Welt,
hast uns auf eine Stufe mit zu Dir hinauf gestellt,
hast Deine Herzensgüte oft bedingungslos verschenkt,
und hast verdient, dass man Dir gerne liebevoll gedenkt.

Sonnenblume, jäh geknickt ...

Du hattest stets den Blick nach vorn gerichtet, so stießen wir nie an,
bereitetest den Weg für uns und brachtest uns voran.
Jedes Riff und jede Welle hast Du klug für uns umschifft,
warst ganz darauf bedacht, damit kein schwerer Sturm uns trifft.

Und wenn er doch mal kam, der Sturm, Du hieltest ihm mit uns stand,
bei Wind und Wetter stets verlässlich gabst Du uns die Hand,
wir hatten Dich so gern im Boot und waren nie allein,
Du solltest für uns Steuermann und Sonnenblume sein.

Blumen strecken sich nach der Sonne, nach ihrem warmen Licht,
auch Du neigtest zur Liebe hin Dein blühendes Gesicht,
ich habe wohl vergessen, Dich zu gießen, manche Zeit,
ich wäre jetzt gerne bei Dir, es tut mir so unendlich leid.

Sonnenblume, jäh geknickt …

Gern würde ich Dich trösten, für Dich sterben, bei Dir sein,
ob ich es jemals wieder darf, das weiß nur Gott allein.
Du hast für mich Dein Herz gegeben, drum tut es mir so weh,
wenn ich Dich, liebe Sonnenblume, niemals wieder seh.

Sonnenblumen gibt es viele tausend auf dieser Welt,
Du warst nur eine Blume hier im Sonnenblumenfeld.
Du warst mit ganz besond'rer Liebe voll und ganz beseelt,
und in dem großen Feld sieht man, dass eine Blume fehlt.

Irgendwann im späten Herbst gibt's keine Blumen mehr,
wir vermissen dann den Glanz der Blumen alle sehr.
Doch einer Sonnenblume, die man so verächtlich brach,
der trauert man auch noch in vielen Jahren redlich nach.

Sonnenblume, jäh geknickt …

Teil II

»Es steht nämlich fest, dass auch den Propheten zuweilen
die Gnadengabe der Prophetie gefehlt hat
und dass sie dann aufgrund der Gewohnheit zu prophezeien,
indem sie glaubten, den Geist der Prophetie zu haben,
aus ihrem eigenen Geist manches falsch prophezeiten.«

Pierre Abélard in »Sic et non«

Ist der Mensch berechenbar?

Hellseher müsste man sein. Oder Gedanken lesen können. Weil aber Wahrsagen und Gedankenübertragung nicht funktionieren, ist man auf den forensischen Gutachter angewiesen. Der macht nämlich eine sogenannte Kriminalprognose. Und darin steht, ob ein verurteilter Straftäter wieder rückfällig werden könnte, würde man ihn in die Freiheit entlassen. Alles im Konjunktiv. Der Sachverständige weiß es also auch nicht so genau. Der kriminalprognostische Supergau ist damit vorprogrammiert; es ist nur eine Frage der Zeit, bis ein Experte für die Abgründe der menschlichen Seele auch einmal irrt. Und je größer der Irrtum, desto gravierender die Folgen. Hunderte Menschen könnten allein in Deutschland noch leben, hätten Prognosegutachter die Gefährlichkeit ihrer Untersuchungsobjekte nur annähernd richtig beurteilt.

Oswald Eckert* ist so ein schwer zu durchschauender Straftäter – ein Paradebeispiel dafür, dass der Blick in die Untiefen der menschlichen Psyche nicht immer gelingt: Er wird 1955 als drittältestes Kind seiner Eltern in Duisburg geboren. Seine acht Geschwister sind allesamt Mädchen. Die Familie lebt beengt in einer Notunterkunft. Erste Hinweise auf Entwicklungsstörungen zeigt der Junge bereits als 6-Jähriger – bei einem von der Caritas organisierten mehrwöchigen Aufenthalt in einem Kinderheim auf Wangerooge fällt er durch nächtliche Unruhe auf. Die Erzieherinnen sind überfordert, es setzt regelmäßig Ohrfeigen, wenn der Kleine nicht pariert. Die anderen Jungen drangsalieren, quälen und verspotten ihn wegen seiner langen Haare. Er ist eben das »Mädchen«. Noch mit zehn Jahren nässt er nachts ein und kaut Fingernägel. Oswald wird in eine Sonderschule gegeben. Als sein Vater, von Beruf Müller, Arbeit findet, zieht die Familie 1966 nach Wittlich, in eine Kleinstadt nahe Trier. Oswald muss in Duisburg bleiben. Seine Großeltern verwöhnen ihn, stecken ihm regelmäßig Geld zu. Ein halbes Jahr später wird er nach Wittlich geholt.

1967 fällt er erstmals beim Klauen auf: In der Schule hat er lange Finger gemacht. Derartige Vorfälle häufen sich. Immer wieder greift er ungeniert zu, auch außerhalb der Schule. Seinen Eltern wird es schließlich zu viel. Oswald wird 1969 im protestantischen Waisenhaus in Pirmasens untergebracht. Auch hier geht er in die Sonderschule. Nach der neunten Klasse wird er geschasst – ohne Abschluss. »Faul« und »renitent« sei er, aus »schulischer Sicht zu dumm«, um den Schulabschluss zu schaffen, wird den Eltern mitgeteilt.

Nach seiner Entlassung beginnt er zunächst eine Lehre als Heizungsmonteur, dann als Tankwart. Ihm wird jeweils nach wenigen Monaten gekündigt. Er hat die Ausbildungshilfe, die er im Heim abliefern sollte, unterschlagen und Kunden bestohlen. Auch im Waisenhaus in Pirmasens findet er sich nicht zurecht. Er reißt aus, wird wieder eingefangen, stiehlt sich abermals davon und so weiter. Oswald gilt als »unbelehrbar« und »untragbar«, man steckt ihn in das Jugendheim Aumühle in Wixhausen, eine geschlossene Einrichtung. Nachdem er auch dort wiederholt ausbricht, wird er im September 1971 zurück in die Obhut der Familie gegeben. Er findet mehrere Anstellungen, die aber nur von kurzer Dauer sind. Immer wieder muss ihm gekündigt werden – wegen Arbeitsverweigerung. Seine Mutter verspricht sich Hilfe von einem Psychiater, der die Verhaltensauffälligkeiten des Sohnes jedoch kurzerhand als »erblich bedingt« abtut. Hilfestellungen indes bekommt die Mutter nicht.

Oswald ist 16, als er im Spätsommer 1972 von zu Hause ausreißt. Er treibt sich in der Umgebung von Wittlich herum, schläft im Wald oder in Bauruinen, hält sich mit Diebstählen über Wasser – bis ihn die Polizei kassiert. Ein Diplom-Psychologe diagnostiziert eine »beachtliche Minderbegabung« und charakterisiert den Häftling als »nicht gemütsstumpf oder gefühlskalt, aber als haltlos-labil, verwöhnt, etwas psychopathisch, durch mangelhafte Erziehung anstrengungsunlustig, zum Sichtreibenlassen neigend, Ermüdendem und Verpflichtendem ausweichend«. Insgesamt 24 einfache und schwere Diebstähle werden abgeurteilt, das Jugendschöffengericht Wittlich erkennt eine »bedenkliche Fehlentwicklung«, unterstellt eine »primitive Struktur der Persönlichkeit« und schickt ihn für zweieinhalb Jahre hinter Gitter – »damit der Angeklagte nicht ganz verkommt«.

Ein Jahr, neun Monate und 18 Tage seiner Strafe verbüßt Eckert, am 30. September 1974 wird der 18-Jährige auf Bewährung entlassen – wieder einmal in den Kreis der Familie. In seinem sozialen Umfeld findet er sich aber überhaupt nicht zurecht, besser gesagt: Es gibt gar kein richtiges. Die Eltern verstehen ihn nicht, sind überfordert, Freunde hat er nicht. Er bleibt für sich und beginnt zu trinken. »Frustsaufen« nennt er das, später werden Alkoholexzesse zur Gewohnheit. Gut zwölf Monate später sitzt er wieder auf der Anklagebank. Er war bei seinem Arbeitgeber eingestiegen und geschnappt worden. Hierfür bekommt er dreieinhalb Jahre. Im November 1976 wird er freigelassen, wieder unter dem Vorbehalt »bedingt«. Er soll sich endlich bewähren und beweisen, dass er nicht nur zum Gewohnheitsverbrecher taugt.

In der Nacht vom 16. auf den 17. April 1977 tötet Eckert erstmals einen Menschen. Er erschlägt den 39-jährigen Walter L. mit einer Eisenstange. Der soll ihn bei Vermessungsarbeiten in dessen Wohnung angeblich »sexuell attackiert« haben.

Das Landgericht Trier glaubt Eckert und erkennt einen »minderschweren Fall des Totschlags«. Das milde Urteil von vier Jahren Freiheitsstrafe begründet die Kammer so: »Der Angeklagte war ohne eigene Schuld, durch eine ihm zugefügte schwere Beleidigung von dem Walter L. zum Zorn gereizt und hierdurch auf der Stelle zur Tat hingerissen worden. Der Angeklagte war dadurch beleidigt worden, dass Walter L. immer wieder versucht hat, ihn zur Duldung von homosexuellen Handlungen zu veranlassen.«

Am 16. Juni 1978 flieht Eckert aus der Justizvollzugsanstalt Diez, knackt einen Wagen, verursacht einen Verkehrsunfall und wird wenig später festgenommen. Wieder ergeht ein Urteil.

Diesmal sind es 13 Monate Gefängnis, die er bis Januar 1981 inklusive der Reststrafe absitzt.

Kurz nach seiner Entlassung lernt er Christel V. kennen. Bei der 26-Jährigen findet er Unterschlupf. Eckert wird stabiler – bis die Beziehung nach neun Monaten zerbricht. Er leidet darunter, will sich nicht damit abfinden. Er buhlt und bettelt, seine Verflossene lässt sich aber nicht erweichen. Eckert verfällt in alte kriminelle Gewohnheiten, hebelt Bürofenster auf, tritt Kellertüren ein, erklimmt Balkone, schmeißt Oberlichter ein; er rafft zusammen, was er essen, gebrauchen oder versetzen kann. Diesmal ist er bei seinen Diebestouren aber bewaffnet, er trägt ein Repetiergewehr unter seinem Parka. Schließlich wird er gefasst.

Das Amtsgericht Wittlich verurteilt den »milieugeschädigten Gewohnheitsverbrecher« zu einer »Gesamtfreiheitsstrafe von drei Jahren«. Für diverse Einbrüche, verübt während eines Sozialurlaubs, gibt es im August 1985 einen Nachschlag von neun Monaten. Im Mai 1987 kommt Eckert wieder frei. Allerdings fehlt ihm nach wie vor eine vernünftige, positive Einstellung zum Leben und zur Bewältigung seiner Probleme. Stattdessen sind stets die anderen schuld. Widerstände bricht er mit Gewalt, er ist halt »kein Kind von Traurigkeit«.

Nach der Haftentlassung kehrt Eckert an die Mosel zurück, wohnt dort kurzfristig bei seiner jüngsten Schwester, bis er in Neumagen ein möbliertes Zimmer bezieht. Er findet Arbeit als Schweißer, schmeißt den Job aber bald hin, weil er sich »überfordert« fühlt. Dann verschlägt es ihn Anfang Oktober 1987 nach Bad Dürkheim. Der jetzt 32-Jährige will dort bei der Weinlese helfen, ein paar Mark verdienen. Eckert hilft jedoch nicht nur bei der Ernte, auch verschiedenen Winzern geht er zur Hand, repariert dies und das. Dabei lernt er auch Christian K. kennen. Der Junggeselle, von Beruf Wochenmarkthändler und Winzer, gilt als Sonderling und haust in einem heruntergekommenen Anwesen in Bad Dürkheim. Eckert wird von dem 56-Jährigen angestellt und soll Renovierungsarbeiten an Gebäuden und Inventar erledigen. Sein Arbeitgeber stellt ihm sogar eine Teilhaberschaft und eine Unterkunft in Aussicht. Aber es kommt alles ganz anders.

Ein Jahr später muss das Landgericht Frankenthal über Eckert urteilen – wie schon 1977 wegen Totschlags. Das Opfer ist Christian K., erschlagen mit einem Eisenrohr im November 1987. Der von Eckert angegebene Grund: Das Opfer soll ihn, stark alkoholisiert, im Streit geohrfeigt und als »Arschloch« beschimpft haben. Danach will Eckert »ausgerastet« sein.

In der Hauptverhandlung zeigt er sich von seiner besten Seite, »kooperativ und einsichtig«. Zu seiner Verteidigung sagte er nur: »Ich kann es nicht ertragen, geschlagen zu werden. Dann kenne ich nichts, da würde ich sogar meine Mutter angreifen.« Das Gericht stellt bei Eckert eine »geringe Frustrationskontrolle« und eine »geringe soziale Bindungsfähigkeit« fest. Das ist nicht neu. Schließlich verurteilt es den Angeklagten zu vier Jahren und sechs Monaten Freiheitsstrafe. Zur Begründung des abermals »minder schweren Falls des Totschlags« wird ausgeführt: »Die damit verwirkte Strafe hat das Gericht dem § 213 StGB (Strafgesetzbuch, Anm. S. H.) entnommen. Zwar lag eine schuldmindernde Provokation des Angeklagten durch den Getöteten nicht vor. Denn der Angeklagte hatte die Ohrfeige durch Christian K. selbst verschuldet, indem er ihn zuvor ohne triftigen Grund beleidigt hatte. Die Vorgeschichte der Tat, die Begleitumstände, und vor allem die nicht auszuschließende, sogar eher wahrscheinliche starke Trunkenheit des Angeklagten rechtfertigen jedoch die Annahme eines minder schweren Falls aus sonstigen Gründen.«

Während der Haft vermittelt Eckert erstmals den Eindruck, als wolle er an sich arbeiten. Seine enorme Aggressionsbereitschaft wird zum zentralen Thema der therapeutischen Bemühungen. Von Mai bis August 1990 führt er bei einer »Ehe- und Lebensberatungsstelle« Therapiegespräche, um die Aggressionsproblematik zu verinnerlichen, um Mechanismen der Aggressionsbewältigung zu erlernen. Tatsächlich stellen sich erste Erfolge ein: Bei Auseinandersetzungen mit anderen Gefangenen oder dem Personal weiß er sich zu zügeln, gibt klein bei; auch arbeitet er angeblich »erfolgreich« mit einer ehrenamtlichen Vollzugshelferin zusammen, macht autogenes Training; innerhalb und außerhalb der Anstalt wird Eckert für Instandsetzungsarbeiten eingeteilt, hier zeigt er sich »geschickt und einsatzfreudig«; ferner gelingt es ihm, für die Zeit nach der Haft einen Arbeitsvertrag abzuschließen, er soll für eine Zeitarbeitsfirma als Schlosserhelfer tätig werden. Das alles überzeugt die Strafvollstreckungskammer des Landgerichts Frankenthal und Eckert wird mit einer günstigen Kriminalprognose am 10. Februar 1991 aus der Haft entlassen, zum x-ten Mal vorzeitig.

Nur 41 Tage später tötet Eckert wieder einen Menschen. Diesmal erwürgt er eine 67-jährige Restaurantbesitzerin, nachdem diese ihn bei einem Einbruch auf frischer Tat erwischt hat. Den Kripobeamten sagt er nur so viel: »Mir ist das scheißegal, ihr könnt mich an die Wand stellen und erschießen, so egal ist mir das. Ich habe nichts mehr zu verlieren. Jeder hat seine Taktik, ihr habt eure und wollt von mir ein Geständnis, und ich habe meine und sage nichts. Ich will die Hauptverhandlung abwarten und diese dann in meinem Sinne gestalten, da habe ich Erfahrung drin.«

Daraus wird nichts. Er hat sich verraten, der Wolf im Schafspelz hat ausgespielt. Die 4. Strafkammer des Landgerichts Trier erkennt am 29. Juli 1992 auf »Mord« und führt zur Motivation aus: »Oswald Eckert hat einen Menschen getötet, um eine Straftat zu verdecken. Er handelte, als er zunächst mit dem Barhocker auf den Kopf der Elisabeth K. schlug und dann den Hals des Opfers umklammerte und mindestens zwei bis drei Minuten lang zudrückte, mit direktem Vorsatz.« Verhängt wird nicht nur Lebenslänglich, das Gericht geht sogar noch einen Schritt weiter: »Eine Würdigung aller dargelegten Umstände ergibt, dass bei dem Angeklagten Oswald Eckert eine besonders schwere Schuld vorliegt, die in Zukunft bei Beurteilung der Dauer der Vollstreckung der verhängten lebenslangen Freiheitsstrafe durch das demnächst zuständige Vollstreckungsgericht zu berücksichtigen sein wird.«

Drei Menschen mussten sterben, 16 Jahre seines Lebens musste Eckert im Gefängnis verbringen, unzählige Male abgeurteilt werden, bis man endlich die psychische Abnormität und Gefährlichkeit dieses Mannes erkannte. Eckert ist immer wieder davongekommen, weil er regelmäßig günstig beurteilt wurde, Gutachter an das Gute in ihm glaubten.

Die Akte Eckert konnte geschlossen werden – allerdings nur vorläufig. Denn der begutachtende Psychiater hat wohlmeinend empfohlen, Eckert nicht lebendig zu begraben: »Unbeschadet der Einschätzung, dass die Persönlichkeitsstörung fixiert erscheint und somit bei der Anordnung einer Maßregel Sicherheitsaspekte vor einer wünschenswerten, aber nur bedingt realisierbaren Besserung Vorrang haben sollten, wird auch weiterhin angeregt, gemäß § 9 Strafvollzugsgesetz auf Antrag des Angeklagten eine Sozialtherapie durchzuführen, um in dieser Form die von ihm ausgehende Allgemeingefahr im Laufe der Jahre zu reduzieren.« Es wird also auch künftig prognostisch zu klären sein, ob Eckert, ein Mensch, der hinreichend bewiesen hat, dass er sich in der Sozialgemeinschaft nicht zurecht findet und eine ernsthafte Gefahr für seine Mitmenschen darstellt, nochmals in die Freiheit entlassen werden darf. Und dann?

Die gefühlte Bedrohung

Über prognostische Fehlleistungen wie im Fall Eckert wird nicht gesprochen, schon gar nicht öffentlich. Eckert ist nämlich kein kinderraubendes und -mordendes »Monster«, eben keine »Sexbestie«. Wäre er das, *Bild* hätte ihren Spaß an ihm, erst als knalliger Aufmacher, dann als bizarre Fortsetzungsgeschichte. Im öffentlichen Bewusstsein existieren deshalb in erster Linie Sexualstraftäter. So einer wie Ulvi K. zum Beispiel. »Wieder so ein Schwein«, ätzt *Bild* am 22. Oktober 2002 und stellt den »Killer« öffentlich an den Pranger, natürlich mit Foto. Der 24-Jährige hat gestanden, die neunjährige Peggy getötet zu haben, deren Verschwinden aus Lichtenberg in Bayern wochenlang Thema in den Medien gewesen ist. *Bild* hat Blut geleckt und deckt den nächsten »Skandal« auf, diesmal ist eine psychiatrische Gutachterin dran. Sie hat den Verdächtigen früher untersucht, weil der mehrfach vor Kindern onaniert hatte. Aufgrund einer hirnorganischen Schädigung war Ulvi K. als schuldunfähig eingestuft worden. »Sie hat nicht erkannt, wie gefährlich Peggys Mörder ist«, empört sich *Bild*. Die Psychiaterin wird mit Foto zum öffentlichen Abschuss in Stellung gebracht, ein schwarzer Balken verdeckt ihre Augen – wie bei einem Verbrecher. Schuldig! Schuldig?

Die Einstellung der Öffentlichkeit zur gerichtlichen Psychiatrie ist wohl eher gespalten. Forensische Psychologen und Psychiater treten zunehmend in TV-Serien als geachtete, manchmal sogar zu Helden verklärte Experten auf, an erster Stelle die Profiler. Sie werden um Hilfe gebeten, wenn Kriminalisten mit ihrem Latein am Ende sind, wenn insbesondere Todesermittler nicht mehr weiterkommen. Nach landläufiger Meinung, schließlich wird es im Fernsehen oder Kino (fast) immer so gezeigt, reisen hoch qualifizierte Sonderermittler an, um der Feldwaldundwiesenpolizei auf die Sprünge zu helfen. Der Profilfahnder inspiziert einige Minuten lang am Tatort die Umgebung, beäugt den grässlich zugerichteten Leichnam und das blutbesudelte Messer. Der Profiler grübelt, runzelt die Stirn, räuspert sich, die angestrengt dreinblickenden Polizisten halten den Atem an – der Experte sieht jetzt Dinge, die sonst niemand sehen kann: Vor seinem geistigen Auge entsteht urplötzlich das Psychogramm des gesuchten

Täters, natürlich das eines Serienkillers. Der Profiler kann das. Warum, weiß niemand so genau. Schließlich eröffnet er die Mörderhatz so: »Suchen Sie nach einem Mann, weiß, zwischen 20 und 30, ledig. Von Beruf Fernfahrer. Lebt alleine, hat einen Mutterkomplex und war früher Bettnässer. In seiner Kindheit ist er sexuell missbraucht worden und hat Tiere gequält. Vermutlich fährt er ein schwarzes Auto, hat einen Sprachfehler und stottert.« Eine halbe Stunde später wird ein Verdächtiger geschnappt. Der stottert los, verplappert sich – er war's. Das Täterprofil passt haargenau. Der Profiler hat es gewusst, wie immer. Schluss. Applaus. Viele Menschen, die sich an derlei Fernsehrealitäten erfreuen, glauben mittlerweile daran, dass Psychologen generell besondere Menschen mit besonderen Fähigkeiten sind, eigentlich unfehlbar in ihrem Urteil.

Auch in TV-Dokumentationen analysieren Psychologen Taten und Täterverhalten, erklären, warum grausame Verbrechen passieren, wie aus Menschen »Monster« werden. Einen dramatischen Ansehensverlust erleiden Therapeuten und Gutachter aber immer dann, wenn wieder einmal ein »Ungeheuer« eingefangen wird und sich herausstellt, dass der mutmaßliche Täter bereits wegen eines Sexualdelikts vorbestraft ist und sich als Bewährungsversager entpuppt. Dann hat der Gutachter den Täter auf die Menschheit losgelassen, und der konnte nur zuschlagen, weil der Experte geirrt hat. Dem Sachverständigen werden flugs Naivität und Blauäugigkeit unterstellt, manchmal wird sogar die Daseinsberechtigung der gerichtlichen Psychiatrie bezweifelt.

Wenn es zum Verbrechen kommt – wie jüngst an dem neunjährigen Mitja aus Leipzig, der wohl von einem Rückfalltäter ermordet worden ist –, melden sich unaufgefordert die Scharfmacher und Scharfrichter öffentlich zu Wort und fordern unmissverständlich: Jetzt müsse »endlich mal hart durchgegriffen werden«, Sextäter gehörten allesamt weggesperrt. Der Rechtsstaat scheint mit einem Mal schwach und hilflos, Grundrechte sollen deshalb mit Füßen getreten werden. Solche markigen Parolen werden in Teilen der Bevölkerung begierig aufgegriffen, und der Ruf nach einer härteren Gangart wird laut, nicht nur an den Stammtischen dieser Republik. Ein Leser schreibt beispielsweise am 1. März 2007 in der *Süddeutschen Zeitung:* »Als meine Frau die Nachrichten über diesen Wiederholungstäter im Fernsehen sah, sagte sie nur: ›Bei uns werden solche Menschen sofort erschossen.‹ Meine Frau ist Chinesin. Kinderschänder gibt es dort auch, Wiederholungstäter keine. Und eine Debatte über für und wider von Freilassung und Wegsperren erübrigt sich.«

Volkes Zorn richtet sich allerdings nicht allein gegen die Täter, sondern auch gegen deren vermeintliche »Helfershelfer«, die »Forensen« – also jene Gerichtsgutachter und Therapeuten, die versagt haben oder denen man blindlings unterstellt, versagt zu haben. Psychiatrische Kliniken werden als vermeintliche Hotelbetriebe geoutet, die Patienten als »tickende Zeitbomben« stigmatisiert, dramatisiert und auch dehumanisiert. Die zuvor beschriebenen Extremfälle, in denen verurteilte Mörder weitere Untaten verüben konnten, wiegen besonders schwer, aber sie sind nicht die Regel. Und sie sollten nicht instrumentalisiert werden, um einen ganzen Berufsstand in Misskredit zu bringen. Bei aller im Einzelfall berechtigten Kritik darf die Unterschiedlichkeit der Täter, der Taten, der Therapieerfolge und der Sicherheit von Strafvollzugsanstalten und therapeutischen Einrichtungen nicht übersehen werden.

Gleichwohl: Mit der forensischen Psychiatrie steht es nicht zum Besten. Sie gilt als Stiefkind ihres Fachs. Der sogenannte Maßregelvollzug – dort sollen psychisch kranke Straftäter mit hohem Gefährdungspotenzial dem gesetzlichen Auftrag entsprechend »gebessert und gesichert« werden – gilt als »Schlusslicht der Psychiatrie«. So urteilte nicht nur die Psychiatrie-Enquête-Kommission des Deutschen Bundestags. Probleme und Mängel sind unübersehbar und unbestreitbar: Dieser Berufszweig wird selten angestrebt und ist bei Praktikern unbeliebt; die Klientel gilt als schwierig und unbequem; es fehlen vielerorts ausreichend qualifizierte und behandlungsbereite Fachkräfte; die kontinuierliche Fortbildung des Personals kommt zu kurz; therapeutische Einrichtungen sind chronisch überbelegt; Gerichtsgutachter unterliegen nicht immer einem Gütesiegel; die empirische Prognoseforschung wird sträflich vernachlässigt. Schon diese nicht abschließende Aufzählung struktureller, administrativer, personeller oder motivationaler Schwachstellen macht deutlich, in welchem Dilemma sich der Maßregelvollzug befindet. Er ähnelt einer Dauerbaustelle. Nicht nur in Deutschland.

* * * * *

Es sind Fälle wie diese, die Verstand und Vernunft außer Kraft setzen können: Triebgesteuerte Gewalttäter, die wahllos über ihre Opfer herfallen, und wohlmeinende Gutachter, die eine erfolgreich absolvierte Therapie attestieren und den Extätern in die Hände spielen. Jeder dieser Fälle ist Wasser auf die Mühlen derer, die es immer schon besser gewusst haben. Und manche Medien »verbeißen« sich regelrecht in die »Sexkiller« und suggerieren allen eine permanente Gefahr, eine ernsthafte Bedrohung. Die Botschaft lautet: An jeder Straßenecke lauert das Verbrechen, da steht ein Kinderschänder, Vergewaltiger oder Mörder, der nur darauf wartet, endlich losschlagen zu können. Und zwischen den Zeilen wird der Leser gefragt: Sind unsere Kinder vor solchen Unmenschen noch sicher? Bin ich noch sicher? Aus wenigen Ausnahmefällen wird so die Regel, zumindest in der Fantasie vieler Bürger. Und die bekommen es deshalb schnell mit der Angst zu tun. Nach einer Studie des Kriminologischen Forschungsinstituts Niedersachsen glauben die Deutschen, die jährliche Rate der Sexualmorde habe sich um 260 Prozent erhöht. In Wirklichkeit ist sie seit geraumer Zeit kontinuierlich gesunken, es sind mittlerweile pro Jahr weniger als 20. Die Wahrscheinlichkeit, Opfer eines Sexualmörders zu werden, ist also extrem gering. Auch die Jugendkriminalität ist nicht so ausgeufert wie angenommen: Mitte der Neunziger Jahre stieg sie stark an, ist seitdem aber wieder leicht gefallen.

Obwohl diese Fakten der gefühlten Bedrohung widersprechen, müssen Politiker dem Volkszorn Rechnung tragen, wollen sie wiedergewählt werden. Deshalb wurden seit Ende der neunziger Jahre die Gesetze sukzessive verschärft. Inzwischen gibt es die nachträgliche Sicherungsverwahrung und ein härteres Sexualstrafrecht, die Hürden für eine Haftverschonung wurden höher gesteckt. Das Problem der Prognose(un)sicherheit konnte damit indes nicht beseitigt werden.

Vom Wesen der Kriminalprognose

Im Alltag sind wir es gewohnt, menschliches Verhalten zu analysieren, zu bewerten und deren Entwicklung zu prognostizieren. Wir glauben zu wissen – schon hier offenbart sich eine Paradoxie –, wie sich Menschen, die wir gut zu kennen glauben, verhalten werden; ganz allgemein oder in bestimmten Situationen. Wir begründen diese Einschätzungen mit Erfahrungswissen, Intuition oder hoffen einfach darauf, dass es so kommen wird. Häufig geht die Rechnung auf, manchmal aber irren wir uns. Beziehungen würden nicht funktionieren, das gesamte soziale Gefüge wäre nicht lebensfähig, wenn eine verlässliche Einschätzung menschlicher Verhaltensweisen nicht möglich wäre.

In der forensischen Psychologie und Psychiatrie ist es nicht anders. Weil nicht jeder Straftäter ohne weiteres in die Freiheit entlassen werden kann, müssen Gutachter beurteilen, wie der Patient oder Häftling sich künftig wohl verhalten wird, ob von ihm eine Gefahr ausgeht, ob weitere Taten von ihm zu erwarten sind. Das gilt insbesondere für Delinquenten, die ein Sexualdelikt begangen haben.

Entscheidungserheblich ist die Kriminal-, Sozial- oder Legalprognose. Alle Begriffe meinen dasselbe: die Vorhersage, dass unter bestimmten Bedingungen bestimmte Ereignisse in einem bestimmten Zeitraum (nicht) eintreten werden. Und hier begegnet man dem Kernproblem: Kriminalprognosen sind lediglich Wahrscheinlichkeitsaussagen – eine sichere Ja-Nein-Aussage über künftiges kriminelles Verhalten ist gar nicht möglich. Gerichtlich tätige Psychologen und Psychiater mahnen in diesem Zusammenhang immer wieder zur Vorsicht. So bekennt beispielsweise Professor Norbert Leygraf, einer der renommiertesten Gerichtspsychiater Deutschlands, in einem Interview freimütig: »Ich habe als Gutachter nur die Frage der Schuldfähigkeit und gegebenenfalls der Prognose zu klären. Ein Blick zurück in die Geschichte des vergangenen Jahrhunderts zeigt, was alles menschenmöglich ist. Natürlich versucht man in solchen Fällen auch, sich selbst und auch dem Gericht ein Bild davon zu machen, wie jemand dazu gekommen ist, derart Schreckliches zu tun. Manchmal gelingt es, häufig aber auch nicht, zumal in der speziellen Begutachtungssituation. Und ich weigere mich mittlerweile auch, vor Gericht Erklärungen abzugeben, die aus 5 Prozent Befunden und 95 Prozent Spekulationen bestehen. Glücklicherweise ist die forensische Psychiatrie heute insgesamt etwas bescheidener geworden und verzichtet auf simple Erklärungsmodelle.«

Eine individuelle Kriminalprognose setzt im Idealfall Folgendes voraus: Der Gutachter kennt die relevanten Einflussfaktoren auf die Rückfälligkeit, die sich durch die Zugehörigkeit des Betroffenen zu einer bestimmten Tätergruppe ergeben; er erhebt die Faktoren, die in diesem speziellen Fall zu einer Rückfälligkeit führen könnten durch eigenes Aktenstudium; und er klärt durch Befragung und Untersuchung des Täters ab, wie bedeutend diese Faktoren konkret sind. Die kriminalprognostische Aussage über den Täter wird also dadurch gewonnen, dass er einer Täterklientel zugeordnet wird, von der man Erfahrungen über ihr

Verhalten hat, zum Beispiel bei sadistischen Gewalttätern oder Päderasten. Bei möglichst weitgehender Übereinstimmung der Merkmale der Person des Täters und seiner erwarteten Lebensumstände mit den Merkmalen der Kontrollgruppe kann gefolgert werden, dass der Begutachtete sich wohl ebenso verhalten wird. Die Berechtigung zu dieser Annahme ergibt sich aus der Gültigkeit des Erfahrungssatzes, also der begründeten Erwartung, dass die darin zusammengefasste Erfahrung zuverlässig ist. Ist sie das?

Menschen können nicht in die Zukunft sehen

Gerhard M. ist auf der Suche nach seinem Sohn Martin. Es ist der 20. März 1971. Der 24-Jährige wohnt noch bei seinen Eltern in Stuttgart und ist nicht nach Hause gekommen. Er hat sich nicht gemeldet. Höchst ungewöhnlich. Einer von Martins Freunden gibt schließlich einen Hinweis: »Der Martin wollte gestern Abend noch zum Friedhelm.« Gemeint ist Friedhelm Werner*. Gerhard M. stellt den 32-Jährigen noch am selben Tag zur Rede. Der räumt ein: »Ja, stimmt, Martin war gestern noch bei mir. So bis gegen 22.30 Uhr. Dann ist er gegangen. Ich weiß nicht, wo er jetzt ist.« Gemeinsam zieht man los, um Martin zu finden. Kein Lebenszeichen, keine Spur. Schließlich geht Gerhard M. zur Polizei, meldet seinen Sohn als vermisst. Werner begleitet ihn und drängt die Beamten, doch »intensiv zu suchen«. Später tröstet er Martins Mutter: »Verzweifeln Sie nicht, Ihr Sohn kommt bestimmt bald wieder.« Der Gesuchte aber bleibt unauffindbar.

Wenige Tage später stoßen die Ermittler auf seinen Leichnam – in der Wohnung von Friedhelm Werner. Der gesteht, Leugnen ist sinnlos geworden. Das Stuttgarter Landgericht verurteilt Werner wegen Mordes. Er soll »zur Befriedigung des Geschlechtstriebs« getötet haben. Mit einem mit Sand gefüllten Socken drosch Werner auf den jungen Mann ein, bis der regungslos auf dem Boden liegen blieb. Der Vorsitzende Richter führt in seiner Urteilsbegründung weiter aus: »Um sich ungestört an ihm vergehen zu können, schnürte er mit einem Kabel die Hände des sich noch schwach Wehrenden auf dem Rücken zusammen. Dann fesselte er die Beine des Martin M., zog die Leine über dem Rücken straff an, schlang sie zweimal um den Hals des Opfers und verknotete sie. Er zog die Hose des Opfers herunter und versuchte, bei ihm zu onanieren, was ihm nicht gelang, da Martin M. inzwischen an Erbrochenem erstickt war. Danach beschloss er, seinem Opfer den Penis abzutrennen. Er versuchte dies zunächst mit einem Tafelmesser, nahm dann eine Schere.«

Werner wird eine »alkoholbedingte Verminderung der Steuerungsfähigkeit« unterstellt, seine homosexuellen Neigungen seien auf »Probleme mit seiner Mutter« zurückzuführen. Auch wird »eine besondere Anfälligkeit für aggressive Reaktionen« festgestellt. Obwohl ein Sachverständiger darauf hingewiesen hat, dass eine Therapie »unabdingbar« sei, wird Werner nicht in eine psychiatrische Klinik gebracht. Unverständlich. Er muss für 14 Jahre ins Gefängnis.

Dort avanciert der gelernte Bauschlosser zum Musterhäftling. Er arbeitet in der anstaltsinternen Schlosserei »zur vollsten Zufriedenheit«. Werner nutzt jede Möglichkeit, sich weiterzubilden: Haupt- und Realschulabschluss holt er nach, belegt Fremdsprachenkurse, absolviert erfolgreich einen Kurs in Buchhaltung. Erst im April 1977 wird ihm über den Pfarrer der Justizvollzugsanstalt ein Psychologe vermittelt. Eine Auseinandersetzung oder Aufarbeitung der Tat und seiner Ursache(n) hat bislang nicht stattgefunden. Aber auch der Fachmann für die menschliche Psyche und ihre Deformationen beschränkt sich bei der Therapie auf das Wesentliche – wohlgemerkt auf das aus seiner Sicht Wesentliche: Querelen und Animositäten zwischen Werner und anderen Gefangenen werden besprochen, Kindheitserlebnisse diskutiert. Nur die Tat selber und Werners Homosexualität bleiben außen vor. Therapeut und Pfarrer befürworten schließlich die vorzeitige Entlassung. »Eine Wiederholungstat ist aufgrund der ersten Strafe völlig ausgeschlossen«, heißt es. Und Werner gibt sich reumütig: »Ich habe viel gutzumachen.« Am 10. Dezember 1980, nur acht Jahre nach dem Mord an Martin M., wird der nun 41-Jährige »bedingt« entlassen.

Am 12. Juni 1982 erstattet Ursel B. Anzeige bei der Kripo in Freiburg (Breisgau), ihr Sohn Burkhard ist seit zwei Tagen spurlos verschwunden. Den 17-Jährigen hat man zuletzt in Begleitung eines Mannes gesehen – Friedhelm Werner. Der wird überprüft. Allerdings kennt der Polizeicomputer seinen Namen nicht, Werner gilt als »nicht polizeibekannt«, eben ein unbescholtener Bürger. Der Verdächtige kann gehen, der Verdacht bleibt.

Ein halbes Jahr später finden Pilzsammler die stark verweste Leiche von Burkhard B. Aus der »Vermisstensache B.« wird das »Todesermittlungsverfahren B.«. Werner gerät wieder ins Visier der Kripo. Seine mörderische Vergangenheit hat man mittlerweile ausgegraben, nur Beweise fehlen, dass er auch Burkhard B. getötet hat. Werner streitet alles ab, energisch, erbittert: »Das war ich nicht. Ich bin unschuldig!« Trotzdem sieht der Ermittlungsrichter einen »dringenden Tatverdacht«. Untersuchungshaft.

Im März 1984 wird vor dem Landgericht Freiburg verhandelt. Das Hauptindiz gegen Werner aber bleibt im Wesentlichen die Vorstrafe, der Mord in Stuttgart. Eine Blaupause für den Angeklagten? Die Taten ähneln sich tatsächlich frappierend. Unter anderem ist auch in diesem Fall das Opfer »durch massive Gewalteinwirkung gegen den Hals« getötet worden, das Genital des Opfers hat der Täter wie damals abgetrennt.

Das Gericht hört deshalb alle relevanten Zeugen und Sachverständigen, die Werner aus dem Stuttgarter Prozess, der Haft und seiner Zeit in Freiburg kennen; so auch jenen Psychologen, der Werner vier Jahre lang einmal wöchentlich behandelt und dessen Freilassung er angeregt und verfochten hatte. Der Psychologe gerät ins Kreuzfeuer der Kritik. Die *Badische Zeitung* kommentiert: »Wiederholt wurde dem Psychologen entgegengehalten, dass er hätte wissen müssen, dass nach Jahren eines ›keimfreien Lebens‹ im Vollzug die Freiheit eine Fülle neuer Konflikte für seinen Klienten bergen könne. Offen blieb die Frage, warum derart gravierende Konflikte in der Persönlichkeit des Angeklagten nicht aufgegriffen wurden, wie die Aussage hinsichtlich der Entlassung in solcher Form zustandekommen konnte und warum der Psychologe nicht auf einer psychotherapeutischen Begleitung von Werner auch in der ersten Zeit der Freiheit bestand.«

Obwohl die Richter das Fehlen »klassischer Indizien« einräumen, ergeht ein Schuldspruch. Werner, der auch während der Hauptverhandlung kein Geständnis abgelegt hat, wird wegen Totschlags zu zehn Jahren Haft verurteilt. Strafmildernd wirkt sich aus, dass »durch einen hochgradigen Affekt die Steuerungsmöglichkeit beeinträchtigt gewesen sein könnte«. Ein plausibles und verifizierbares Motiv kann nicht herausgearbeitet werden. Die Beweislage ist dünn. Zu dünn, urteilt der Bundesgerichtshof und kassiert das Urteil. Es muss neu verhandelt werden, wieder in Freiburg, diesmal vor einer anderen Strafkammer. Am 1. Juli 1985 wird Werner vom Vorwurf des Totschlags freigesprochen. Er kann sein Glück kaum fassen.

Der jetzt 46-Jährige zieht nach Würzburg, findet dort Arbeit – und gerät schnell abermals unter Mordverdacht. Er soll Ende 1985 den Versandarbeiter Markus Z. getötet haben. Der Kopf des 28-Jährigen war Ende Januar 1986 in Fürth gefunden worden. Die Kripo Freiburg hat die Nürnberger Todesermittler auf eine mögliche Täterschaft Werners hingewiesen, auch in diesem Fall war dem Opfer das Genital abgeschnitten worden. Am 13. April 1986 wird Werner festgenommen. Die ihn vernehmenden Beamten erweisen sich als Meister ihres Fachs: Es wird kein Druck ausgeübt, es werden keine Vorwürfe erhoben, es wird nicht gebrüllt. Geduld, Fingerspitzengefühl und Einfühlungsvermögen zahlen sich letztlich aus. Werner gesteht, Markus Z. am 31. Dezember 1985 getötet zu haben. Und noch etwas höchst Bedeutsames sagt er: »Ja, das mit dem Burkhard B. war ich auch.«

Erstmals ist es gelungen, Fragen so behutsam zu formulieren, dass Werner antworten, dass er sich von seiner erheblich gestörten Beziehung zu seiner Mutter (»Ich hatte immer das Gefühl, ungewollt zu sein, abgelehnt zu werden.«) freisprechen, dass er sich zu seiner Homosexualität (»Das war immer etwas Verbotenes, etwas Schmutziges.«) bekennen, dass er über tiefgreifende Kindheitstraumata sprechen kann – er war mehrfach von Männern missbraucht worden. Das Tragische, das Dramatische, das Bedauernswerte, das Vorwerfbare dabei: Wenigstens 15 Jahre lang ist die Abnormität dieses Mannes nicht vollends erkannt, ist seine Gefährlichkeit verkannt worden. Werner hat eine Maske getragen und niemandem ist es gelungen, dahinterzuschauen. Zwei Menschen würden heute noch leben, hätten die Kriminalprognosen nur gestimmt.

Manche tun es wieder

Allgemein wird angenommen und berichtet, die Rückfallquote von Sexualstraftätern liege bei 20 bis 30 %. Das stimmt so nicht. Es gibt zum Teil gravierende Abweichungen. Richtig ist, dass die Zahl derer, die abermals straffällig werden, je nach Tätertyp variiert. Zu diesem Ergebnis kommen auch die Experten der Kriminologischen Zentralstelle in Wiesbaden in ihrer Forschungsarbeit »Legalbewährung und kriminelle Karrieren von Sexualstraftätern«. Ausgangspunkt der Studie ist das Jahr 1987. Erfasst wurden die Auszüge von etwa 2.200 Tätern aus dem entsprechenden Zentralregister. Daraus wurden unter bestimmten Aspekten zehn Stichproben mit insgesamt 1.000 Fällen gebildet. 20 % der Vergewaltiger wurden rückfällig, in der Gruppe der Exhibitionisten waren es 55%. Nur 4% der Untersuchten waren Serientäter.

Nach Einschätzung des Sexualwissenschaftlers Klaus Michael Beier ist das Rückfallrisiko bei Pädophilen extrem hoch. Der Leiter des Instituts für Sexualmedizin am Berliner Universitätsklinikum Charité hat bei einer groß angelegten Studie festgestellt, dass vier Fünftel der hauptsächlich pädophil veranlagten Männer rückfällig werden.

Ob die genannten oder andere Forschungsarbeiten zur Legalbewährung von Sexualstraftätern die Rückfallhäufigkeit zutreffend widerspiegeln, hängt weniger von der Qualität der Wissenschaftler ab, sondern in erster Linie von der Konzeption, den abgebildeten Zeiträumen, in denen ein Rückfall hätte passieren können. Denn Verurteilte, die beispielsweise über fünf Jahre hinweg beobachtet werden, dürfen keineswegs als geheilt gelten. Auch danach passieren Taten, die zumindest in dieser Statistik nicht erfasst werden. Insofern steckt in jeder dieser Studien eine Dunkelziffer. Beispiele für das Versagen von Prognosegutachtern gibt es leider genug:

- Im Sommer 1975 ersticht Matthias Bennewitz* in einem Waldgelände bei Oldenburg ein 12-jähriges Mädchen. Am 2. Juni 1976 wird der Bürokaufmann zu acht Jahren Jugendstrafe verurteilt. Seine »bedingte« Haftentlassung erfolgt dreieinhalb Jahre später. 1980 wird er wieder auffällig, als er einen 13-Jährigen überfällt, ihn in sein Auto zerrt. Im Wald bleibt sein Wagen jedoch stecken, der Junge kann flüchten. Das Gericht wertet diesen – wie sich später herausstellen wird – versuchten Mord als Freiheitsberaubung und Körperverletzung. Man schickt Bennewitz für acht Monate hinter Gitter. Therapie? Fehlanzeige. In den Sommermonaten des Jahres 1985 geraten die sadistischen Neigungen des spindeldürren Brillenträgers vollends außer Kontrolle. Der 28-Jährige ersticht in Bonn und Bochum drei »weibliche Objekte«, 16, 18 und 28 Jahre alt.

- Am 27. Dezember 1986 erdrosselt der 25-jährige Jugoslawe Milan Nakic* in Neustadt/Rübenberge den Ehemann seiner Geliebten in dessen Wohnung mit einer Hundeleine. Das Opfer soll den gelernten Bäcker bei Intimitäten »gestört« haben. Nach fünf Jahren wird Nakic vorzeitig auf freien Fuß gesetzt. Eine Wiederholungsgefahr kann angeblich »ausgeschlossen« werden. Ein verhängnisvoller Irrtum. Vom 18. Oktober 1992 bis zum 31. Januar 1993 tötet Nakic in Hannover vier Menschen: zwei Frauen, zwei Männer. Er missbraucht seine Opfer sexuell, erdrosselt sie und plündert die Wohnungen.

- »Ich musste unschuldige Mädchen kaputtmachen, weil man mich kaputtgemacht hat.« Das behauptete der mehrfache Kindermörder Paul Fuchs* im Mai 2000 vor dem Landgericht in Mönchengladbach. Mit regungsloser Miene folgte der gelernte Schlosser der Verlesung der Anklageschrift. Nüchtern, mit leiser, aber fester Stimme schilderte er später die Taten: den sexuellen Missbrauch an der zwölfjährigen Verena aus Tönisvorst am 25. November 1993, die er mit 15 Messerstichen tötete; und den Mordversuch an der sieben Jahre alten Babette am 14. Januar 1994 in einem Waldgebiet bei Niederkrüchten-Brüggen, nahe der niederländischen Grenze. Der 40-Jährige war zuvor aus Frankreich überstellt worden, wo er eine lebenslange Freiheitsstrafe zu verbüßen hat. Fuchs war im Januar 1999 des Mordes an einem achtjährigen Mädchen schuldig gesprochen worden. Auch in diesem Fall: Der zur Tatzeit 22-Jährige war bereits im März 1984 wegen Totschlags verurteilt worden, er hatte seine Nachbarin erdrosselt. Seine damalige Revision hatte Erfolg: Wegen »verminderter Schuldfähigkeit« wurde das Strafmaß auf fünf Jahre reduziert. Außerdem musste er eine weitere Strafe absitzen – ein Jahr wegen »Freiheitsberaubung und Nötigung«, begangen während eines Freigangs. Im Juni 1991 konnte er das Gefängnis schließlich als freier Mann verlassen. Aufgrund einer negativen Sozialprognose stellte ihn das Gericht lediglich für drei Jahre unter Führungsaufsicht, die zwei Monate vor seinem ersten Sexualmord an einem Mädchen endete.

Allen Fällen ist eins gemein: Da bahnte sich etwas an, aber man hat es nicht kommen sehen. Der Blick auf die Gefährlichkeit eines Verurteilten, der bereits einem anderen Menschen das Leben genommen hatte, war getrübt oder verstellt. Diese wohl größtenteils vermeidbaren Irrungen und Wirrungen der forensischen Psychologie und Psychiatrie könnten durch ähnlich gelagerte Kasuistiken beliebig erweitert werden. Bezogen auf sämtliche nach dem Zweiten Weltkrieg in der Bundesrepublik abgeurteilten multiplen Sexual- und Raubmörder lässt sich beispielsweise feststellen, dass sage und schreibe 75 % der Täter vorbestraft waren. Schlimmer noch: Viele von ihnen hatten bereits mehrjährige Haftstrafen abgesessen (Sexualmörder: 42 %, Raubmörder: 57 %). Die späteren Vielfachmörder hatten also nichts dazu gelernt, sie waren gar nicht, falsch oder erfolglos behandelt worden. Eine schwere Hypothek, unter der dieser wissenschaftlich ausgerichtete Berufszweig noch heute ächzt – und leidet.

Geradezu vernichtend fällt das Ergebnis mancher amerikanischer Untersuchung aus. Die sorgfältigen Übersichtsstudien kommen bisher zu dem Schluss, dass sexuelle Gewalt weitgehend unbehandelbar sei, weil die Psychotherapie die Rückfallquote nicht reduziere. Dies gelte insbesondere für sogenannte dissoziale Täter mit hoher aggressiver Impulsivität – also Gewohnheitsverbrecher, die sich nicht in die Sozialgemeinschaft integrieren lassen. Der brisanteste Wesenszug dieses Tätertyps ist die fehlende Empathie. Es mangelt an der Fähigkeit und der Bereitschaft, sich in die Befindlichkeit anderer Menschen einzufühlen. Es gibt keine emotionale Bremse. Opfer sind Mittel zum Zweck, werden versachlicht – Objekte.

Zu einer ähnlichen Einschätzung gelangen englische Wissenschaftler der Universitäten London und Leicester. Verglichen wurden neun Studien zur Wirksamkeit von Therapieprogrammen. Insgesamt waren 567 Männer aus Nordamerika und Europa untersucht worden, die während der Haft an einer Therapie teilgenommen hatten. Die Untersucher kommen zu dem Ergebnis, Therapien könnten wohl die Zahl der Rückfalltäter vermindern, aber es sei keineswegs sicher, dass die Therapierten geheilt seien und nie mehr Sexualverbrechen begehen würden. Unklar sei auch, welche Therapien überhaupt helfen und welche Täter von einer Behandlung nicht profitieren. Keine Heilung, aber (Selbst-)Kontrolle lautet das Fazit der britischen Untersuchung.

Soll eine Legalprognose gelingen, muss der zu Beurteilende einer bestimmten Kategorie Täter zugeordnet werden, sonst fehlt es an der notwendigen empirischen Absicherung – ein unumgänglicher Qualitätsstandard bei der Prognosebegutachtung. Aber alle Theorie ist grau, wenn sie sich in der Praxis nur unzureichend umsetzen lässt. Und darum scheint es schlecht bestellt zu sein, folgt man dem Arbeitsbericht »Behandlung, Behandelbarkeit und Typisierung von Sexualstraftätern«, herausgegeben vom renommierten Max-Planck-Institut für ausländisches und internationales Strafrecht in Freiburg/Breisgau. Im Zuge einer bundesweiten Befragung von Therapeuten und Gutachtern hat sich nämlich herausgestellt, dass es für die Experten ungemein schwierig ist, Täter zu typisieren und anhand von charakteristischen Persönlichkeits- und Verhaltensmerkmalen zu beschreiben. »Die stattliche Anzahl unterschiedlicher Einzelnennungen macht deutlich«, heißt es in der Bewertung der bisher geübten Therapie- und Prognosepraxis, »dass es selbst Experten schwer fällt, einer gemeinsamen Terminologie zu folgen. Nicht nur die Tatsache, dass es über 100 unterschiedliche Variablennennungen gab, ist frappierend. Auch die Kombination von Einzelvariablen fiel sehr heterogen aus. Das bedeutet, dass einzelne Experten sehr unterschiedliche Kombinationen von einzeln genannten Variablen angaben, anhand derer sie Typen feststellen können. Übereinstimmende Nennungen von mehreren gleichen Einzelvariablen zur Ausdifferenzierung von Tätertypen gibt es allenfalls noch von Experten aus derselben Einrichtung, was in manchen Fällen (durch freiwillige Angaben der Probanden) nachvollziehbar war.« Mit anderen Worten: Es existiert ein Gewirr von Begriffen, die unterschiedlich verstanden und gedeutet werden. Und es herrscht Unklarheit darüber, mit welchen Merkmalen welcher Tätertyp prognostisch charakterisiert werden kann.

Das Bundeskriminalamt belegt durch seine Studie »Polizeiliche Vorerkenntnisse bei Vergewaltigern« aus dem Jahr 2002, dass einem Sexualmord in nur knapp der Hälfte der Fälle andere Sexualdelikte vorausgingen. Und es hat sich unlängst herausgestellt, dass auch bei Serienmördern bestimmte Vorstrafen keineswegs auf ein gleichartiges delinquentes Verhalten in der Zukunft hinweisen. Man könnte gerade in diesem Zusammenhang eine sogenannte Deliktsperseveranz erwarten, also eine straftatenbezogene Gleichförmigkeit. Einfacher ausgedrückt: Sexualtäter begehen vor ihrem ersten Mord andere Sexualdelikte oder Raubmörder werden bereits als Kinder und Jugendliche durch Ladendiebstähle oder ähnliche Gaunereien auffällig. Das wäre durchaus logisch und plausibel. Doch das Gegenteil ist der Fall. Serientäter lassen sich nicht auf eine bestimmte Verbrechensform reduzieren, sie verüben vor ihren Morden überwiegend Straftaten, die eine gänzlich abweichende Zielrichtung haben. So dominieren bei multiplen Sexualmördern in erster Linie Vermögens- und Körperverletzungsdelikte als Vorstrafen, und eben nicht Sexualverbrechen. Diese deliktische Bandbreite ist dadurch zu erklären, dass Serientäter generell nur sehr eingeschränkt bereit sind, Normen und Werte einer Gesellschaft zu akzeptieren, vor allem aber zu respektieren. So ist zum Beispiel die Vergewaltigung eingebettet in eine allgemein verwahrloste oder kriminelle Einstellung. Sexualität wird mit Gewalt genommen, wie auch andere Bedürfnisse gewaltsam befriedigt werden. Je vielschichtiger das Verlangen, desto vielgestaltiger das Verbrechen. Auch dies ist ein Grund dafür, dass die Qualität künftig begangener Straftaten nur sehr bedingt prognostizierbar ist.

Mittlerweile sind Tätermerkmale zusammengetragen worden, die ein Indiz dafür sein können, dass therapeutische Bemühungen Früchte tragen. Reflexions- und Einsichtsfähigkeit, Leidensdruck oder Beziehungsfähigkeit beispielsweise sprechen dafür, antisoziales Verhalten, Verantwortungsdelegation oder Persönlichkeitsstörungen eher dagegen. Nur: Diese und andere Merkmale kommen in der Masse der Täter gar nicht so häufig vor, zudem in unterschiedlicher Zusammensetzung. Es wäre wünschenswert, wenn die forensische und kriminologische Forschung irgendwann zumindest diese Fragen beantworten könnte: Welcher Täter ist mit welchem differentialdiagnostischen Hintergrund behandelbar, wer ist es nicht? Und welche Behandlung ist bei welchem Täter besonders effektiv? So gesehen bleibt vieles Stückwerk, es fehlt ein System.

Intimus und Inquisitor

Der Gesetzgeber fordert »Besserung *und* Sicherung«. Schon aus dieser Konstellation ergibt sich ein facettenreiches Spannungsfeld: das nachvollziehbare und berechtigte Sicherheitsbedürfnis der Bevölkerung hier, dort der amtlich verordnete Rehabilitationsauftrag (an den Therapeuten) und -anspruch (des Patienten). Ein schwer, manchmal überhaupt nicht aufzulösender Interessenkonflikt wird überdeutlich, wenn man die Rollenverteilung näher betrachtet. Eine Besserung kann nur durch Therapie erreicht werden. Zwingende Voraussetzung hierfür ist das Vertrauen des Patienten, das erst erarbeitet werden muss. Andernfalls, dies gilt als gesicherte Erkenntnis, bleiben alle Bemühungen fruchtlos. Gleichzeitig bleibt der Patient aber auch ein Gefangener, der beobachtet und kontrolliert wird. Der Therapeut soll also behandeln und bewachen. Wie soll es einem Therapeuten gelingen, Intimus und Inquisitor desselben Menschen zu sein? Das Misstrauen bleibt, es wird wach gehalten, es blokkiert – insbesondere den Patienten.

Die Stimmen, die eine vermehrte Verantwortung bis hin zur Haftung für den Gutachter fordern, wenn die Prognose fehl geht, werden immer lauter. So fordert beispielsweise ein Mediziner im Fachorgan *Deutsches Ärzteblatt:* »Ich möchte als Gegenpol für das ganze Gutachterwesen fordern: ›Etwas mehr Mut zur Verantwortung!‹ Das heißt, der großzügig bezahlte Gutachter sollte in irgendeiner Weise die unter Umständen schädlichen Folgen seiner Fehler mittragen. Dann würde man sicher auf diesem Gebiet mehr Vorsicht walten lassen. Vor allem Psychotherapeuten überschätzen sich in ihrem Heilungseinfluss auf die Täter und erstellen eine zu gute Prognose.

Die Kriminalprognose ist aber nur die Spitze des Eisbergs! ›Wes Brot ich ess, des Lied ich sing‹, gilt auch bei den Gutachtern, und da habe ich schon genug zu lesen bekommen, ja, in einem Sorgerechtsfall selbst erfahren. Und was macht man dann, wenn man nicht Geld und Nerven genug hat, um weiterzuprozessieren? Die Faust in der Tasche ballen und den Gutachter zur Hölle wünschen. Der hat seinen Judaslohn und macht sich noch nicht mal Gedanken. Wenn ich meine Patienten schlecht oder falsch behandle, braucht mich nicht einmal ein Haftpflichtsanspruch zu treffen, die negativen Folgen in Form eines schlechten Rufs ruinieren schon die Praxis. Kein Problem für Gutachter: Die haben Zwangskunden.«

Dem hält der renommierte Psychiater und Sexualwissenschaftler Wolfgang Berner in einem *Zeit*-Interview entgegen, als er gefragt wird, wie man sich fühle, wenn man einen Täter falsch eingeschätzt habe, und der dann ein schweres Delikt begehe: »Das ist das Schrecklichste, was Sie sich vorstellen können. Man fühlt sich mitverurteilt. Man steht unter einem unvorstellbaren öffentlichen Druck und kämpft obendrein mit dem eigenen Gewissen. Das ist wirklich eine Strafe.«

* * * * *

Ein anderes Problem sind die Patienten selbst. Psychisch abnor-
me Mörder oder Serientäter stammen häufig aus zerrütteten Fa-
milienverhältnissen, sind ungebildet, einzelgängerisch veran-
lagt, sozial entwurzelt. Und sie polarisieren: in gut und schlecht,
in Gut und Böse. Die Übergänge, die wir als psychisch gesunde
Menschen wahrnehmen und respektieren, werden nicht erkannt
oder negiert. In diese simplen Kategorien wird das Klinikperso-
nal eingebettet und eingeordnet. Eine Differenzierung unter-
bleibt. Sicher keine günstigen Startbedingungen für eine erfolgreiche Therapie.

Manchen Patienten gelingt es sogar, Therapeuten und Gutachter vorzugaukeln, sie seien auf einem guten Weg oder gar erfolgreich therapiert. Die Kunst der Verstellung dominiert dann
die Kunst der Behandlung. Gerade bei den hoch gefährlichen
Tätern wird im Nachhinein oft festgestellt, dass es ihnen gelungen ist, die Wohlmeinenden und Gutgläubigen zu täuschen.
Dies gelingt ihnen nur deshalb, weil sie sich schon von Kindes-
beinen an als andersartig erleben und qualifizieren, nämlich als
minderwertig, nicht dazugehörig. Die mitunter realitätsferne
Selbstdiagnose der eigenen Unzulänglichkeit produziert das
Verlangen, sich nicht von der Masse abzuheben, sondern in ihr
zu verschwinden. So wie ein Chamäleon durch das Anpassen der
Hautfarbe an die jeweilige Umgebung seine Häscher zu täuschen sucht, so wird die Farbe des jeweiligen sozialen Hinter-
grunds angenommen, um der sonst drohenden Brandmarkung
zu entgehen. Ziel dieser bisweilen vollständigen sozialen Anpassung sind Komplettierung und Kompensation der zutiefst ge-
kränkten Persönlichkeit, das Bestreben, eigene Stigmata durch
das Ähnlichwerden mit dem sozialen Umfeld abzuschwächen, zu
kaschieren. Und diese häufig über Jahrzehnte erfolgreich einge-
übten und praktizierten Maskeraden und Täuschungsmanöver
bleiben unentdeckt, weil sie überzeugend dargeboten und über

einen längeren Zeitraum durchgehalten werden. Für ein solch manipulatives Verhalten gibt es keinen Beweis, nur gewisse Anhaltspunkte – beispielsweise eine von langer Hand geplante Tat, fantasiegebundene Tatelemente, ein außergewöhnlich brutales Ausführen der Tat oder auch Fetische, die bei Zellendurchsuchungen gefunden werden.

Die vorzeitige Entlassung ist im Regelfall an eine erfolgreich verlaufene Sozialtherapie gekoppelt – ein enormer Anreiz für viele Gefangene, sich an einer solchen Maßnahme zu beteiligen. Viele Täter entscheiden sich aber nur deshalb für eine Therapie, um in erster Linie die Chance auf eine vorzeitige Entlassung zu wahren. Das für eine erfolgreiche therapeutische Maßnahme erforderliche Merkmal der Freiwilligkeit entfällt somit, eine verkappte Zwangstherapie ist die Folge. Die Erfolgsaussichten solcher Bemühungen dürfen nicht besonders optimistisch beurteilt werden. Eine Therapie muss aus freien Stücken erfolgen und darf nicht an Vergünstigungen gebunden sein.

* * * * *

Prognoseirrtümer passieren aber auch, weil viele Kriterien eben nicht nur in eine Richtung weisen. Für eine ungünstige Kriminalprognose muss einerseits beispielsweise nicht sprechen, dass der Patient noch nicht geheilt ist, keine Therapiebereitschaft signalisiert, er die Tat noch nicht aufgearbeitet oder eine besonders grausame Tat begangen hat. Auf der anderen Seite darf eine günstige Sozialprognose nicht per se gestellt werden, weil der Patient nicht mehr von perversen Fantasien spricht, zuverlässig arbeitet, als sympathischer Mensch erlebt wird oder sich partnerschaftlich gebunden hat.

Aber auch die Geduld der Patienten wird mitunter arg strapaziert. Die müssen häufig erfahren, dass vier Psychologen fünf verschiedene Therapieansätze haben können. Verhaltenstherapie, Gestalttherapie, Gesprächstherapie, Psychoanalyse oder einfach nur Medikamente verordnen, dazu noch der gesunde Menschenverstand der Pfleger – es liegt nicht nur an den verkorksten, unsteten Biografien der Insassen, wenn sich keine Besserung einstellen will. Und: Ein psychisch Kranker ist eben kein Krebspatient, bei dem das Röntgenbild eine exakte Diagnose ermöglicht.

»Wir haben das als Gutachter wiederholt erklärt, was wir nicht können und was wir können«, sagt der angesehene Gerichtsgutachter Norbert Nedopil und legt den Finger in die Wunde. »Also für überschaubare Zeiträume, für einigermaßen bekannte Lebensumstände, kann man relativ gut prognostizieren – ein halbes Jahr lang, ein Jahr lang. Und die Empfehlung, die wir ja schon lange gegeben haben, ist, dass man eben dann wiederholte Prognosen macht und nicht einmal sagt: So, das wird gut gehen, und dann geht's auch gut. Das kann man von keinem wirklich verlangen. Das kann ich nicht für mich behaupten, und auch nicht für andere. Und auch wenn ich Sie untersuchen würde, könnte ich es nicht machen. Sie wüssten es von sich auch nicht, was in zehn Jahren wäre.«

Mittlerweile gibt es durchaus Qualitätsstandards für Prognosegutachten. Damit sind die Probleme allerdings keineswegs schon gelöst. So ist es schwierig, die spezifischen Erkenntnisse über Tätertypen auf den zu prüfenden Einzelfall zu übertragen. Leider werden hierzulande viele Daten nicht erhoben oder nicht zusammengeführt, die Wissenschaftlern und Gutachtern nützlich wären. Beispielsweise lässt die amtliche Strafverfolgungsstatistik nur erkennen, wieviele Täter vorbestraft sind, nicht aber, weswegen. Damit bleibt eine wichtige Quelle ungenutzt, um gruppenspezifische Rückfallrisiken besser einordnen zu können.

* * * * *

In der internationalen Fachwelt gilt vieles, was die Behörden und forensischen Psychiater in der Schweiz erarbeitet haben, als vorbildlich, in manchem Bereich sogar als führend. Das Erfolgsgeheimnis sollen interdisziplinäre Fachkommissionen und die konsequente Anwendung etablierter Kriterienkataloge sein. Deshalb sei es bisher in keinem Fall zu einem gravierenden Rückfall gekommen, sofern der Begutachtete auf Empfehlung einer Fachkommission in die Freiheit entlassen worden war.

Was macht das Schweizer Modell so erfolgreich? Wissen die eidgenössischen Forensiker mehr als ihre deutschen Kollegen? Wohl kaum. Wissenschaftlich ist vielmehr nachgewiesen, dass dieser Zugewinn an öffentlicher Sicherheit in erster Linie dadurch erzwungen wird, dass erst gar kein »Restrisiko« verantwortet werden soll – eine erhebliche Zahl von Straftätern wird also dauerhaft verwahrt, die mit einiger oder hoher Wahrscheinlichkeit keine neuen Taten verüben würden. Es ist anzunehmen, dass es in der Schweiz genauso viele Fehlbeurteilungen gibt wie in Deutschland, der Unterschied ist nur: Hier lässt man die Falschen heraus, dort sperrt man die Falschen ein.

Schwarzer Peter

Am Ende jeder Therapie steht immer die Prognose. Es soll im Vorhinein die damoklesschwertartige Frage beantwortet werden, ob, dies fordert der Gesetzgeber, »zu erwarten ist, dass der Patient keine rechtswidrigen Taten mehr begeht«. Grundsätzlich ist dabei zu beachten, dass Prognosen sozialen oder antisozialen Verhaltens unabhängig von der angewandten Methode schon aufgrund der Situationsgebundenheit und Unterschiedlichkeit menschlicher Reaktionen und Fähigkeiten nicht fehlerhaft sein können, sondern fehlerhaft sein müssen. Es erscheint schlechterdings nicht möglich, auch Faktoren zu beurteilen, die der Gutachter nicht kennt, nicht kennen kann. Insbesondere das künftige soziale Umfeld des Patienten bleibt häufig nebulös, die meisten Langzeitinsassen müssen sich neu orientieren und einfügen. Denn da draußen wartet niemand auf sie. Gerade dieser eminent wichtige und zudem dynamische Aspekt wird häufig geringgeschätzt.

Es erscheint generell fraglich, ob es bei der Vorhersage kriminellen Verhaltens – dies gilt insbesondere dann, wenn es lebensbedrohend ist – überhaupt in absehbarer Zukunft gelingt, zu verlässlichen Aussagen zu kommen. Denn ein derartiges Extremverhalten ist insgesamt selten. Die Prognose eines solchen Ereignisses ist schon aus diesem Grund zwangsläufig unsicher. Es existieren demzufolge nur vereinzelt gesicherte Erfahrungswerte und Prognosekriterien. Kein Psychologe, kein Psychiater ist in der Lage, auch wenn er alle Besonderheiten des Einzelfalls berücksichtigt und geprüft hat, seherische Fähigkeiten zu entwickkeln, die ihn unfehlbar machen – der Mensch verändert sich, er ist nicht kalkulierbar. Das wissen wir. Aber wir halten uns nicht daran. Stattdessen werden wasserdichte Analysen und Bewertungen erwartet, abgefragt und abverlangt, die hier und dort in dieser Ausprägung, in dieser Ausschließlichkeit gar nicht möglich sind.

Zunächst haben die Gutachter den Schwarzen Peter. Die Ärzte bekommen immer häufiger den Eindruck, die Justiz wälze die Last der Verantwortung für das Schicksal von Strafgefangenen und drohende Rückfallkatastrophen auf die Psychiatrie ab. Allerdings darf nicht übersehen werden, dass Gesetzestexte bei bestimmten strafrechtlichen Entscheidungen die Unterstützung des Richters durch Prognosegutachter zwingend vorsehen. Ihre Aufgabe ist es, die Rechtsentscheidung in ihren prognostischen Aspekten auf eine rationale, wissenschaftlich fundierte Grundlage zu stellen. Der Sachverständige soll demnach für die weitere Verfahrensweise einen Vorschlag erarbeiten, das Gutachten – er hat die geforderte besondere Sachkunde, die dem Richter abgeht; sonst müsste der sich nicht eines Sachverständigen bedienen.

Aber, und dies wird bei oberflächlicher Betrachtung gerne übersehen, der forensische Experte empfiehlt lediglich, nur der Richter entscheidet. Ob der Justizdaumen gehoben oder gesenkt wird, ob ein Strafgefangener oder Patient der Freiheit nochmals teilhaftig wird oder für unabsehbare Zeit hinter hohen Mauern verschwindet, hängt in erster Linie von der Sachkunde, der Sorgfalt und dem Verantwortungsbewusstsein des Gutachters ab, der sich ebenfalls in einer misslichen Lage befindet: Er sieht sich der Sozialgemeinschaft, deren Schutz er zu gewährleisten hat, genauso verpflichtet wie dem Patienten, den er teilweise selbst behandelt hat, dessen Persönlichkeitsrechte es zu wahren gilt – eine Gratwanderung, die nicht immer gelingen kann.

Dennoch müssen Richter sich nicht nur an der Bewertung des Sachverständigen orientieren, sie müssen sich im Zweifelsfall auch darauf verlassen können. Obwohl sie das Gutachten eigentlich auf die sachliche Richtigkeit hin zu überprüfen haben, bleibt den Richtern vielfach keine andere Wahl, als ihre juristische Entscheidung auf das psychologische Gutachten zu stützen, da sie nicht über das für diese Zwecke notwendige Fach- und Erfahrungswissen verfügen. Mögen Entscheidungen im Bereich der prognostizierten hohen Wahrscheinlichkeiten vergleichsweise leicht fallen, begegnet der Richter der hochproblematischen wertend-beurteilenden Natur der Ja-Nein-Aussagen erst in dem überaus breiten Spektrum der weniger eindeutigen und mittleren Wahrscheinlichkeiten. Denn der Umschlagpunkt zwischen »günstig« und »ungünstig« muss hier erst noch ermittelt werden. Wenn schon der psychiatrische Sachverständige zu keinem eindeutigen Urteil kommt, wie soll es dann dem vergleichsweise unbedarften Rechtsanwender gelingen?

Die richterliche Entscheidungskompetenz ist demnach in (zu) vielen Fällen gar nicht existent, der ihnen zugedachten Rolle als Kontroll- und Entscheidungsinstanz können die Gerichte so nicht gerecht werden. Macht und Ohnmacht des richterlichen Berufsstands fristen hier ein unbeanstandetes und kaum beachtetes Schattendasein, sorgen für Verwirrung – und wenn es schief geht, für Empörung und lähmendes Entsetzen. So überrascht es nicht, dass Richter immer wieder auch öffentlich einräumen, bei der Beantwortung prognostischer Fragen ein Gefühl der Unsicherheit und des Unbehagens zu empfinden – auch wenn der Schwarze Peter durch die Medien dem Gutachter zugeschoben wird, falls es mal daneben geht.

Aber die Gerichte müssen entscheiden – auf Gedeih und Verderb. Weist ein Gutachten keine gravierenden Mängel auf, steht darin kein himmelschreiender Unsinn geschrieben, so wird es ausschlaggebend sein. Das war bisher (fast) immer so. Und dabei wird es vorerst auch bleiben. Offenbar liegt hier ein Systemfehler vor. Diesen zu beheben, ist vornehmste Aufgabe des Gesetzgebers. Dem ist dazu bisher nicht viel eingefallen. Nur so viel gilt als sicher: Weder härtere Strafen noch ein facettenreiches Therapieangebot können (Rückfall-)Verbrechen per se verhindern. »Ein Restrisiko bleibt«, beklagen zu Recht unisono all jene, die sich mit Sexualstraftätern befassen wollen oder müssen. Aber an der Risikominimierung darf dennoch intensiv gearbeitet werden.

In diesem Zusammenhang beklagt die Journalistin Sabine Rückert in der *Zeit* nachvollziehbar das Abweichen des eigentlich eng umfassten Fachgebiets der forensischen Psychiatrie: »In aller Stille verschwimmt diese medizinische Wissenschaft zu einer Art allgemeiner Charakterkunde. Der forensische Psychiater, ein Facharzt für psychisch Kranke, die aufgrund ihrer Krankheit kriminell handeln, ist nicht mehr auf Halluzinierende spezialisiert, die in wilden Psychosen um sich stechen, oder auf Psychopathen, die, von dunklen Trieben gesteuert, ihren sadistischen Neigungen nachgehen. Jetzt muss er sich – und damit verlässt er sein Gebiet – auch zur Seelenlage ganz gewöhnlicher Krimineller äußern. Er muss sagen, ob ein ganz normaler Gewalttäter wieder prügeln wird – und die meisten Gewalttäter sind, egal ob verroht, kaputt oder überfordert, ganz normale Männer. Er soll sagen, ob ein Mörder wieder morden wird – die allermeisten sind psychisch gesund. Der forensische Psychiater betritt mit solchen Aussagen den Boden psychologischen Allgemeinwissens. Die Grenze zwischen kriminell und krank, zwischen der Justizvollzugsanstalt (also dem Gefängnis, in dem Verbrecher sitzen) und dem Maßregelvollzug (also der geschlossenen Klinik, in der psychisch kranke Straftäter untergebracht sind) löst sich auf. Zwischen Bösen und Kranken wird kein klarer Unterschied mehr gemacht – zum Psychiater und in die Therapie müssen sie alle.«

Du sollst nicht töten!

Verbrecher, die ein gesellschaftliches Tabu gebrochen haben, werden gerne öffentlich gebrandmarkt, zur Schau gestellt und durch das mediale Dorf getrieben. Wie die Gesellschaft mit ihren Tabubrechern umgeht, schreibt der Berliner Psychiater und Gerichtsgutachter Wilfried Rasch, folge regelmäßigen Zyklen. Nach einer therapieoptimistischen und außenseiterfreundlichen Phase sei jetzt die Strafe dran: »In manchen Epochen überwiegt der Behandlungsgedanke, der Abweichler wird als hilfsbedürftig definiert, in anderen herrscht das Verlangen vor, den Missetäter für das begangene Unrecht büßen zu lassen.«

Die Täter trifft der soziale Bannstrahl, die Acht. Achtgründe waren schon im Mittelalter schwere oder besonders verwerfliche Delikte (»Meintaten«) und führten zur »Recht- und Friedlosigkeit« des Betroffenen. Der Geächtete wurde zum »Feind des Königs und der Volksgemeinschaft« erklärt. Sein »Leib, Hab und Gut« waren jedermann preisgegeben. Er war »vogelfrei«, sollte »bußlos angegriffen und erschlagen« werden dürfen. Es war bei Strafe verboten, ihm Unterkunft oder Nahrung zu geben; es war überhaupt untersagt, mit ihm zu verkehren. Die Ehefrau des Geächteten wurde formelhaft zur Witwe erklärt, seine Kinder galten fortan als Waisen. Vermutlich würde diese Verfahrensweise bei einer Meinungsumfrage auch heute beachtliche Zustimmung finden; jedenfalls dann, wenn wieder mal ein Sexmonster ausbricht oder eine »Bestie« gefasst wird.

Tatsache hingegen ist, dass wir uns vor diesen Menschen schützen müssen. Denn die Freiheit der Wölfe bedeutet den Tod der Lämmer. Über die Notwendigkeit und Intention von staatlich verhängten Sanktionen schrieb schon der italienische Jurist und Strafrechtslehrer Cesare Beccaria: »Der Zweck der Strafen kann somit kein anderer als der sein, den Schuldigen daran zu hindern, seinen Mitbürgern abermals Schaden zuzufügen, und die anderen davon abzuhalten, das Gleiche zu tun. Diejenigen Strafen also und diejenigen Mittel ihres Vollzugs verdienen den Vorzug, die unter Wahrung des rechten Verhältnisses zum jeweiligen Verbrechen den wirksamsten und nachhaltigsten Eindruck in den Seelen der Menschen zurücklassen, für den Leib des Schuldigen hingegen so wenig qualvoll wie möglich sind.«

Das Minenfeld »Kriminalprognose« könnte merklich entschärft und die hiermit verbundenen Fehleinschätzungen weitgehend vermieden werden, würde man, so die Forderung vieler Hardliner, konsequenter und härter bestrafen. Das deutsche Strafrecht sieht als Sanktion für ein Tötungsverbrechen des Mordes nach § 211 des Strafgesetzbuches die lebenslange Freiheitsstrafe vor. Im für den Betroffenen schlimmsten Fall kann dies bedeuten, dass er bis zu seinem Tode nicht mehr in Freiheit kommt; so auch schon mehrfach geschehen. Im Einzelfall – es handelte sich um einen vierfachen Frauenmörder – wurde vom Bundesverfassungsgericht »unter dem Gesichtspunkt der besonderen Schwere der Schuld eine Verbüßung von mindestens 50 Jahren für geboten« gehalten. Das höchste deutsche Gericht hält es darüber hinaus, wiederum nur »im Einzelfall«, für rechtlich unbedenklich, »dass die Strafe im Wortsinn ein Leben lang vollstreckt wird«. Gleichwohl hat das Bundesverfassungsgericht in diesem Zusammenhang auch mehrfach betont: »Zu den Voraussetzungen eines menschenwürdigen Strafvollzugs gehört, dass dem zu lebenslanger Freiheitsstrafe Verurteilten grundsätzlich eine Chance verbleibt, je wieder der Freiheit teilhaftig zu werden; das gilt auch für denjenigen, der mit besonders schwerer Tatschuld beladen ist.«

Schuld und Sühne bleiben auch in solchen Fällen die das Urteil beziehungsweise die zu einem späteren Zeitpunkt erfolgende prognostische Bewertung mitbestimmenden Aspekte. Wann also ist es genug? Was ist genug? Und für wen ist es genug? Für den Täter oder die Opfer? Es gibt keinen (Maß-)Stab, den man über jedem Täter brechen, der den Besonderheiten des Einzelfalls stets gerecht werden könnte. Sind 25 Jahre genug? Oder 30, 40, 50? Wie viel muss sich ein Mensch zu schulden kommen lassen, wie viel Leid muss er anderen zugefügt haben, welches Maß an Gefährlichkeit ist erforderlich, bevor man ihn für immer aus der Sozialgemeinschaft ausschließen darf oder ausschließen muss?

Über die hoffnungslosen Fälle der deutschen Strafjustiz, über Gefangene und Patienten, die nicht therapiert worden sind oder nicht therapiert werden können, wird nicht gesprochen, sie werden ausgesessen und totgeschwiegen. Achim Kern* ist so ein Grenzfall. Er ist ein Kindermörder. Ein Rückfalltäter.

Achim Kern wächst auf in Hückelhoven, einer damals, Mitte der sechziger Jahre, knapp 32.000 Einwohner zählenden Kleinstadt im Erkelenzer Land, gelegen zwischen den Metropolen Düsseldorf und Aachen, etwa 25 Kilometer von der niederländischen Grenze entfernt. Schon früh muss der Junge lernen, ohne die Fürsorge seiner Eltern auszukommen. Die Familie Kern besitzt nicht den besten Ruf. Einer von Achims Jugendfreunden wird die Verhältnisse später so beschreiben: »Ich weiß, dass das immer eine sehr chaotische Familie war. Das waren so Kinder, wo es dann von den Eltern hieß: Mit denen darfst du nicht spielen! Das war alles von der Familie her schon so kaputt.« Mit seinen fünf Geschwistern verbindet Achim lediglich dasselbe Elternhaus, er fühlt sich nicht ausreichend angenommen und akzeptiert. Er bleibt außen vor, für sich allein.

Mit sieben wird er eingeschult, doch schon nach kurzer Zeit hinkt der Junge hinterher, muss ein Jahr wiederholen. Auch später in der Hauptschule gehört er zu jenen Schülern, die insgesamt unauffällig und blass bleiben, vor allem in ihrer Leistung. Achim verpasst einen ordentlichen Schulabschluss, mit 15 geht er ab.

Seine Berufsausbildung als Heizungsmonteur schmeißt er bald hin, wird arbeitslos, hält sich mit Gelegenheitsjobs über Wasser. Mit 19 geht er zur Handelsschule, aber auch hier hält er nur ein Jahr lang durch. Kern lässt sich auch weiterhin treiben, orientierungslos stromert er durchs Leben. Anschluss findet er nur bei jenen, die ihn selbst schon verpasst haben – jungen Burschen, die sich zu einer Gang zusammengetan haben und vornehmlich in Firmen einbrechen. Er ist keiner der Wortführer oder Impulsgeber, er läuft mit, macht mit.

Mitte des Jahres 1981 verbessert sich seine Lebenssituation spürbar. Er findet eine Anstellung als Anstreicher in der Firma, in der auch sein ältester Bruder arbeitet. Kern kann endlich eine eigene Wohnung finanzieren und zieht von zu Hause aus. Einen Monat später lernt er Petra Sch. kennen, die 19-Jährige arbeitet als Kassiererin in einem Supermarkt. Kern lebt sichtlich auf. Doch diese »glückliche Zeit« nimmt ein jähes Ende: Petra beschwert sich darüber, dass er die Wochenenden lieber mit seinen Kumpels vom Fußballverein verbringt, Kern aber will nicht davon lassen. Und er will auch nicht darüber reden. Zudem soll er zu dieser Zeit aus seiner Wohnung ausziehen, der Vermieter meldet Eigenbedarf an. Kern wird es zu viel. Überhaupt: Wenn es Schwierigkeiten gibt, ignoriert er sie, und wenn alles irgendwann überhand nimmt, zieht er sich einfach zurück. Kern trennt sich von seiner Freundin und kehrt zu seinen Eltern zurück, wieder mal. Auch an seinem Arbeitsplatz erscheint er nun nicht mehr – er ist »einfach zu deprimiert«.

Der jetzt 22-Jährige leidet unter ausgeprägten Minderwertigkeitsgefühlen, den permanenten Auseinandersetzungen mit seinen Eltern, vor allem der Mutter. Unausgetragene Konflikte hemmen seine Entwicklung, er kann nicht er selbst sein. Seine hohen Ansprüche bleiben unerfüllt, weil er sich nicht genügend motivieren kann. Enttäuschungen und Entbehrungen sind weiterhin ständige Wegbegleiter. Aggressionen würgt er herunter, nach außen ist er immer nett und freundlich. Kern hat weder den Mut noch die Kraft, sich von alldem zu befreien. Er bleibt gefangen in seinem zwiespältigen Charakter.

Am 28. Juli 1982 verliert Kern erstmals vollends die Kontrolle und tötet einen Menschen. Das Opfer, die 58-jährige Nachbarin, mit der Kern sieben Jahre unter einem Dach gelebt hat, wird einige Tage später als vermisst gemeldet. Eine Sonderkommission der Kripo Heinsberg sucht neun Monate nach der Frau, die letztmals während einer Kaffeefahrt lebend gesehen worden ist. Erst als im April 1983 Arbeiter einer Reinigungsfirma die Ursache eines Rückstaus im Kanalsystem ergründen wollen, stoßen sie auf die verweste Leiche der Verschollenen.

Zwei Monate nach dem Leichenfund wird Kern festgenommen. Er gesteht, die Nachbarin getötet zu haben, beharrt aber darauf, dass es »ein Unfall« gewesen sei. Bei der Obduktion ist jedoch mittlerweile herausgekommen, dass Klara V. am Erdrosseln mit Fahrradschläuchen gestorben ist, und nicht, wie von Kern behauptet, durch das Zuschlagen der Kellertür. Nicht ausgeschlossen werden können sexuelle Motive, denn der Leichnam ist unbekleidet gefunden worden – ein ungewöhnlicher Umstand, der nicht zu dem behaupteten Unfallgeschehen passt. Über die genauen Umstände schweigt sich Kern jedoch aus, in seinen Vernehmungen bleibt er verschlossen und wortkarg. Auch im Zuge der Verhandlung vor dem Landgericht Mönchengladbach wird er immer dann unkonkret, wenn nach seinem Motiv gefragt wird. »Das weiß ich nicht«, heißt es dann, oder er zuckt nur mit den Schultern. Das Gericht erkennt auf

»verminderte Schuldfähigkeit« und schickt den Angeklagten für fünf Jahre ins Gefängnis.

Während der Haft wird mit ihm und an ihm gearbeitet. Die Anstaltspsychologen wollen ihn mit seinen tief sitzenden Aggressionen konfrontieren. Doch jedes Mal, wenn er darauf angesprochen wird, verlässt er den Raum. Kern will im Wohngruppenverband nur integriert und akzeptiert sein, in Gesprächen aber ist er kaum aus der Reserve zu locken, er gibt sich verschlossen und ängstlich. Erst nach und nach macht er Fortschritte, beginnt oberflächlich über seine Tat zu sprechen. Doch wenn die Therapeuten ihn in die Pflicht nehmen wollen, entpuppt er sich als »Weltmeister im Ausweichen«.

In den ersten Monaten der Haft gelingt es nur dem Gefängnisseelsorger, die Tür zu seiner versperrten Seele einen Spaltbreit aufzustoßen: »Er hat mir einmal gesagt: ›Die Last ist zu groß für mich, ich kann sie nicht tragen.‹ Zu dem Motiv seiner Tat erwähnte er die Möglichkeit, in der getöteten Nachbarin seine Mutter gesehen zu haben. Ich kann allerdings nicht beurteilen, ob dieser Erklärungsansatz von ihm selber kam oder ob es eine Spiegelung dessen war, was man in einem Setting mit ihm diskutiert hat.«

Ähnliche Zusammenhänge schildert Kern später auch seinem Einzeltherapeuten: »Zum Motiv seiner damaligen Tat ist mir in Erinnerung geblieben, dass da oft die Beziehung zu seiner Mutter angesprochen wurde. Dieses Verhältnis Mutter-Sohn war ausgesprochen schwierig. Deswegen wunderte mich auch, dass er ein solch gutes Verhältnis zu seiner Freundin hinterher fand, auch auf sexuellem Gebiet.«

Im Laufe der Jahre akzeptiert Kern das Leben hinter Gittern, findet sogar Gefallen daran. Er fühlt sich angenommen und heimisch, wie seine Wohngruppenleiterin in einem Bericht schreibt: »Seine einzige Intention ist, dabei zu sein, integriert zu sein, anwesend sein zu dürfen. Seine Reaktion ist Dankbarkeit, weil er für kurze Zeit wieder ein Gefühl der Akzeptanz erleben darf.«

Doch dann bahnen sich neue Probleme an: »Ich hatte meinen Abschluss als Schlosser bekommen und sollte die Anstalt verlassen. Ich hatte Angst, weil sie wie eine Familie geworden war. Außerdem hatte ich mich in die Sozialhelferin verliebt und zu Anfang hat mich das darin bestärkt, meinen Abschluss zu machen. Eines Tages hat sie alle um sich versammelt und gesagt, dass sie heiraten und die Anstalt verlassen würde. Hier ist die Welt ein weiteres Mal für mich zusammengestürzt.«

Die Therapeuten hingegen wähnen ihren Schützling auf einem guten Weg. Um ihn behutsam auf eine Rückkehr in die Sozialgemeinschaft vorzubereiten, gewährt man ihm Ausgang. Dabei begegnet er einer 35-jährigen Frau, zerrt sie vom Rad, will sie vergewaltigen, lässt aber von ihr ab. Die Tat mündet nicht in die Tötung des Opfers, die Frau kommt mit dem Schrecken davon, weil sie sich intuitiv richtig verhalten hat.

Für diese versuchte Vergewaltigung wird Kern zu einem Jahr Freiheitsstrafe verurteilt, am 6. Juni 1991 kommt er frei, wird aber unter Bewährungsaufsicht gestellt. Kern findet wieder Unterschlupf bei seinen Eltern. Anfangs traut er sich nicht vor die Tür, weil er befürchtet, beleidigt oder verprügelt zu werden.

Nach einer kurzen Phase, in der sich sein Lebenswandel festigt, geht es aber bald wieder bergab, beruflich und privat. Weder seine Eltern noch seine Freundin noch Bekannte ahnen etwas von Kerns innerer Zerrissenheit, seinen Ängsten und Aggressionen. Und nur er selbst weiß, was es mit dem »schrecklichen Kindheitserlebnis« auf sich hat, das bleischwer auf ihm lastet, über das er noch mit keinem Menschen gesprochen hat. Während es in ihm brodelt, errichtet er um sich herum eine Fassade. Ein Freund über sein Sozialverhalten: »Der war eigentlich immer ein Sozialfall. Er hatte aber trotzdem eine unglaubliche Ausstrahlung, wenn man mit ihm sprach, hatte man immer den Eindruck, dass er halbwegs gebildet ist. Und was noch mehr wirkte, war sein Charme, seine Hilfsbereitschaft. Er ist sein Leben lang eigentlich ein Pausenclown gewesen, machte nur Blödsinn, im Fußballverein ist er hin-

gegangen und hat den Hennes Weißweiler (ehemaliger Fußball-
trainer von Borussia Mönchengladbach, Anm. S. H.) nachge-
macht, wie ein Kabarettist. Er war so ein Typ, dem würde man einfach seine Kinder anvertrauen. Und das haben auch viele Hückel-
hovener getan.«

Einen letzten Versuch, auf seine seelischen Spannungen und
eine sich zuspitzende Krisensituation hinzuweisen, unternimmt
Kern Mitte Oktober 1993, als er seinen ehemaligen Therapeuten besucht. Der wird später über dieses Treffen sagen: »Auffal-
lend war, dass er jetzt verstärkt sexuelle Probleme ansprach, was
er vorher nicht getan hatte. Die Richtung war: Ich kann nicht
genug kriegen! Mit seiner Freundin war er nicht mehr zusammen. Er erzählte, dass es keine Schwierigkeit für ihn sei, Frauen
für sexuelle Beziehungen zu finden. Aber trotzdem kriegte er
nicht genug. Ich hatte nicht den Eindruck, dass er damit ange-
ben wollte. Da war mehr eine Not zu spüren, dass er mit sich und
seiner Sexualität nicht klar kam. Ich gab ihm den Rat, wegen seiner Probleme eine Beratungsstelle aufzusuchen. Als wir uns
verabschiedeten, drückte er mich fest an sich. Es war schon spürbar, dass er irgendwie in Schwierigkeiten war.«

Sechs Wochen später tötet Kern wieder einen Menschen. Es
ist der 25. November 1993, als der jetzt 34-Jährige auf offener
Straße ein 12-jähriges Mädchen entführt, missbraucht und ermordet. Am nächsten Tag findet man die Leiche des Mädchens
in einem Waldgebiet in Süchteln-Hagenbroich, nur sechs Kilometer von ihrem Elternhaus entfernt. Annika W. ist offenkundig missbraucht und mit mehreren Messerstichen in den Hals
getötet worden.

In seinem Freundes- und Bekanntenkreis lässt Kern sich
nichts anmerken. Dass es ihm gelingt, Verunsicherung und
Angst zu verbergen, liegt weniger an seiner Fähigkeit, sich zu verstellen, als vielmehr an der Art und Weise, wie er Beziehungen
pflegt. Ein ehemaliger Fußballkumpel über Kern: »Vom Typ her
würde ich den Achim als eine Person einschätzen, die Äußer-

lichkeiten in den Vordergrund stellt. Das zeigte sich durch seine Klamotten, auf die er immer großen Wert legte. Weiterhin hatte er einen sehr großen Bekanntenkreis und der Achim war in Fußballerkreisen ein Begriff. Ich schätze ihn so ein, dass seine Beziehungen und Freundschaften immer oberflächlich waren.«

Die intensiven Ermittlungen der Fahnder bleiben ohne Erfolg. Obwohl Kern als Sexualstraftäter in der Region bekannt ist, scheint sein Persönlichkeits- und Verhaltensprofil nicht zu dem eines typischen Kindermörders zu passen. Die ihn überführende Sonderkommission der Kripo Mönchengladbach wird später resümierend feststellen: »Kern wirkt vorwiegend sprachlich gewandt und freundlich. Gegenüber Frauen verhält er sich meist charmant. Zu Kindern hat er ein gutes Verhältnis. In seinem Bekanntenkreis wurde er mehrfach als Babysitter eingesetzt. Sexualdelikte an Kindern wurden nicht bekannt.«

Nach dem Mord an Annika W. brechen alle Dämme. Kern ist nicht mehr willens, sich zu beherrschen. Er vergeht sich auch weiterhin an kleinen Mädchen und tötet sie, vorerst in seiner Fantasie. Doch das genügt ihm irgendwann nicht mehr. Überdies hat ihn die letzte Tat nachhaltig beeindruckt: Er hat einen anderen Menschen seinen seelischen Schmerz spüren lassen, hat sich für selbst erlittene Qualen gerächt. Und er ist damit durchgekommen.

Am 14. Januar 1994 attackiert Kern ein 7-jähriges Mädchen. Er fährt mit dem Opfer eine längere Strecke bis in die Region Niederkrüchten-Brüggen, unweit der niederländischen Grenze. Hier befriedigt er sich an dem Mädchen. Danach führt er das Kind in ein Waldgebiet, wo er es zunächst mit bloßen Händen würgt, dann mit einer Hundeleine drosselt.

Kern lässt das Mädchen, das er für tot hält, einfach liegen und verschwindet. Doch das Kind kommt wieder zu Bewusstsein, irrt noch mehrere Stunden hilflos umher, bis es auf ein älteres Ehepaar stößt, das sich um das vollkommen verstörte Kind kümmert.

Am 21. August 1994 begeht Kern während eines Urlaubs in Naujac sur mer/Frankreich seinen letzten Mord, als er in der Nähe des dortigen Campingplatzes »Pin Sec« ein 8-jähriges Mädchen in die Dünen lockt, es dort missbraucht und tötet. Er wird noch am nächsten Tag festgenommen und gesteht.

Bei Kern waren es vordergründig depressive Verstimmungszustände, die seelische Konflikte an die Oberfläche seines Bewusstseins schwemmten, denen er sich nicht gewachsen sah, gegen die er sich nicht ausreichend wehren konnte: »Wenn es mir nicht gut ging, zum Beispiel, wenn ich mit einer Freundin Ärger hatte oder nicht mehr mit ihr zusammen sein konnte, dann wurde ich allmählich wütend, und schließlich explodierte ich. In einer solchen Verfassung habe ich die Kinder angegriffen. Ich erinnere mich an eine tiefe Traurigkeit in dem Augenblick, wo ich zu handeln begann. Und dann wurde ich Kindern gegenüber aggressiv.«

Hintergründig wirksam war indes auch ein unverarbeitetes Kindheitstrauma, über das Kern nun endlich zu sprechen begann: »Ich war das erste Opfer meines Bruders Jochen. Er war älter als ich, und ich war das jüngste von sechs Kindern. Er hat mich zum ersten Mal missbraucht, da war ich sechs Jahre alt. Das ist dann einige Jahre so weitergegangen, bis ich etwa 13 war. Während dieser Zeit geschah es nicht unbedingt regelmäßig, aber immer zu Hause, wenn er da war. Es war eine katastrophale Atmosphäre und es war für mich schwierig mich auszudrücken. Der einzige Moment in meinem Leben, in dem ich versucht habe, darüber zu sprechen, war im Gefängnis in Düren während der Therapie. Ich habe versucht, es den Ärzten zu erzählen, aber ich brach immer nur in Tränen aus und schaffte es nicht. Wenn ich es getan hätte, wäre das alles nicht passiert.«

Kern war acht Jahre lang von seinem Bruder nachweislich sexuell missbraucht oder vergewaltigt worden. Ihm war durch die beengenden und beklemmenden Verhältnisse innerhalb der Familie von Vornherein die Möglichkeit genommen, sich einer

Vertrauensperson zu offenbaren. Denn die gab es nicht. Die Mutter kümmerte sich nicht um ihn, der Vater auch nicht. Und von den Geschwistern, die er in erster Linie als Konkurrenten erlebte, durfte er sowieso keine Hilfe erwarten.

Zwischen den sexuellen Misshandlungen, die Kern widerfuhren, und jenen, denen seine Opfer ausgesetzt waren, gab es große Ähnlichkeiten. Vermutlich wiederholte er jene als erniedrigend und beängstigend erlebten Handlungsmuster, die er Jahre zuvor selbst über sich hatte ergehen lassen müssen.

Zudem quälte ihn die ablehnende Haltung seiner Mutter. Irgendwann begann er, sie dafür zu hassen. Vermutlich resultierte aus dieser gestörten Mutter-Kind-Beziehung ein generelles Misstrauen Frauen gegenüber, die er immer dann mit einer abrupten Trennung bestrafte, wenn »es mal nicht so lief«. Seine minderjährigen Opfer mussten stellvertretend für erwachsene Frauen herhalten, gegen die er nicht ankam, denen er nicht vertrauen konnte und denen er sich nicht gewachsen glaubte – selbst dann nicht, wenn er sie gewaltsam hätte gefügig machen können. Die eigenen Missbrauchserfahrungen verstärkten zudem das Gefühl der eigenen Minderwertigkeit und Beliebigkeit. Nur sexualisierte Gewalt bot ihm die Gelegenheit, sich von diesen Zwängen zu befreien, zumindest für den Augenblick der Tat. Kern ging es also nicht darum, Geschlechtsverkehr mit einem Mädchen zu haben oder sie auf andere Weise zu missbrauchen. Ihn trieb in erster Linie das Bedürfnis, einen Menschen zu beherrschen, zu kontrollieren, uneingeschränkt über ihn zu verfügen. Sexuelle Handlungen wurden also zweckentfremdet, um hierdurch ein nichtsexuelles Bedürfnis befriedigen zu können. Kern hätte zweifelsohne auch künftig neue Opfer attackiert, um sich an ihnen schadlos zu halten und sie zu töten.

Wohin mit Tätern wie Achim Kern? Wie lange muss er büßen, bis seine besonders schwerwiegende Schuld gesühnt ist? Ist lebenslänglich gleich lebenslänglich? Oder ist ein solches Schuldmaß individuell gar nicht bestimmbar? Und was soll geschehen, wenn seine Schuld abgetragen ist, er aber keine günstige Sozialprognose bekommt? Weggesperrt lassen, bis sich das Problem auf natürliche Weise löst?

Das Bundesverfassungsgericht urteilt in diesem Zusammenhang grundsätzlich so: »Für den Endzeitpunkt der Verbüßungsdauer einer lebenslangen Freiheitsstrafe ergibt sich (…) keine absolute Grenze für die aus Gründen der Schuld zu verbüßende Zeit. Auch die lebenslange Freiheitsstrafe als Gesamtstrafe bleibt lebenslange Freiheitsstrafe, die unter Umständen im Wortsinne auch ein Leben lang vollstreckt werden kann.« Allerdings wird einschränkend auch festgestellt: »Es wäre mit der Würde des Menschen unvereinbar, die vom Bundesverfassungsgericht geforderte konkrete und grundsätzlich auch realisierbare Chance, der Freiheit wieder teilhaftig zu werden, auf einen von Siechtum und Todesnähe gekennzeichneten Lebensrest zu reduzieren.«

Der Begriff der Menschenwürde überstrahlt das deutsche Grundgesetz und wird sicher nicht zufällig bereits in Artikel 1 als unveränderbarer Verfassungsgrundsatz festgeschrieben: »Die Würde des Menschen ist unantastbar.« Mit Menschenwürde ist der allgemeine Eigenwert gemeint, der jedem Menschen kraft seiner Persönlichkeit zukommt. Dementsprechend wäre es menschenunwürdig, sollte man ihn zum bloßen Objekt staatlichen Handelns degradieren oder ihn einer Behandlung aussetzen, die seine Subjektqualität prinzipiell in Frage stellt. Dürften staatliche Exekutivkräfte Schwerstverbrecher generell solange einsperren, bis der Tod eintritt, wäre dies zweifellos inhuman. Diese stringente, einzelfallunabhängige Regelung käme einer Exekution auf Raten gleich, einer »blutleeren Hinrichtung«. Auch wenn diese

Verfahrensweise immer wieder lauthals gefordert wird, sie bleibt nicht verfassungsgemäß. Jede Strafe muss individuell bemessen werden und in einem gerechten Verhältnis stehen zur Schwere der Tat und zum Verschulden des Täters.

Die Menschenwürde dürfte allerdings dann nicht tangiert sein, wenn der Vollzug der Strafe wegen fortdauernder Gefährlichkeit des Gefangenen zwingend notwendig erscheint und nur deswegen eine Begnadigung unterbleiben muss. Schließlich wird der Sozialgemeinschaft das unverzichtbare Recht zugesprochen, sich gegen einen »gemeingefährlichen Straftäter« zu sichern – durch fortwährende Inhaftierung. Das Sicherheitsbedürfnis, der Schutz aller Bürger, steht darüber und überwiegt. Dabei ist es unerheblich, ob der Freiheitsentzug als Maßregel der Sicherung und Besserung oder als Strafe verhängt und vollzogen wird. Auch ist die Festlegung einer zeitlichen Obergrenze bei »Lebenslänglich« derzeit nicht möglich, da der Gesetzgeber (noch) auf keine ausreichend empirisch gesicherten Erfahrungswerte in der Rechtsprechungspraxis zurückgreifen kann. Soweit ist es noch nicht.

Entgegen landläufiger Meinung (»Die kommen doch sowieso nach 15 Jahren wieder raus!«) hat sich der Gesetzgeber hier als geschickter Architekt erwiesen. Den erkennenden Gerichten wurde ein beträchtlicher Beurteilungsspielraum zugebilligt, der es erlaubt, insbesondere im Einzelfall Verbrechern gerecht zu werden, die sich in schwerster und unerträglicher Weise gegen alles vergangen haben, was die Wertordnung der Verfassung unter ihren Schutz stellt. Lebenslänglich kann lebenslänglich bedeuten. Die gesetzlichen Voraussetzungen für eine ausreichende Sicherung aller Bürger vor nicht zu bessernden Tätern sind also gegeben – sie müssen nur angemessen und konsequent umgesetzt werden. Aber genau hieran hapert es.

Epilog

»Jeder Tod hinterlässt eine Schürfwunde und jedes Mal,
wenn ein Kind vor Freude lacht, vernarbt sie.«
Elie Wiesel in »Die Pforten des Waldes«

Harbort: »Anja Wille, die ihren Sohn Felix durch ein Sexualverbrechen verloren hat, schreibt im Prolog zu ihrem Buch »Und trotzdem lebe ich weiter«: ›Es ist jetzt sechs Monate her, seit die erste Katastrophe mich mit voller Wucht traf, seit mein Leben zerbröckelte, ich die Bruchstücke nicht festhalten konnte. Seit, wie in der »Unendlichen Geschichte« von Michael Ende, meine Welt vom Nichts ausgelöscht wurde. Sich ein Monster durch mein Leben fraß und nur ein großes schwarzes Loch übrig ließ.‹ Wie ist das bei Dir?«

Fischer: »*Der Mord ist heute sechs Monate und sechs Tage her. Die Welt von damals existiert nicht mehr. Alles hat sich verändert, alles ist anders. Manchmal meine ich, wenigstens Bruchstücke von Sicherheit fest in der Hand zu halten. Aber fest und sicher ist im Moment gar nichts. Mein Gemütszustand genauso wenig. Das ist das unberechenbarste Element, gegen das ich schon geraume Zeit ankämpfe. Einmal sehe ich schon das Licht am Horizont – deutlich und hoffnungsvoll blinkt es zu mir rüber. Und später blicke ich doch nur wieder in das Nichts. Die Gedanken und Worte von Frau Wille kann ich gut nachvollziehen. Mein großes schwarzes Loch ist mal direkt vor mir und mal hinter dem Licht verborgen. Grundsätzlich spüre ich aber die Hoffnung auf ein lebenswertes Leben, die Zeit kann es bringen.*«

Harbort: »Deine Kinder haben durch den Tod ihrer Mutter einen Verlust erlitten, der nicht ungeschehen gemacht werden kann. Was sind die gravierendsten Veränderungen, die Du an ihnen festgestellt hast?«

Fischer: »*Auf meine Kinder möchte ich nicht explizit eingehen. Sie haben ihr Leben noch vor sich, sie haben das Recht, entscheiden zu dürfen, ob sie die Öffentlichkeit mit einbeziehen wollen. Momentan sind sie noch zu klein, um hier auch nur ansatzweise Entscheidungen treffen zu können. Es ist* aber kein Geheimnis, wenn ich sage, dass es zu negativen Veränderungen kam. Ich bin aber unheimlich stolz auf meine Kinder, denn sie müssen ein Trauma verarbeiten, welches sie ein Leben lang begleiten wird. Sie könnten eines Tages daran zugrunde gehen oder gestärkt aus dieser Krise hervorgehen. Was genau passieren wird, kann niemand wissen. Ich will ihnen meine beste Unterstützung geben und bete dafür, dass sie nicht irgendwann verzweifeln.«

Harbort: »Hast Du den Tod Deiner Frau schon akzeptiert?«

Fischer: »Ja, ich habe es als mein Schicksal angenommen. Ich habe keine andere Wahl. Auch ich muss weiterleben, ich muss daraus, so unmöglich es auch klingen mag, das Beste machen. Für meine Kinder und mich. Ich kann nicht in der Vergangenheit leben. Hier und jetzt findet das Leben statt, hier und jetzt muss ich Entscheidungen treffen, meine Kinder behüten und erziehen – ohne mich dabei selbst zu vergessen. Nur so kann ich bestehen.«

Harbort: »Für Witwen und Witwer galt lange Zeit das ungeschriebene Gesetz, ein Jahr der Trauer allein zu verbringen, bevor sie eine Beziehung mit einem anderen Partner beginnen durften, ohne gesellschaftlich geächtet zu werden. Was hältst Du von solchen Regeln?«

Fischer: »Ich stimme diesem absolut zu. Es braucht Zeit, man kann nicht einfach mal den Partner wechseln wie eine getragene Unterhose. Ich denke, ein Jahr ist eine angemessene Zeitspanne. In meinem Fall kam es aber anders. Ich war keinesfalls auf der Suche nach einer neuen Partnerin. Aber ich war allein. Und in diese elende Einsamkeit kam plötzlich eine Frau. Ich bin mir sicher, ohne es als Rechtfertigung gebrauchen zu wollen, Moni hätte mir diese Beziehung von Herzen gegönnt. Weil sie mir geholfen hat. Weil sie den Kindern geholfen hat. Weil sie uns Auftrieb gegeben hat. Es geht uns jetzt besser. Wir haben ein Stück Leben zurückbekommen.

Unter diesen Voraussetzungen ist jede gesellschaftliche Norm als relativ zu betrachten. Ich selbst hatte einen Zeitraum von drei bis fünf Jahren im Kopf, bis ich vielleicht wieder eine Beziehung eingehen könnte. Die gesellschaftliche Norm ist das eine, die eigenen Vorstellungen das andere, aber das Leben hält sich nicht immer an Pläne und Erwartungen.

Wäre ich gestorben und Moni wäre das widerfahren, was mir passiert ist, hätte ich ihr von Herzen einen Partner gewünscht, der ihr gut täte und eine Unterstützung für sie wäre.«

Harbort: »Was hast Du neben Deiner Frau noch verloren, was ist jetzt anders als vor etwa einem halben Jahr?«

Fischer: »Ich habe eine liebevolle und gute Frau verloren, die ich wohl nicht verdient hatte. Die Kinder haben eine wundervolle Mutter verloren. Ich habe alles verloren, was sie mir gab. Ich habe unser gemeinsames Leben verloren und damit zwangsläufig einen wesentlichen Teil meines Lebens – ihre Blicke, ihr Lächeln. Alles ist nunmehr Vergangenheit. Alles ist anders als vor einem halben Jahr. Moni hatte die Zügel unseres Lebens fest in der Hand. Nun muss ich mich der Verantwortung stellen. Ich habe nicht die Illusion, diese Aufgabe auch nur annähernd so gut wie Moni lösen zu können. Aber ich habe spüren dürfen, dass ich mehr Kraft in mir habe, als ich zu glauben gewagt habe. Es ist eine andere Welt, in der wir existieren müssen. Und doch geht das Leben weiter.«

Harbort: »Was hat Dir neben dem Verlust Deiner Frau am meisten wehgetan?«

Fischer: »Zuallererst, genauso wie der Verlust meiner Frau, hat mir das Leid meiner Kinder zugesetzt. Besonders schlimm war es, wenn Worte des Trosts keine Wirkung erzielten und mich das Mitleid zu zerreißen drohte. Dann waren es diese unangemessenen Kommentare, Gerüchte und Mutmaßungen, die teilweise unreflektiert an mich herangetragen wurden, ohne dass die, die sie in die Welt setzten, daran dachten, ob sie mich vielleicht verletzen könnten. Ich nehme da ausdrücklich diejenigen aus, die mir von solchen Nachreden berichteten und selbst nur ungläubig mit dem Kopf schüttelten.«

Harbort: »Deine Frau ist mutmaßlich von einem ehemaligen Strafgefangenen getötet worden, den Du persönlich gekannt hast, mit dem Du im Rahmen der Sozialtherapie zusammengearbeitet hast. Möchtest Du in Deinen Beruf zurückkehren oder hast Du Bedenken, Du könntest Deine negativen Gefühle an anderen Gefangenen abreagieren?«

Fischer: »Ich bin momentan noch krank. Ich kann schon deshalb nicht abschätzen, wie ich reagieren werde. Ich habe mir auch noch keine abschließende Meinung gebildet. Da ist einerseits die Befürchtung, niemals wieder mit solchen Tätern arbeiten zu können, andererseits habe ich auch dieses Und-jetzt-erst-recht-Gefühl in mir. Doch meine Einschätzung ist wohl eher die, unter den derzeitigen Voraussetzungen, niemals wieder in einer Sozialtherapie für Sexualstraftäter arbeiten zu können. Die allgemeine Vollzugstätigkeit bietet für mich gegenwärtig auch keine Perspektive. Denn Sexualstraftäter gibt es da genauso.«

Harbort: »In Kürze steht die Hauptverhandlung gegen Jochen S. am Landgericht Bayreuth bevor. Wirst Du auch im Gerichtssaal sein und vielleicht eine Aussage machen?«

Fischer: »Ich möchte das möglichst vermeiden, um mich selbst zu schützen. Ich möchte bald wieder möglichst stabil werden. Da wäre eine persönliche Konfrontation mit dem mutmaßlichen Täter wohl eher kontraproduktiv. Ob das auch so passieren wird, wird die nahe Zukunft zeigen. Es kann aber auch durchaus sein, dass ich meine Meinung ganz spontan ändere. Ich bin mir noch ziemlich unschlüssig.«

Harbort: »Ich möchte noch einmal auf die Gerichtsverhandlung zurückkommen. Was erwartest Du Dir, was sind Deine Befürchtungen?«

Fischer: *»Was ich erwarte oder befürchte, möchte ich im Detail nicht darlegen. Solche Aspekte könnten ja auch taktisch gegen mich eingesetzt werden. Das Gericht wird letztlich entscheiden, was mit dem mutmaßlichen Mörder geschieht. Ich sehe aber noch ein anderes Gericht auf den Mörder zukommen. Und das ist Gottes Gericht. Ich denke, dass erst von diesem das letzte Urteil gesprochen werden wird.«*

Harbort: »Die Medien werden sich für dieses Verfahren interessieren, es werden auch grausame Details berichtet werden. Wie willst Du Deine Kinder vor diesen Fakten schützen?«

Fischer: *»Die Kinder brauchen mich als starken Partner, der sie schützt und ihnen beisteht, der das Geschehen übersieht. Sie brauchen mich als berechenbare Größe. Ich appelliere an die Menschen im Umfeld meiner Kinder, diese Wunden nicht immer wieder aufzureißen. Ich schwanke zwischen einem Augen-zu-und-Durch und der Möglichkeit, die Kinder außer Landes zu bringen. Meine Schwester hat mir schon angeboten, sie während dieser Zeit in den USA zu betreuen. Auch andere haben Hilfe zugesagt, die Kinder vorübergehend aufzunehmen. Da keiner weiß, wie lange sich diese Verhandlung hinziehen wird, welche Medien zu welcher Zeit aktiv werden, habe ich vor, mich immer wieder situativ zu entscheiden. Ich muss mich den jeweiligen Bedingungen anpassen und flexibel reagieren. Einfacher wäre es natürlich, wenn ich wüsste, das Ganze dauert nur eine Woche und der Spuk wäre dann vorbei. Meine Kinder lückenlos zu schützen, ist mir leider nicht möglich. Ich werde aber alles daran setzen, sie soweit abzuschotten, dass sie keinen Schaden nehmen.«*

Harbort: »Wenn das Gerichtsverfahren abgeschlossen ist, wird es eine Zäsur in Deinem Leben geben. Wie sieht Deine Zukunftsplanung aus?«

Fischer: *»Erst mal durchatmen. Dann mit den Kindern die Sommerferien verbringen. Ich hoffe, dass der psychische Druck nach dem Gerichtsverfahren nachlässt und meine Depressionen verschwinden. Das ist mein größter Wunsch für mich persönlich. Über meine berufliche Zukunft bin ich mir noch im Unklaren. Vielleicht bleibe ich vorläufig noch dienstunfähig. Ehrlich gesagt, ich weiß derzeit nicht, was beruflich werden soll. Ich kann mir aber durchaus vorstellen, in einem ganz anderen Beruf Fuß zu fassen. Die Zukunft ist ungewiss, aber sie wird bestimmt spannend.«*

Harbort: »Du hast ohne Zweifel ein schweres traumatisches Erlebnis durchleiden müssen. Gibt es eine grundlegende Erfahrung oder Erkenntnis, die Du anderen mitteilen möchtest?«

Fischer: *»Die niederschmetterndste Erkenntnis ist, dass ich derzeit nur von einem Tag zu anderen Tag leben, handeln und denken kann. Weil ich mich nicht immer auf mich verlassen mag. Es ist manchmal zum Davonlaufen. Was ich aber auch in mir habe, ist die Hoffnung, es schaffen zu können, die Hoffnung auf bessere Zeiten.*
Eine grundlegende Erfahrung oder Erkenntnis ist, dass jeder Berg bezwingbar ist, auch wenn man glaubt, nicht hinaufzukommen. Genauso habe ich es erlebt. Ich musste so viel ertragen, war so überlastet, so gefordert – ständig am psychischen Limit. Und doch ging es immer wieder weiter. Irgendwie habe ich es bis hierhin geschafft. Und jedes Mal bin ich ein Stückchen gereift. Das macht mir Mut. Denn was ich geschafft habe, kann mir keiner mehr nehmen, auch wenn ich jetzt noch einbrechen sollte. Und diese Erkenntnis möchte ich weitergeben: Jeder, der sein Leid meistert, kann darauf hoffen, gefestigter und stärker daraus hervorzugehen.«

Literatur

Alperstedt, R. (2001): *Gefahrbegriff und Gefährlichkeitsfest-stellung im Unterbringungsrecht,* Zeitschrift für Familien-recht, S. 467–473.

Amelang, M. (1986): *Sozial abweichendes Verhalten,* Berlin: Springer.

Artkämper, H. (2001): *Der Sachverständige im Strafverfahren – zugleich eine kritische Bestandsaufnahme der Qualität der den Verfahrensbeteiligten zu vermittelnden und vermittelten Sach-kunde und der Qualifikation von Sachverständigen,* Blutalkohol, 38, S. 7–19.

Beier, K. (1995): *Dissexualität im Lebenslängsschnitt,* Berlin: Springer.

Berner, W. (2000): *Neue Entwicklungen in der Psychotherapie von Paraphilien,* Psychotherapie in Psychiatrie, psycho-therapeutischer Medizin und klinischer Psychologie, S. 255–262.

Berner, W. (2000): *Zur Differenzierung der Behandlung para-philer Störungen,* Zeitschrift für Sexualforschung, S. 181–193.

Berner, W. (2001): *Neue Entwicklung in der Diagnostik und Therapie von Paraphilien,* Bewährungshilfe, S. 232–250.

Bochnik, H. J. (1987): *Der einzelne Patient und die Regel - ein Grundproblem der Medizin.* Der medizinische Sachverstän-dige, 5–11. In: Bundesverfassungsgericht (1995): *Urteil v. 21.12.1994–2 BvR 1697/93.* Neue Juristische Wochenschrift, S. 3244–3246.

Bundesverfassungsgericht (1996): *Urteil v. 22.5.1995–2 BvR 671/95.* Neue Zeitschrift für Strafrecht, S. 53–55.

Detter, K. (2000): *Zum Strafzumessungs- und Maßregelrecht.* Neue Zeitschrift für Strafrecht, S. 184–191, S. 578–582.

Dilling, H./Mombour, W./Schmidt, M.H. (1993): *Internatio-
nale Klassifikation psychischer Störungen.* ICD-10. Kapitel V
(F) (2. Aufl.), Bern: Huber.

DSM-III (1984): *Diagnostisches und Statistisches Manual
Psychischer Störungen,* (3. Aufl.) Weinheim: Beltz.

DSM-III-R (1989): *Diagnostisches und Statistisches Manual
Psychischer Störungen,* (3. Aufl.) Weinheim: Beltz.

DSM-IV (1994): *Diagnostic and Statistical Manual of Mental
Disorders,* (4. Aufl.) Washington, DC: American Psychiatric
Association.

Esser, G./Schmidt, M.H./Blanz, B./Fätgenheuer, D./Fritz,
A./Koppe, T./Laucht, M./ Rensch, B./Rothenberger,
W. (1992): *Prävalenz und Verlauf psychischer Störungen
im Kindes- und Jugendalter,* Zeitschrift für Kinder- und
Jugendpsychiatrie, S. 232–242.

Eucker, S. (1998): *Verhaltenstherapeutische Methoden in der
Straftäterbehandlung.* In: Kröber, H.-J./Dahle, K.-P.:
Sexualstraftaten und Gewaltdelinquenz, Heidelberg: Krimi-
nalistik, S. 189–207.

Gerstenfeld, C. (2000): *Der Psychiater als Inquisitor.
Die Bedeutung des Geständnisses für das Begutachtungsergeb-
nis.* Monatsschrift für Kriminologie und Strafrechtsreform,
S. 280–289.

Glueck, S./Glueck, E. (1957): *Unraveling juvenile delinquency,*
(3. Aufl.) Cambridge, Massachusetts: Harvard University
Press.

Glueck, S./Glueck, E. (1968): *Delinquents and nondelinquents
in perspective,* Cambridge, MA.: Harvard University Press.

Harbort, S. (2006): *Das Serienmörder-Prinzip. Was zwingt
Menschen zum Bösen?,* Düsseldorf: Droste.

Hartmann, K./Adam, G. (1966): *Ein Versuch zur Messung der
Soziallabilität von sogenannten »erziehungsschwierigen« Ju-
gendlichen,* Monatsschrift für Kriminologie und Strafrechtsreform, S. 113–123.

Hartmann, K./Eberhard, K. (1972): *Legalprognosetest für dissoziale Jugendliche,* Göttingen: Vandenhoeck & Ruprecht.

Hartmann, J./Hollweg, M./Nedopil, N. (2001): *Quantitative Erfassung dissozialer und psychopathischer Persönlichkeiten bei der strafrechtlichen Begutachtung. Retrospektive Untersuchung zur Anwendbarkeit der deutschen Version der Hare-Psychopathie-Checkliste,* Der Nervenarzt, S. 365–370.

Jacob, C. (2000): *Delinquenz und Persönlichkeitsstörungen,* Krankenhauspsychiatrie, S. 134–137.

Janzarik, W. (2000): *Handlungsanalyse und forensische Bewertung seelischer Devianz,* Der Nervenarzt, S. 181–187.

Kobbé, U. (2000): *Eklektische Gefährlichkeitskonzepte: Inhalts- und Bedingungsanalyse sozialer Wahrnehmung und Kognition in der Forensik,* Psychologische Beiträge, 42, S. 614–633.

Kury, H./Obergfell-Fuchs, J./Kloppenburg, V./Woessner, G. (2003): *New approaches of preventing sexual crimes in German,* In: *Crime Prevention – New Approache.* Kury, H./Obergfell-Fuchs, J. (Hrsg.). Mainz: Weißer Ring, S. 277–320.

Lamott, F./Fremmer-Bombik, E./Pfäfflin, F. (2001): *Fragmentierte Bindungsrepräsentationen bei schwer traumatisierten Frauen, Persönlichkeitsstörungen – Theorie und Therapie,* S. 90–100.

Leygraf, N. (1999): *Rehabilitative Maßnahmen: Grenzen und Chancen aus Sicht des Gutachters,* In: Weigand, W. (Hrsg.): *Der Maßregelvollzug in der öffentlichen Diskussion.* Münster: Votum, S. 62–70.

Leygraf, N. (1999): *Die Begutachtung der Prognose im Maßregelvollzug,* In: Venzlaff, U./Foerster, K. (Hrsg.): *Psychiatrische Begutachtung,* (3. Aufl.) Stuttgart: Gustav Fischer, S. 349–358.

Leygraf, N. (1998): *Wirksamkeit des psychiatrischen Maßregelvollzuges,* In: Kröber, H. L./Dahle, K. P. (Hrsg.): *Sexualstraftaten und Gewaltdelinquenz,* Heidelberg: Wissenschaft und Praxis, S. 175–184.

Leygraf, N. (1999): *Probleme der Begutachtung und Prognose bei Sexualstraftätern,* In: Egg, R. (Hrsg.): *Sexueller Missbrauch von Kindern,* Wiesbaden: Kriminologische Zentralstelle, S. 125–136.

Maatz, R. (2001): *Erinnerung und Erinnerungsstörungen als sog. psychodiagnostische Kriterien der §§ 20, 21 StGB,* Neue Zeitschrift für Strafrecht, S. 1–8.

Maier, P./Möller, A. (1999): *Das strafrechtliche Gutachten nach Art. 13 StGB,* Schulthess: Zürich.

Möller, A./Bier-Weiss, I./Hell, D. (1999): *Ärgererleben und Belastungsbewältigung in einer Untersuchungsgruppe gewaltdelinquenter Personen,* Monatsschrift für Kriminologie und Strafrechtsreform, S. 223–234.

Möller, A./Hell, D. (2000): *Prinzipien einer naturwissenschaftlich begründeten Ethik im Werk Eugen Bleulers,* Nervenarzt, S. 751–757.

Möller, A./Maier, P. (2000): *Grenzen und Möglichkeiten von Glaubwürdigkeitsbegutachtungen im Strafprozess,* Schweizer Juristische Zeitschrift, S. 49–57.

Möller, A./Maier, P. (2000): *Möglichkeiten der forensischen Legalprognose. Eine Übersicht zu Entwicklungen und gegenwärtigem Stand der forensischen Prognosestellung unter besonderer Berücksichtigung von «Gefährlichkeit»,* Schweizer Archiv für Neurologie und Psychiatrie, S. 105–113.

Nedopil, N. (2000): *Forensische Psychiatrie,* Stuttgart: Thieme.

Neubacher, F. (2001): *Die Einholung eines Sachverständigengutachtens bei der Entscheidung über die Aussetzung des Strafrestes gemäß § 57 I StGB, § 454 II StPO,* Neue Zeitschrift für Strafrecht, S. 449–454.

Nowara, S. (1999): *Die sexuell motivierte Gewalttat aus Sicht des forensischen Gutachters,* In: Polizeiführungsakademie (Hrsg.): *Sexualisierte Gewalt – Erscheinungsformen und Bekämpfungsansätze,* Münster: Eigenverlag, S. 109–115.

Nowara, S. (1999): *MitarbeiterInnen in der Spannung zwischen beruflicher und privater Rolle,* In: Weigand, W. (Hrsg.): *Der Maßregelvollzug in der öffentlichen Diskussion,* Münster: Votum, S. 55–61.

Perelberg, R. J. (2000): *Gewalt und Sexualität bei männlichen Borderline-Patienten. Das Zusammenspiel von Identifizierungen und Identität in der Analyse eines gewalttätigen Patienten,* Kinderanalyse, S. 1–23.

Petermann, F./Lehmkuhl, G./Petemann, U./Döpfner, M. (1995): *Klassifikation psychischer Störungen im Kindes- und Jugendalter nach DSM-IV – Ein Vergleich mit DSM- III-R und ICD-10, Kindheit und Entwicklung,* S. 171–182.

Petrilowitsch, N. (1972): *Psychopathien,* In: Kisker, K.P./Mayer, J. E. /Müller, C./ Strömgren, E. (Hrsg.): *Psychiatrie der Gegenwart.* Bd. II/I, Berlin: Springer, S. 477–497.

Pierschke, R. (2001): *Tötungsdelikte nach – scheinbar – günstiger Legalprognose. Eine Analyse von Fehlprognosen,* Monatsschrift für Kriminologie und Strafrechtsreform, S. 249–259.

Prentky, R. (1995): *A rationale for the treatment of sex offenders: Pro bono publico,* In: McGuire, J. (Hrsg.): *What works: Reducing reoffending,* Chichester: John Wiley & Sons, S. 155–172.

Rehder, U. (2001): *Rückfallrisiko bei Sexualstraftätern RRS,* Lingen: Kriminalpädagogischer Verlag.

Remschmidt, H. (1987): *Prognose der Dissozialität heute,* In: Martinius, J. (Hrsg.): *Jugendpsychiatrie. Aktuelle Themen in Diagnostik und Therapie,* München: MMV Medizinverlag, S. 61–74.

Ross, T./Pfäfflin, F. (2001): *Bindungsstile von gefährlichen Straftätern. Persönlichkeitsstörungen – Theorie und Therapie,* S.101–112.

Rutter, M./Quinton, D./Hill, J. (1990): *Adult outcome of institutional-reared children: Males and females compared,*

In: Robins, L.N./Rutter, M. (Hrsg.): *Straight and devious pathways from childhood to adulthood,* Cambridge: Cambridge University Press, S. 135–157.

Schalast, N. (2000): *Motivation im Maßregelvollzug gemäß § 64 StGB,* In: Eckert, A./Wolfersdorf, M. (Hrsg.): *Forschung in Psychiatrischen Fachkrankenhäusern,* Regensburg: S. Roderer, S. 221–227.

Schalast, N. (2000): *Psychiatric Detention of Addicted Offenders in Germany (§ 64): The Problem of Treatment Motivation,* In: Czerederecka, A./Jaskiewicz-Obydzinska, T./Wojcikiewicz, J. (Hrsg.): *Forensic Psychology and Law,* Krakau: Institute of Forensic Research Publishers, S. 115–121.

Schanda, H./Gruber, K./Habeler, A. (2000): *Aggressives Verhalten zurechnungsunfähiger psychisch kranker Straftäter während stationärer Behandlung,* Psychiatrische Praxis, S. 263–269.

Schmidt, C. O./Scholz, O. B. (2000): *Schuldfähigkeitsbegutachtung bei Tötungsdelikten. Neue Befunde zur Begutachtungspraxis sowie Divergenzen zwischen Gutachtern und Gerichten,* Monatsschrift für Kriminologie und Strafrechtsreform, S. 414–425.

Schmidt, M. H. (1995): *Lassen sich Mißerfolge in der Jugendhilfe voraussagen?* In: Schmidt, M. H./Holländer, A./Hölzl, H. (Hrsg.): *Psychisch gestörte Jungen und Mädchen in der Jugendhilfe. Zur Umsetzung von § 35a KJHG,* Freiburg: Lambertus-Verlag, S. 193–210.

Schüler-Springorum, H./Sieverts, R. (1970): *Sozial auffällige Jugendliche,* In: Deutsches Jugendinstitut (Hrsg.): *Überblick zur wissenschaftlichen Jugendkunde,* Bd. 5 (3. Aufl.), München: Juventa, S. 9–103.

Seifert, D. (2000): *GnRH-Analoga – Eine neue medikamentöse Therapie bei Sexualstraftätern?* Sexualogie, S. 1–11.

Seifert, D. (2000): *Über das Problem »Fehleinweisungen« in den Maßregelvollzug bei den gemäß § 64 StGB untergebrachten*

Drogenabhängigen, Forensische Psychiatrie und Psychotherapie, S. 93–109.

Seifert, D./Jahn, K./Bolten, S. (2000): *Legalprognose bei Patienten des Maßregelvollzugs,* In: Marneros, A./Rössner, D./Ullrich, S./Haring, A./Brieger, P. M. (Hrsg.): *Psychiatrie und Justiz,* München: Zuckschwerdt, S. 214–220.

Seifert, D. (1999): *Current Status of Medical Treatment of Sexual Offenders with Gonadotropin-Releasing-Hormone-Analoga,* In: Lunenfeld, B./Insler, V. (Hrsg.): *GnRH Analogues – The State of the Art at the Millenium,* New York, London: The Parthenon, S. 83–90.

Tölle, R. (1991): *Entlassungs- und Risikoprognose bei psychisch kranken Tätern,* Spectrum, S. 204–211.

Volckart, B. (2000): *Die Aussetzung des Strafrests,* Zeitschrift für Strafverteidiger, S. 195–203.

Volckart, B. (2002): *Die Bedeutung der Basisrate in der Kriminalprognose,* Recht & Psychiatrie, S. 105–114.

Weber, J. (2001): *Dissoziative und verwandte Störungen in der forensisch-psychiatrischen Begutachtung.* Psychotherapie in Psychiatrie, Psychotherapeutischer Medizin und Klinischer Psychologie, S. 136–146.

Wischka, B./Foppe, E./Griepenburg, P./Nuhn-Naber, C./Rehder, U. (2001): *Das Behandlungsprogramm für Sexualstraftäter (BPS) im niedersächsischen Justizvollzug,* In: Rehn. G./Wischka, F./Lösel, F./Walter, M. (Hrsg.): *Behandlung »gefährlicher Straftäter«,* Herbolzheim: Centaurus, S. 193–205.

Wößner, G. (2002): *Behandlung, Behandelbarkeit und Typisierung von Sexualstraftätern. Ergebnisse einer bundesweiten Expertenbefragung,* Arbeitsberichte aus dem Max-Planck-Institut, Freiburg i. Br.: Edition iuscrim.